Malcolm Cook
Marie-Emmanuelle Plagnol-Diéval (éds)

Anecdotes, Faits-Divers, Contes, Nouvelles 1700–1820

Actes du Colloque d'Exeter, Septembre, 1998

PETER LANG
Oxford · Bern · Berlin · Bruxelles · Frankfurt a.M. · New York · Wien

Die Deutsche Bibliothek – CIP-Einheitsaufnahme

Anecdotes, faits-divers, contes, nouvelles 1700–1820 : actes du
colloque d'Exeter, Septembre 1998 / Malcolm Cook ; Marie-Emmanuelle
Plagnol-Diéval (ed.). – Bern ; Berlin ; Bruxelles ; Frankfurt a.M. ; New York ;
Oxford ; Wien : Lang, 2000
(French studies of the eighteenth and nineteenth centuries ; Vol. 5)
ISBN 3-906765-08-3

Cover design by Philipp Kirchner, Peter Lang AG

ISSN 1422-7320
ISBN 3-906765-08-3

1002262947

© Peter Lang AG, European Academic Publishers, Bern 2000
Jupiterstr. 15, Postfach, 3000 Bern 15, Switzerland; info@peterlang.com

Printed in Germany

Remerciements

Nous remercions les services culturels de l'Ambassade de France de Londres de leur aide précieuse. Merci aussi à Julie Crocker qui a préparé le texte pour l'imprimeur.

Table des Matières

MALCOLM COOK

Anecdotes, Faits-Divers, Contes et Nouvelles

Avant-Propos

Ce qui nous intéresse, dans les pages qui suivent, c'est le genre court, la forme brève. Lors du colloque précédent, *Journalisme et Fiction au 18e siècle*, (Berne, Peter Lang, 1999), nous avons évoqué les divers liens qui existent entre la presse périodique et la fiction. Nous avons constaté la dépendence de la fiction sur la presse, pour la publicité, les extraits et les comptes-rendus, et nous avons noté aussi que la presse utilisait la fiction, surtout le genre court, pour donner à ses lecteurs le goût d'une réalité qui différait en quelque sorte de la réalité qu'ils vivaient et qu'ils voyaient autour d'eux.

Si nous commençons par quelques définitions, nous pourrons voir les critères des contemporains. Les contes et les nouvelles sont vraiment des textes littéraires ou imaginés (ce qui pourrait nous aider à faire des distinctions) mais nous savons très bien que les définitions que nous trouvons et la manière dont les auteurs décrivent leurs textes ne sont pas des critères sûrs: les contes ne sont pas toujours courts et ne sont pas toujours 'contés',[1] les anecdotes deviennent facilement des 'contes'[2] et perdent le sens du réel, et les nouvelles sont impossibles à cerner, comme

---

1   Voir, par exemple, Mlle Fontette de Somméry qui donne le sous-titre 'conte' à son texte, *L'Oreille*, de 1789, et qui paraît en trois volumes.

2   Par exemple, *L'Anecdote historique traduite du Turc*, nous pose des problèmes, comme elle en posait pour les critiques de l'époque: 'Nous avons lu très attentivement cette brochure; mais soit deffaut de sagacité de notre part, ou ce qui est moins vraisemblable, deffaut de clarté de la part de l'Auteur, nous n'avons pu rien comprendre à cet ouvrage, sinon qu'il s'y trouve quelques rapports avec les circonstances présentes', *Annonces de bibliographie moderne*, Paris, 1790, I, 249-50.

l'a remarqué R. Godenne.[3] Cependant, le *Dictionnaire de l'Académie* (5e édition de l'an VII) nous propose: 'On appelle aussi *Nouvelles* certains contes d'aventures extraordinaires, certaines petites histoires faites et inventées uniquement pour l'amusement du lecteur.' Ce qui semble très différent de l'usage pratiqué par les auteurs. De la même manière, notre définition du mot 'anecdote' n'est pas celui du 18e siècle – à l'époque il est évident que le sens est lié à une idée d'histoire secrète: Le *Dictionnaire de l'Académie* est formel: l'anecdote est une 'Particularité secrète d'Histoire, qui avoit été omise ou supprimée par les Historiens précédens'. Par contre, un 'anecdotier' est 'un Homme qui raconte des anecdotes peu certaines'. Il paraît que les faits-divers sont proprement ce qui appartient aux journaux, mais le terme ne figure pas dans le *Dictionnaire de l'Académie*. Le sens moderne, donné dans le diction- naire *Robert*, est clair: les fait divers sont 'les nouvelles peu importantes d'un journal'. C'est le récit bref d'une réalité racontée par un journal. Mais si le journal raconte le fait, c'est que le fait en vaut la peine. C'est le genre d'anecdote (dans le sens moderne du mot) que les auteurs de fictions relèvent pour en faire des contes et des nouvelles.[4]

Il est vrai que certains auteurs nous donnent des définitions contemporaines – nous pensons bien sûr à Diderot et *Les Deux Amis de Bourbonne*; à Marmontel dans ses *Eléments de Littérature* aux nombreux

---

3   Godenne, dans son *Histoire de la nouvelle française au XVIIe et XVIIIe siècles*, Genève, Droz, 1970, conclut que la définition précise de la nouvelle manque aux auteurs du 18e siècle: 'De manière générale, les nouvelles de la fin du XVIIIe siècle offrent encore trop d'imperfections, n'ont pas cette efficacité des récits du XIXe siècle. Il manque aux auteurs le sens du véritable réalisme, ce réalisme de mœurs et de caractères qui, doublé d'une exigence de vraisemblance dans la présentation des faits, constituera la marque du genre chez un Mérimée' (p. 245). Notons cependant la définition proposée par Bruno, l'auteur de *Lioncel ou l'émigré, nouvelle historique*, Paris, 1800: 'Quoiqu'une nouvelle puisse être une fiction amoureuse ou allégorique, elle peut être aussi la relation d'un événement vrai, tragique, sérieux ou plaisant, mais elle n'admet aucun épisode, ni rien qui puisse en arrêter la marche. C'est exactement un récit qu'on suppose être fait ou pouvoir se faire de mémoire' (Préface).

4   Voir, par exemple, *L'Histoire de Pauline* que nous trouvons dans l'anthologie d'Angus Martin et dont la source pourrait être un événement réel: *Anthologie du conte en France, 1750-1799*, Paris, 1981, 349-63, et mon article, 'Laclos, nouvelles perspectives', *RHLF*, 84 (1984), 88-94, dans laquelle je montre que Laclos (ou l'auteur de cette histoire) a peut-être trouvé l'histoire originale de Pauline dans la *Chronique scandaleuse* d'Imbert, Paris, 1787, III, 58-60.

écrivains qui, dans leurs préfaces, nous présentent quelques idées sur les formes qu'ils ont empruntées. Ce qui nous laisse perplexes c'est l'immense variété de formes possibles – et pourquoi, demandons-nous, les auteurs, si souvent, essayent-ils de définir le genre qu'ils ont employé? Ce sont sans doute des questions auxquelles nous tâcherons de répondre dans les jours qui viennent.

Mme de Staël dans son *Essai sur les fictions* définit la fiction en trois catégories, suivant Diderot, peut-être, mais avec des catégories différentes. Pour elle, ce qui compte, c'est l'utilité morale – cette utilité dépend du pouvoir de l'imagination et sa troisième catégorie est bien celle de Diderot (bien qu'elle parle de façon plus générale de la fiction et non pas uniquement du conte), celle 'où tout est à la fois inventé et imité; où rien n'est vrai mais où tout est vraisemblable'.[5] Si l'utilité morale devient tellement importante à la fin du siècle, c'est peut-être grâce à Marmontel et à la mode des contes moraux. Il est évident que le conte n'avait pas ce sens de moralité au début de notre période où, souvent, il était en vers et son sujet était licencieux. La nouvelle semble avoir une parenté avec les nouvelles historiques, ce qui leur donnerait une semblance de réalité et les anecdotes sont, en principe, 'vraies', ainsi que le fait-divers mais, à ma connaissance, l'ensemble des fait-divers n'a pas fait l'objet d'une étude approfondie. Cependant, un texte comme *L'Année des Dames Nationales* de Restif de la Bretonne (de 1794) nous semble comme une collection de faits-divers puisés dans les journaux. Il y aurait une étude à faire là-dessus.

Je me permets d'étoffer cette introduction en présentant un texte qui a un rapport évident avec le sujet de notre colloque, mais qui a été peu étudié par les critiques: l'article 'Narration' de Marmontel dans les *Eléments de Littérature*, car il ne faut pas oublier que les anecdotes, les faits-divers, les contes et les nouvelles sont tous 'narrés'. Marmontel ne parle pas uniquement de la fiction en prose dans cet article, mais aussi, bien sûr, de la narration dramatique. Pour Marmontel, la narration est:

---

5   *Essai sur les fictions* dans *Les Œuvres complètes*, Paris, 1820, 17 vols, II, 161-200.

l'exposé des faits comme la description est l'exposé des choses; et celle-ci est comprise dans celle-là, toutes les fois que la description des choses contribue à rendre les faits plus vraisemblables, plus intéressants, plus sensibles.[6] (p. 326)

Nous touchons de près les obligations de tout auteur dans cette définition et nous arrivons naturellement aux règles qui sont imposées: la clarté et la vraisemblance. Que ce soit sur scène ou sur la page, la narration doit intéresser celui qui écoute – l'acteur ou le lecteur:

Les circonstances des faits, leurs causes, leurs moyens, le spectateur ou le lecteur veut tout savoir; et si l'acteur est dispensé de tout éclaircir, le poëte ne l'est pas. (p. 327)

Il est évident que l'auteur n'est pas censé tout dire en même temps – ce qui est nécessaire par contre, c'est que l'exposition soit claire et que le voile sur l'avenir jeté par l'auteur soit transparent. Il y a un ordre à suivre dans la présentation des faits qui constituent l'histoire – cet ordre n'est pas nécessairement chronologique (bien que ce soit souvent le cas), mais il doit être logique, sans quoi le lecteur ne suit plus. Marmontel précise:

C'est donc une négligence inexcusable, que de laisser, dans l'exposition des faits, une obscurité qui nous inquiète et qui nuise à l'illusion. (p. 328)

Evidemment, il est préférable pour le lecteur que la narration soit à la fois, claire et belle – la beauté appartient peut-être plus à l'imagination qu'à l'histoire (ce qui rappelle le débat entre Sade et Restif)[7] et les remarques préliminaires de l'*Essai* de Mme de Staël, 'Il n'est point de faculté plus précieuse à l'homme que son imagination' (p. 161). Car nous avons tendance à penser, comme littéraires, que la beauté est ce qui donne de la valeur aux textes tandis que ce qui compte pour la presse périodique, où nous trouvons plus facilement les faits-divers et les

---

6   Marmontel, article 'Narration' dans les *Eléments de Littérature*, dans les *Œuvres complètes*, Paris, 1818, 19 vols, XIV, 326-47.
7   Voir Sade, *Idée sur les romans* dans les *Œuvres complètes*, Paris, 1973, 16 vols, X, 3-22: 'On n'a jamais le droit de mal dire, quand on peut dire tout ce qu'on veut; si tu n'écris comme R[étif] que ce que tout le monde sait, dûsses-tu, comme lui nous donner quatre volumes par mois, ce n'est pas la peine de prendre la plume: personne ne te contraint au métier que tu fais; mais si tu l'entreprends, fais-le bien.' (p. 17)

anecdotes, c'est la véracité. Mais il ne faut pas trop souligner cette distinction car Restif, entre autres, se trouve facilement dans le camp de la véracité.[8]

Marmontel comprend très bien, comme d'autres, que la distinction n'est guère valable car, comme Diderot, il précise que ce qui compte c'est la vraisemblance:

> Un fait n'est croyable que parce qu'on y voit de l'incompatibilité dans les circonstances, ou de l'impossibilité dans l'exécution. Or, en expliquant, tout se concilie, tout s'arrange, tout se rapproche de la vérité. [...] (p. 330)

Marmontel comprend très bien que pour toute narration, aussi invraisemblalble qu'elle puisse paraître, on peut la rendre plus vraisemblable en y ajoutant ce qu'il appelle 'des circonstances communes' (p. 331). Nous ne sommes pas loin, ici, des petits détails de Diderot ou de Laclos.[9] Mais Marmontel propose que l'auteur doit néanmoins choisir avec une certaine prudence les détails qu'il inclut: 'l'on doit choisir avec goût ceux qui ont le plus de noblesse dans leur naïveté, ceux dont la peinture a le plus de charmes' (p. 331). Il suggère que l'on trouve plus facilement ce genre de détail dans une réalité lointaine – dans le passé ou dans un pays lointain – ce qui peut expliquer une tendance littéraire, peut-être, mais qui nous aide peu pour la presse périodique.

---

8   On peut citer comme exemple, la conclusion de son *Année des dames nationales*, Paris, 1791-94, 12 vols. Dans l'exemplaire de la B.N. la conclusion est reliée à la fin du 11e volume (novembre): 'Ne vois dans ces NOUVELLES que des faits vrais, que je ne pouvais corriger sans leur ôter leur utilité. Tu y trouveras des mœurs qui ont été; au lieu que les Romanciers ne te donnent que des mœurs factices, enfans de leur imagination, et par conséquent sans utilité pour les mœurs. L'infâme Robespierre fut exécuté le 10 termidore. (p. 3811)

9   Voir, Diderot, *Les Deux Amis de Bourbonne* dans *Œuvres romanesques*, ed. H. Bénac, Paris, Garnier, 1962: '[le conteur] parsèmera son récit de petites circonstances si liées à la chose, de traits si simples, si naturels et toutefois si difficiles à imaginer, que vous serez forcé de vous dire en vous-même, 'Ma foi cela est vrai: on n'invente pas ces choses-là' (p. 791), et Laclos, *Les Liaisons dangereuses*, Lettre 84 de Valmont: 'Ce sont les petits détails qui donnent la vraisemblance, et la vraisemblance rend les mensonges sans conséquence, en ôtant le désir de les vérifier'.

Marmontel n'évoque pas dans cet article un élément fondamental – l'attitude du lecteur. Ne peut-on pas dire que le lecteur cherche dans un conte ou une nouvelle une histoire imaginée mais vraisemblable et qu'il cherche dans l'anecdote ou le fait-divers une histoire réelle, un événement qui a véritablement eu lieu. Mais ce qui intéresse le lecteur du journal c'est justement le fait-divers qui est différent de la réalité quotidienne, c'est quelque chose qui surprend par sa déviation du quotidien. Or, il est évident que le journaliste et l'écrivain ont en commun ce besoin de rendre croyable un événement qui n'est pas banal. On ne cherche pas dans le journalisme la poésie qu'on peut exiger de l'auteur de contes, ni l'imagination qui est exigée par les théoriciens.

Ce que l'on peut exiger des écrivains, par contre, c'est ce que Marmontel propose vers la fin de son article, la convenance. Il note:

> Ainsi le style, le ton, le caractère de la *narration*, et tout ce qu'on appelle convenance, est dans le rapport de celui qui raconte avec celui qui l'écoute. Si Virgile a une tempête à décrire, il est naturel qu'il emploie toutes les couleurs de la poésie à la rendre présente à l'esprit du lecteur. (p. 340)

Voici peut-être la clef de notre discussion – chaque auteur doit employer le style qui convient à ce qu'il écrit. S'il se trompe, il risque de tomber dans le ridicule – ou bien s'il se trompe exprès, il nous offre peut-être une parodie. On aimerait pouvoir conclure en disant que chaque texte a un style convenable – la nouvelle diffère du conte comme l'anecdote diffère du fait-divers. Mais cela laisserait supposer une distinction des genres qui n'est pas encore établie. Dans les chapitres qui suivent, nous allons pouvoir examiner le genre court au 18e siècle – et nous verrons, je crois, la richesse des formes au 18e siècle et une grande variété chez les différents auteurs.

HENRI COULET

Le récit court en France au XVIIIe siècle: Problèmes d'attribution et problèmes d'édition[1]

Quand on veut étudier les différents genres du récit court, nouvelle, conte, histoire, anecdote, le premier problème est de savoir si chacun de ces genres a un caractère spécifique: je crois qu'il n'en est rien, et que parler de récit court est le plus sûr, pour éviter de tomber dans la critique dogmatique et abstraite.

Le second problème est alors de définir le récit court; fixerons-nous un nombre de pages, et dirons-nous qu'avec moins de cent pages un récit est court, et qu'il est long avec plus de cent pages? S'il y avait un intervalle vide, si statistiquement entre tel nombre de pages relativement bas et tel nombre relativement haut on trouvait très peu de textes, une quantité insignifiante, la différence entre le court et le long apparaîtrait clairement. Aucune statistique n'a été établie en ramenant à la même échelle les très diverses justifications des imprimés du XVIIIe siècle; il semble pourtant que la répartition soit assez régulière, surtout pour les chiffres moyens, entre 120 et 300 pages. Un nombre-frontière étant impossible à fixer, il faut chercher d'autres critères: ils existent, sans être absolument décisifs et nous en verrons apparaître quelques-uns; quoi qu'il en soit, le caractère de brièveté est fondamental. Si l'on parle de nouvelle ou de conte ou d'histoire, on s'expose à tout confondre: il y en a de toutes les dimensions.

Le troisième problème est celui de l'attribution: sur 2449 romans nouveaux parus entre 1751 et 1800, la *Bibliographie* de Mylne, Martin et Frautschi en décompte 755 dont les auteurs sont nommés, 496 dont l'auteur est désigné par une lettre, un pseudonyme, etc, 1060 dont

---

1   Ce texte est un extrait, adapté aux conditions du colloque, de l'introduction à une *Anthologie de la nouvelle française du XVIIIe siècle* qui doit paraître aux éditions Gallimard, dans la collection de la Pléiade.

l'identité de l'auteur n'est en aucune façon indiquée, et 138 dont on ignore tout de l'auteur. Malheureusement, cette statistique ne fait pas de distinction entre les anonymes, pseudonymes, cryptonymes ou astérisques qui ne trompaient personne (on savait bien qui était 'l'auteur des Mémoires d'un homme de qualité' et que Voltaire se cachait derrière le 'Docteur Ralph' ou le 'père Quesnel') et ceux qui étaient vraiment énigmatiques et le sont souvent encore de nos jours.

La notion moderne d'auteur date seulement du XIXe siècle: c'est à la fin du XVIIIe siècle que Beaumarchais a fait reconnaître le droit d'auteur pour les auteurs dramatiques; au cours du XVIIIe siècle, l'idée qu'un écrivain exprimait dans son œuvre son génie personnel, qu'il y avait entre l'œuvre et lui un lien organique, s'est progressivement affirmée: Diderot, Rousseau, Rétif ont fait beaucoup pour cette affirmation, qui a été à notre époque combattue par la nouvelle critique. Mais le rapport entre Prévost et l'*Histoire de Cleveland*, entre Marivaux et *La Vie de Marianne*, s'il est réel, est assez différent du rapport entre Flaubert et *Madame Bovary* ou entre Balzac et *Illusions perdues*, psychologiquement, esthétiquement, et juridiquement. Mme de Tencin ne désirait pas qu'on sût qu'elle écrivait des romans, et quand Prévost n'arrivait pas à conclure son *Cleveland*, son éditeur hollandais n'hésitait pas à payer un rédacteur inconnu pour que le roman fût complet. D'autre part la censure était particulièrement sourcilleuse en ce qui concernait le roman, genre immoral et genre dangereux: aussi les auteurs restaient-ils anonymes ou se servaient de pseudonymes, d'initiales, d'astérisques, etc. Les brochures avaient, au moins en province, un statut plus libéral, une simple décision de police suffisait à les autoriser: un récit court, publié isolément dans une plaquette, se publiait presque aussi facilement qu'un bulletin paroissial ou qu'une feuille d'avis: cette différence de statut explique peut-être que le genre court ait été au XVIIIe siècle considéré comme moins sérieux, plus insignifiant, que le roman proprement dit, officiellement méprisé, lui aussi, mais hautement estimé par le public. Si l'on veut comprendre ce qu'était au XVIIIe siècle le récit court par rapport au roman, il ne faut pas oublier la différence de dignité qu'auteurs et lecteurs mettaient entre les deux genres. S'il est souvent difficile et même impossible d'identifier l'auteur d'un roman du XVIIIe siècle, c'est encore plus fréquent dans le cas d'une nouvelle.

La difficulté est accrue encore par le fait de l'existence de recueils périodiques qui offraient des textes courts, la plupart du temps non signés, pour la curiosité et l'amusement des lecteurs. Le *Mercure galant* du XVIIe siècle est le modèle, le moule et même le magasin des récits courts jusque tard dans le XVIIIe siècle; le *Mercure de France* qui prend sa suite (après *Le Nouveau Mercure*, puis *Le Mercure*) jusqu'en 1791, sous différents directeurs, publie de courts récits parfois signés d'un écrivain, parfois anonymes, parfois d'amateurs qui se font connaître seulement par leur initiale et la ville où ils résident ('Mme B. d'Arras'): littérature fugitive, qui n'exige que quelques quarts d'heure d'attention. La *Bibliothèque Universelle des Romans* et après elle la *Nouvelle Bibliothèque des romans* (1775-1789 l'une; 1799-1807 l'autre) donnent à lire non seulement des résumés et des extraits de toute la littérature romanesque antique et moderne, française et étrangère, mais aussi des textes complets, de quelques dizaines de pages. De nombreuses collections, périodiques[2] ou non, réunissaient des volumes entiers de récits courts, empruntés d'un peu partout, sans signature en général, et leurs titres donnent une image assez nette de ce qu'attendait leur public: *Histoires galantes et véritables* (1713) (ce sont en majorité des textes du *Mercure galant* des années 1678-1680); *Récréations morales et galantes ou Histoires véritables avec des réflexions très utiles dédiées au beau sexe* (1717; plusieurs de ces histoires viennent du *Mercure* d'avant 1700, les autres semblent originales, toutes sont anonymes); *Aventures choisies, intéressantes et nouvelles, par différents auteurs* (1738) 6 vol., dont aucun texte n'est signé, mais où l'on reconnaît Challe, Germont, Billy, Mme Méheust, Préchac, Mme Lévesque, Née de La Rochelle, Maria de Zayas; *Bibliothèque de campagne contenant plusieurs aventures, histoires, contes, et autres pièces, pour servir de récréation à l'esprit* (1738), 6 vol.; *Bibliothèque de campagne ou amusements de l'esprit et du cœur* (1738, 12 vol.; c'est une autre série, de textes toujours anonymes, souvent difficiles à attribuer); *Lectures amusantes ou les Délassements de l'esprit* (1739), attribués abusivement à d'Argens, et dont tous les textes viennent de l'espagnol; *Amusements des dames ou Recueil d'histoires galantes des meilleurs auteurs de ce siècle* (1740), 6

---

2   D'une périodicité courte en général: quelques mois ou quelques années.

vol., plus 2 vol. ultérieurement; Les *Quarts d'heure divertissants, ou Bibliothèque galante* (1742) où l'on trouve Guillot de la Chassagne, Cazotte, Coustelier, et Subligny, qui est du XVIIe siècle, tout cela anonyme et sous des titres parfois falsifiés; *Bibliothèque choisie et amusante*, 1749, 6 vol., où l'on rencontre sous l'anonymat des textes de La Morlière, d'Argens, L'Affichard, Baculard d'Arnaud, Meusnier de Querlon, Bibiena, etc.; *Les Après-Soupés de la campagne, ou recueil d'histoires courtes, amusantes et intéressantes,* de Bruix et Leris 1759-1767; *Bibliothèque de société contenant des mélanges intéressants de littérature et de morale, une élite de bons mots, d'anecdotes, de traits d'humanité* (1771, 4 vol.), qui réunit Fénelon, Boufflers, Voltaire, La Motte, etc.; *Le Goût de bien des gens ou recueils de contes moraux,* (1766-1769, 3 vol.), où l'on reconnaît Yon, Fielding, Saint-Lambert, Baculard d'Arnaud, Dubois-Fontanelle, Boufflers, Voisenon, Mme de Puisieux; *Amusements curieux et divertissants propres à égayer l'esprit ou Fleurs de bons mots, contes à rire, valeur héroïque, et le tout sans obscénité, afin que les personnes de tout état puissent en faire leur récréation,* 1766 (recueil d'anecdotes, avec une 'Histoire' en calembours) *Les Hommes comme il y en a peu et les génies comme il n'y en a point, contes moraux, orientaux, persans, arabes, turcs, anglais, français, etc., les uns pour rire, les autres à dormir debout,* 1776, 3 vol., qui réunissent 56 récits, traduits, ou empruntés à des auteurs français récents: c'est la 5e édition, la plus étoffée, d'un recueil qui s'est augmenté d'édition en édition depuis 1768; *Les Récréations de la toilette, histoires, anecdotes, aventures amusantes et intéressantes pour servir d'amusements aux jeunes dames, entremêlées de quelques pièces de vers qui n'ont point encore paru,* 1775, 2 vol., 28 récits, dont plusieurs sont aussi dans le recueil précédent, traduits, empruntés au *Mercure* des années 1767-1771, non signés, mais dont en général les auteurs étaient nommés dans le *Mercure;* et bien d'autres recueils qu'il serait fastidieux d'énumérer.

Certains de ces recueils sont signés, par un nom ou par des initiales, d'autres sont d'auteurs inconnus, parfois c'est l'éditeur lui-même qui a constitué le recueil ou l'a fait constituer par un littérateur à gages; mais certains aussi, qui affichent un nom d'auteur, en toutes lettres ou en abrégé, présentent comme originaux des récits qui sont empruntés: en 1720, Rustaing de Saint-Jorry explique son dessein dans la préface de ses *Histoires galantes, nouvelles et véritables*: '[…] J'ai entrepris d'écrire des événements que les plus graves auteurs négligeront […] Je veux parler des événements dont l'amour est la cause immédiate et le principal sujet. Cette espèce de travail s'est trouvé conforme à mon génie […] Je me flatte […] que de la manière dont j'ai traité les choses, personne ne sera mécontent […]': or tous ces récits, ou presque tous, sont recopiés du *Mercure galant*. D'Ussieux, dans ses *Nouvelles françaises*, 3 vol., 1775, 1783, 1784, réunit des nouvelles qui avaient paru en brochures séparées, démarque, modifie ou transcrit textuellement en les découpant en nouvelles des romans de Catherine Bernard, Lesconvel, Charlotte Rose de Caumont de la Force. L.S. Mercier publie en 1792 trois volumes de *Fictions morales*, 'productions de [sa] jeunesse'; il reconnaît que 'plusieurs sont imitées de langues étrangères', mais avec de tels changements que ce sont des œuvres originales, il vaudrait mieux dire des réécritures: en matière de récits courts, chacun prend son bien où il le trouve. Les textes circulent du *Mercure de France* à des recueils composés par les auteurs eux-mêmes ou par des éditeurs qui ne doivent aucun compte aux auteurs; ils passent d'un recueil à un autre, le plus souvent sous l'anonymat. Beaucoup d'auteurs de récits courts (comme de romans) sont aussi des journalistes, au sens où l'on entendait la chose au XVIIIe siècle: Bastide, Desfontaines, La Dixmerie, La Barre de Beaumarchais, Meusnier de Querlon, Dorat, Chevrier, d'Argens, Imbert, Mme Leprince de Beaumont, Dubois-Fontanelle, L.S. Mercier, sans compter le Prévost du *Pour et Contre*, le Marivaux du *Spectateur français*, le Marmontel du *Mercure*, le Diderot de la *Correspondance littéraire*.

Deux exemples font bien apparaître l'affinité entre le récit court inventé et l'article de journal, entre la nouvelle-fiction et la nouvelle-événement récent. Prévost publie dans *Le Pour et Contre* des récits dont il affirme la véracité, mais qu'il emprunte à des journaux anglais où cette véracité n'est pas indiscutable, à des amis qui les lui ont racontés, à la réalité dont il prétend avoir été témoin. Toutes ces histoires, d'où qu'elles viennent, sont du Prévost, on y reconnaît sa forme d'esprit et sa psychologie: mais de plus, on en retrouve un certain nombre tronqués, sous un titre changé, dans *Les Après-Soupés de la campagne* de Bruix et

Léris (1759-1767), dans les *Contes moraux* de Mlle Uncy (1763).[3]
L'autre exemple est plus curieux, et par là plus significatif: en 1771, le
volume 4 de la *Bibliothèque de société contenant des mélanges intéressants* [...] contient entre autres, sous le nom de leur auteur, Voltaire,
le conte de *Jeannot et Colin* et l'*Histoire d'Elisabeth Canning*; or ce
dernier texte n'est originairement pas un conte, c'est une pièce du
dossier de l'affaire Calas, parue en 1762 et complétée alors par un
exposé sur les Calas, Voltaire entendait montrer comment une accusation
calomnieuse avait dans l'affaire Canning failli entraîner une grave erreur
judiciaire,[4] et l'avait effectivement entraînée dans l'affaire Calas. Les
auteurs de la *Bibliothèque de Société* amputent cette histoire du
complément qui fait tout son sens et n'y voient qu'une anecdote
intéressante – fictive ou véridique? La question ne se pose pas. Cette
affinité entre récit fictif et récit journalistique est un cas particulier de la
confusion entre récit fictif en général et récit de réel: les mots *histoire,
nouvelle, anecdotes*, désignent aussi bien des récits authentiques que des
fictions.

Que doivent être les récits publiés dans les journaux? Ils doivent
être brefs, nouveaux, intéressants et variés. Les récits courts réunis en
recueils gardent ces caractères, même s'ils n'ont pas d'abord paru dans
un journal: un auteur de nouvelles (ou de contes) s'attache à adopter tous
les tons, à jouer sur tous les registres, réalisme, moralisme, satire, idylle,
allégorie, féerie, etc. Le chevalier de Mailly avertit le lecteur de ses
*Diverses aventures de France et d'Espagne, nouvelles galantes et
historiques*, 1707: 'Notre dessein est de divertir le lecteur, et non pas de
l'attrister. Il verra dans cet ouvrage des passions et des événements
extraordinaires, des ruptures et des infidélités surprenantes, des rac-
commodements feints et dissimulés, d'autres qui sont véritables et de
bonne foi, et dont la fin a été heureuse. Il y verra encore la dispute d'un
moine contre le diable, touchant une métairie que le moine lui gagna aux
dés, et les injures que le diable lui dit. Le pronostic d'un vénérable
vieillard, qui ayant regardé les lignes de la main d'une demoiselle, et

---

3   Voir l'article de Katherine Astbury sur 'Les *Contes moraux* de Prévost', à
     paraître dans les actes du colloque Prévost, Nottingham, 1997, *Studies on
     Voltaire and the Eighteenth Century.*
4   Elisabeth Canning était la calomniatrice.

expliqué le songe qu'elle avait eu, lui annonça la mort prochaine de son amant. L'indiscrétion d'un confesseur, qui en confessant un homme, lui découvrit par hasard l'intrigue amoureuse de sa femme, le chagrin qu'eut le mari, sa vengeance contre sa femme, et celle de cette femme contre son mari. Plus il y trouvera encore par manière d'épisode des danses charmantes, des sauts périlleux, des courses de chevaux, des chasses divertissantes, des combats d'hommes et d'animaux, des conversations singulières, des lettres galantes avec des réponses de même caractère, et plusieurs autres choses aussi agréables par leur nouveauté, que par leur mérite'. Soixante ans plus tard, en 1769, La Dixmerie écrit en tête de ses *Contes philosophiques et moraux*, qui étaient tous parus précédemment dans le *Mercure*: 'Si quelque chose doit faire valoir ce recueil, c'est sans doute la variété qui y règne. J'ai osé prendre tous les tons et parcourir tous les climats'. *De tout un peu,* annonce dès son titre en 1776 le recueil de contes de Jullien dit Desboulmiers.

Amusant, facile à lire, rapidement lu par un public assez nombreux ou assez oublieux pour qu'on puisse le lui offrir à plusieurs reprises sous des titres différents, tronqué, découpé en morceaux, arrangé, déguisé, traduit, adapté, plagié, le récit court appartient en somme au domaine public; son mode de publication et son mode de réception ont peut-être empêché que se forme au XVIIIe siècle une esthétique du genre. Le XVIIe siècle avait eu la sienne, théorisée par Sorel, Segrais et Scarron, illustrée par eux et par Mme de Lafayette, Saint-Réal, et l'auteur des *Lettres portugaises*: la nouvelle, ou l'histoire, était alors un condensé de roman, aux exigences de style et de structure encore plus strictes; au XIXe siècle, grâce à Mérimée, Nodier, Stendhal, Musset, Flaubert, Daudet, Maupassant, sur des thèmes très divers, et dans des styles très divers aussi, la nouvelle, mal distinguée du conte, mais bien distinguée du roman, est une œuvre d'art. Au XVIIIe siècle on aperçoit des schémas de structure, des modes d'exposition, des *topoi* narratifs, une grande partie de ces moyens d'expression venant du *Mercure galant*; le récit court est un divertissement (même pour les narrateurs des *Illustres Françaises* de Challe), un jeu de société (la Société du bout du banc, autour du comte de Caylus; Diderot et ses amis mystificateurs, à qui l'on doit non seulement le roman de *La Religieuse*, mais le conte des *Deux amis de Bourbonne*), un texte journalistique. Paradoxal et provocateur, l'éditeur des *Annales amusantes* (dont la parution devait être périodique, mais qui n'ont connu qu'une série, de mai à septembre 1742) affecte de ne rechercher que le profit: 'C'est pour notre seule utilité que nous écrivons. Nous cherchons à vous plaire, mais uniquement pour que vous achetiez nos écrits: nous vous dispensons des éloges, si vous payez le soin que nous prenons de les mériter. Comme nous sommes peu curieux d'être connus de vous personnellement, nous nous satisferons de connaître votre argent'.

Les œuvres marquantes, celles que la critique traditionnelle appelle des chefs-d'œuvre, sont en marge de ce corpus composite: ce sont les *Contes* de Voltaire (qui, chaque fois qu'il a défini le conte, a parlé d'autre chose que de ses propres contes), ceux de Diderot (que le grand public à l'époque n'a pas connus), le *Point de lendemain* de Vivant Denon, œuvre isolée, [*Aline*] *reine de Golconde*, de Boufflers, conte qui eut un immense succès, fut plusieurs fois publié dans des versions défigurées, et ramené par elles à des schémas convenus dont il était la critique et le dépassement; il faut mettre à part aussi *Les Illustres Françaises, histoires véritables*, de Challe, qui intègrent les récits courts dans un ensemble romanesque dont il est impossible de les extraire sans mutilation. Il est remarquable qu'à l'imitation de Challe, ou des *Mille et une nuits*, ou des contes de fées rassemblés dans un récit-cadre par Mme d'Aulnoy dans *Le Gentilhomme bourgeois*, les auteurs de récits courts ont cherché à franchir les limites propres au genre, en enchaînant plusieurs nouvelles (Mme de Gomez), en les enchevêtrant dans un récit-cadre (La Barre de Beaumarchais: *La Retraite de la marquise de Gozanne*, 1734), en les entrecoupant de réflexions (Bordelon: *Les Solitaires en belle humeur*, 1712), en les rassemblant selon un thème plus ou moins suivi (Rétif); du même dessein résultent les innombrables *Promenades* apparues à la fin du XVIIe siècle, les *Soupers*, les *Après-dînés* ou *Après-soupés*, les *Matinées*, les *Soirées*, les *Journées*, les *Veillées*, etc. Mais ce n'est pas le lieu ici de faire une typologie du récit court.

Genre très pratiqué, très répandu et très lu, genre moins estimé encore que le roman qui a eu beaucoup de mal à faire reconnaître sa valeur, le récit court n'est nullement un genre sans qualités. Il reflète bien les divers aspects du siècle et leur évolution, du libertinage au sérieux psychologique et moral, puis au sentimentalisme; il est en général bien écrit, avec élégance, simplicité et rapidité, car on savait, au

XVIIIe siècle, écrire et surtout conter; il a bénéficié de l'évolution du roman lui-même, il a gagné en réalisme, les personnages en ont été mieux caractérisés, la psychologie a été plus fouillée, les intrigues mieux construites, on s'est de plus en plus écarté du schéma de Donneau de Visé et de la rhapsodie à la Bordelon; Marmontel, à partir de 1755, créa une forme de récit court qui annonce Maupassant, et a son ton propre et ses thèmes, et il a lancé la mode des contes moraux (dont les auteurs en général s'opposent à Marmontel).

Concluons notre premier point: s'il est assez souvent difficile de désigner l'auteur d'un récit court, c'est ou bien parce qu'il est anonyme, ou que le pseudonyme ou l'acronyme sont restés inexpliqués; c'est aussi parce que beaucoup de ces textes, publiés dans des recueils, sont empruntés à des sources du XVIe, du XVIIe siècle, à des auteurs italiens, anglais, allemands, espagnols qui sont identifiables seulement au prix de minutieuses recherches: on reconnaît facilement un texte de Prévost, de Voltaire, de Marguerite de Navarre sous son déguisement, mais peu de lecteurs ont vu que dans les *Amusements du beau sexe*, sept volumes parus en périodiques en 1740 et 1741, plus de trois-quarts des textes venaient du *Mercure galant* de Donneau de Visé, ou que d'Ussieux recopiait platement Charlotte-Rose de Caumont de la Force (dans ses *Nouvelles françaises*: 'Marie de Bourgogne', 'Françoise de Beauville', 'Histoire de Comines'). Cette difficulté d'attribution est la conséquence du rang inférieur du récit court sur l'échelle des valeurs littéraires et aussi de la nature et du goût de son public.

Le problème de l'édition est lui aussi lié au statut du récit court: publier aujourd'hui un récit anonyme ou pseudonyme du XVIIIe siècle, c'est s'exposer à découvrir ou à se voir objecter par la suite qu'il est en original dans un recueil du XVe, du XVIe ou du XVIIe siècle, ou qu'il est traduit d'une langue étrangère; même chez les auteurs qui ne se cachent pas, Mme de Gomez, L.S. Mercier, il y a beaucoup de textes dont on a l'impression qu'il sont empruntés, sans qu'on sache d'où ils peuvent venir. Mais même lorsqu'on est sûr de l'authenticité d'un texte, ou, s'il est anonyme ou pseudonyme, de son originalité, on peut se trouver devant plusieurs versions, celle que l'auteur a publiée dans un périodique, celle qu'il a modifiée pour l'insérer dans un recueil, celle qu'a falsifiée un éditeur sans scrupule. En principe, on doit publier l'original, signé ou non, encore qu'il puisse y avoir deux originaux:

Saint-Lambert publie dans un périodique et en brochure sa nouvelle de *Sarah Th*..., avec un préambule qui disparaît dans les rééditions en volume; Mme Riccoboni publie dans la *Bibliothèque Universelle des Romans* plusieurs nouvelles, dont l'*Histoire d'Enguerrand*, qui était précédée d'une présentation mystificatrice: cette présentation disparaît dans l'édition en recueil de 1785; Bastide publie en 1758 *La Petite Maison* dans *Le Nouveau Spectateur*, il la réédite en 1763 dans le recueil de ses *Contes* et en renverse le dénouement. S'il n'est pas possible de publier une édition critique, il faut choisir, et le choix, même justifié, garde toujours quelque chose d'arbitraire.

En revanche le problème de l'édition est purement théorique, il ne se pose pas dans la pratique – sauf si l'on veut fournir des documents à une étude de la réception –, quand il s'agit de textes modifiés sans l'accord de leur auteur: il est évident qu'on publiera *Babouc* et *Memnon* tels que Voltaire lui-même les a publiés, et non *Ainsi va le monde* et *Le sot projet d'un homme sage* dans la version des *Contes moraux* de Mlle Uncy; et *La Reine de Golconde* selon l'édition authentique de Boufflers et non dans l'édition du *Mercure de France* ou dans celle de Mlle Uncy, qui le publia sous le titre de *La nouvelle paysanne parvenue ou la courtisane devenue philosophe*, en supprimant l'épître en vers et les paragraphes d'introduction, transformant en conte moral l'un des textes les plus spirituels du XVIIIe siècle. La question que posent ces diverses versions à l'historien de la littérature est de savoir laquelle a été la plus connue des lecteurs, laquelle correspond à ce que le public réel attendait d'un récit court: il n'est pas impossible que le texte faux soit plus représentatif que le texte authentique.

Les deux points que je veux souligner dans ma conclusion sont 1) que la notion de récit court est plus opératoire que celles de nouvelle, de conte, d'histoire, etc. qui ont un sens, mais qui ne sont pas déterminées, comme celle de récit court, par le mode de publication et par le mode de lecture; 2) que le récit court appartient au domaine public, on peut le plagier, le défigurer, le reproduire sous un autre titre, etc.

Si le récit court pose au XVIIIe siècle, et spécifiquement en ce siècle, tant de problèmes de sources, d'attribution, de définition et d'édition, il est aussi, ce qu'il n'était pas dans les siècles antérieurs, et ce qu'il ne sera pas au XIXe et au XXe siècle, la forme d'expression littéraire la plus vivante et la plus immédiatement reçue du public, sinon la plus estimée.

J. PATRICK LEE

Voltaire et 'La Chronique véritable du preux chevalier dom Philippes d'Orélie'

Il y a cinq ou six ans lors d'un voyage de recherches, j'ai découvert à la Bibliothèque historique de la Ville de Paris un manuscrit qui porte le titre: 'La Chronique véritable du preux chevalier dom Philippes d'Orélie où l'on voit les faits d'armes, amours, et autres moults japeuses avantures de plusieurs Barons et nobles Dames, Par le Sieur Arouet de Voltaire.' Je connais assez bien les œuvres de Voltaire et je n'avais jamais remarqué ce titre auparavant. Des recherches dans l'édition Moland des *Œuvres de Voltaire*,[1] dans la *Correspondance*,[2] dans le répertoire des manuscrits de Voltaire dressé par Andrew Brown,[3] et dans la table provisoire de la nouvelle édition en cours des *Œuvres complètes* de Voltaire par la Voltaire Foundation ne révélaient aucune mention de ce texte.[4]

Le recueil, Manuscrit Réserve 54, porte le titre 'Papiers Voltaire. Tome II. Œuvres diverses.' Il contient une vingtaine de textes de Voltaire: entre autres une copie de *Samson*, le livret que Voltaire avait composé pour une collaboration avec Rameau qui n'avait jamais abouti, des notes pour son *Histoire universelle*, le *Sermon du rabbin Akib* et le *Sermon des cinquante*. Il se termine par des 'Notes' de Nicolas Ruault, libraire à Paris à la fin du siècle, un des collaborateurs de l'édition de Kehl des *Œuvres de Voltaire*. Il serait question alors, je crois, d'un recueil de textes réunis par

1   *Œuvres complètes de Voltaire*, éd. Louis Moland, 52 vols, Paris, Garnier, 1882-1885.

2   *Correspondence and related documents*, éd. Theodore Besterman, 'definitive ed.' vols 85-135 in *The Complete Works of Voltaire*, Geneva, Institut et musée Voltaire; Oxford, The Voltaire Foundation, 1968-1977. L'édition est citée 'Best.D+le numéro de la lettre'.

3   'Calendar of Voltaire manuscripts other than correspondence,' *Studies on Voltaire and the Eighteenth Century*, 77 (1970), 11-101.

4   *Provisional table of contents for the Complete works of Voltaire / Œuvres complètes de Voltaire,* éd. Ulla Kölving, Oxford, The Voltaire Foundation, 1983.

Ruault en vue de la publication de l'édition Kehl ou peut-être d'un supplément. De toute façon, Ruault et son ami, Decroix, étaient tous les deux grands collectionneurs de Voltairiana.[5]

Le manuscrit, qui n'est pas daté, consiste en trois livres; chaque livre est divisé en chapitres, et ne sont donnés que les seuls titres des chapitres. Le titre de chaque chapitre recouvre un événement historique, un fait-divers, et ces titres de chapitres forment une chronique politique et scandaleuse de la Régence depuis la mort de Louis XIV en 1715 jusque peut-être 1718 mais avant la crise du Système de Law qui n'est pas mentionné. Ainsi trouve-t-on une série de chapitres; par exemple le Premier Livre, 'Chapitre 9: Comme Dom Philippes d'Aurelie courant les rues de Lutèce pour deffendre la Beauté de la Dame de Biturgie mit plusieurs grandes aventures a fin sans aucun peril de sa personne.' Ou bien, le Deuxième Livre, 'Chapitre 16: Comme dom Philippes d'Aurelie alloit chez la dame de Biturgie faire offrande et libations à Venus la Deesse et au Gentil dieu des jardins celebrant dans son Chatel de Bourluxem orgies et Lupercales sept fois la semaine en leur honneur.'

La clé des principaux personnages se trouve dans les notes au bas de la page. Ainsi, dom Philippes d'Orélie serait le Régent, Philippe d'Orléans; Deodatus, Louis XIV; Louison, le jeune Louis XV; la Scarronise, Madame de Maintenon; la dame de Biturgie, la duchesse de Berry, fille du Régent; et ainsi de suite. Dans les titre que je viens de citer ci-dessus est fait référence aux débauches de la duchesse de Berry auxquelles participait, selon les chansonniers de l'époque, son père Philippe d'Orléans.

Jusqu'ici j'ai découvert trois autres copies manuscrites de cette 'Chronique' dans un recueil à la Bibliothèque de l'Arsenal qui vient de la Bibliothèque de Monsieur de Paulmy. Ces manuscrits ne contiennent que des chapitres du premier livre de la 'Chronique' et sont datés (peut-être par des mains postérieures) 1717 pour la première copie, et 1720 pour les deux autres. Ils ne portent pas d'attribution à Voltaire. Dans ses *Mélanges historiques, satiriques et anecdotiques*, M. de Bois-Jourdain (Paris, 1807), a imprimé neuf chapitres de la 'Chronique' avec le titre 'Histoire du Tems' datée 1717.[6]

---

5   Voir Jaqueline Marchand, 'Un Voltairien passionné: Jacques Joseph Marie Decroix (1746-1826)', *Revue d'histoire littéraire de la France*, 77 (1977), 187-205.

6   J'ai identifié un deuxième manuscrit de la *Chronique* qui porte l'attribution à Voltaire, mais je ne l'ai pas retrouvé. D'après le Catalogue de la vente de la

Il y a quatre ans, j'ai envoyé une photocopie du manuscrit de la Bibliothèque historique au Professeur Richard Waller, de l'Université de Liverpool, sachant qu'il avait fait sa thèse de doctorat à Oxford sur les relations entre les hommes de lettres et les représentants de l'autorité en France à l'époque de la Régence.[7] Par la suite, Waller m'a signalé qu'il ne connaissait pas ce manuscrit mais que d'autres chapitres de la 'Chronique' se trouvaient dans le *Journal de Buvat*.[8] En suivant cette piste, j'ai trouvé qu'il s'agissait d'autres livres de la 'Chronique' tout à fait différents de mon manuscrit. En effet, on trouve deux textes dans le *Journal* pour le mois d'août 1718. L' 'Extrait du livre VII de Rabelais; de la Chronique de dom Philippes d'Aurélie et des prouesses des bonnets ronds en icelui temps' est attribué en note au libraire Cou[s]telier père (Buvat, I, 327-330). En 18 chapitres, il donne en résumé l'histoire des différends du Régent avec le Parlement. Le second, en 12 chapitres, 'Extrait du livre VIII de Rabelais; de la Chronique de Philippes d'Aurélie' est attribué à la duchesse du Maine (Buvat, I, 325-326). Le dernier chapitre, 'Comment on vit arriver un beau jour l'enchanteur Alberon avec Philippe des Asturies, qui terminèrent le différend au grand contentement de toutes les Gaules' représente bien ce que la duchesse du Maine aurait voulu voir arriver. C'est-à-dire que grâce aux travaux du Cardinal Alberoni, Philippe V, roi d'Espagne, deuxième fils du Grand Dauphin, petit-fils de Louis XIV, revienne en France gouverner à la place du Régent. C'est l'essentiel de la Conspiration de Cellamare qui sera révélée et réprimée au mois de décembre 1718.

Comme on pouvait s'y attendre, j'ai maintenant trouvé d'autres exemplaires de ces deux livres de la 'Chronique de dom Philippes d'Orélie.' Il y a une copie manuscrite du Livre VII à Paris dans la Bibliothèque de l'Arsenal (MS 6608) et deux du Livre VIII (MSS 3892 et 6608). Une copie du Livre VII a été collectionnée par l'éditeur de Rabelais,

---

bibliothèque de J.-P. Desforges qui a eu lieu le 9 avril 1872, chez Charavay, était vendu un volume in-4° de 'Voltaire. Documents relatifs à sa vie et à ses ouvrages' où se trouvait 'La Chronique véritable du preux Chevalier dom Philippe d'Orélie par le sieur Arouët de Voltaire.' Le manuscrit doit exister toujours dans quelque collection particulière.

7   R.E.A. Waller, 'The Relations between Men of Letters and the Representatives of Authority in France, 1715-1723' (unpublished doctoral thesis, University of Oxford, 1971).

8   Jean Buvat, *Journal de la Régence*, éd. Emile Campardon, 2 vols, Paris, Henri Plon, 1865.

Jacob LeDuchat, et publiée par Formey dans la *Ducatiana*;[9] et au dix-neuvième siècle, l'historien Gabriel Peignot l'a éditée dans son *Précis historique, généalogique et littéraire de la maison d'Orléans*.[10]

Pour terminer avec les textes qui auraient quelque rapport avec notre 'Chronique de dom Philippes d'Orélie', j'ai retrouvé trois autres chroniques pastichant Rabelais et les vieux romans qui continuent le genre où les titres des chapitres forment toute l'histoire. Ce sont d'abord 'l'Histoire du prince Papyrius, surnomme Pille-Argent, gouverneur des Francs-Sots' (c. 1721 en 17 chapitres).[11] Ensuite on trouve la 'Chronique de Sotermelec' imprimée à la suite des *Avantures de Pomponius*, attribuées à l'abbé Prévost. À vrai dire, il y a deux chroniques de Sotermelec, la 'Petite' qui ne renferme que 29 chapitres (1724) et qui s'arrête avec le cardinalat de Dubois, et la 'Grande' en 115 chapitres (1728), qui va au-delà de la mort du Régent.[12] Enfin il existe un texte qui porte le titre 'Rabelais ressuscité'[13] qui débute ainsi: 'Cy commence la noble gratieuse, et de tout point miraculeuse histoire et légende de moult noble et vertueuse et non jamais assez louée dame Marie Leckzienska, fille de Stanislas jadis Roy de Pologne.' Il contient 23 chapitres qui recouvrent une période qui dépasse la Régence. Un des manuscrits à l'Arsenal porte la date 1725.

Voilà alors un corpus de textes qui ont succédé au nôtre, qui ont utilisé le même langage, la même technique de narration, en un mot le même genre. D'après toutes les indications, le texte attribué à Voltaire

---

9   *Ducatiana ou remarques de feu M. Le Duchat*, éd. Samuel Formey, Amsterdam, Pierre Humbert, 1738, pp. 110-114.

10 [Gabriel Peignot], *Précis historique, généalogique et littéraire de la Maison d'Orléans*, Paris, Crapelet, 1830, pp. 65-68.

11 Voir Bibliothèque de l'Arsenal, MSS 3724 et 3892 et Peignot, *Précis historique*, pp. 52-58.

12 La 'Petite Chronique' se trouve dans *Les Avantures de Pomponius*, Rome, Chez les Héritiers de Ferrante Pallavicini, 1724, pp. 209-214. La 'Grande Chronique' fait partie du *Recueil de pièces touchant la Régence* imprimé à la suite des *Avantures de Pomponius*, nouvelle ed., Rome, Chez Mornini, 1728, pp. 12-60.

13 Bibliothèque de l'Arsenal, MSS 3892 et 6608 (deux copies); *Journal et mémoires de Mathieu Marais*, éd. M. de Lescure, Paris, Didot, 1864, III, 222-227; et *Mémoires et l'histoire de la Calotte*, nouvelle ed., Aux Etats Calotins, De l'Imprimerie Calotine, 1752, Part III, 32-42. Ce texte n'est pas à confondre avec le *Rabelais ressuscité*, une continuation de Rabelais par Nicholas Horry (1611) qui a été réédité par Neil Goodley dans la série de Textes français à l'Université d'Exeter (1976).

serait le premier en date à l'utiliser au dix-huitième siècle. J'aurai l'occasion de décrire ces autres textes lors du colloque sur la 'Parodie et série dans la littérature française du XVIIIe siècle' au mois de novembre 1998 à la Sorbonne.

Je voudrais parler un peu de l'origine du genre de la chronique parodique à l'imitation de Rabelais et des vieux romans, des indices qui appuient en faveur de la probabilité de l'attribution de la 'Chronique de dom Philippes d'Aurélie' à Voltaire, pour finir avec quelques réflexions sur la narration réduite aux seuls titres des chapitres.

Il est certain que la parution en 1711 de l'édition des *Œuvres de Maître François Rabelais* par l'érudit huguenot, Jacob Le Duchat, réfugié à Berlin, a suscité un renouveau d'intérêt pour l'auteur de *Gargantua* et *Pantagruel*.[14] Theodore Fraser dans sa thèse sur Le Duchat a démontré l'importance de cette édition.[15] Les livres de Jacques Boulenger et Lazare Sainéan ont étudié l'influence et la réputation de Rabelais à travers les âges.[16]

François Moureau a analysé un 'Parallèle d'Homère et de Rabelais' par Charles Dufresny inséré entre mai et août 1711 dans le *Mercure galant* qu'il éditait à l'époque.[17] Dufresny, après avoir comparé quelques extraits des deux auteurs, conclut que 'moutons pour moutons, Rabelais vaut bien Homère.'[18] Jacques Autreau a composé une comédie burlesque, *Panurge à marier ou la coquetterie universelle*, représentée au Théâtre Italien en 1720.

Tout récemment Richard Cooper dans deux articles très solides a traité l'image de Rabelais au dix-huitième siècle.[19] Mais personne n'a

---

14   6 vols., Amsterdam, Chez Henri Bordesius, 1711.
15   Theodore P. Fraser, *Le Duchat First Editor of Rabelais*, Geneva, Droz, 1971.
16   Jacques Boulenger, *Rabelais à travers les âges*, Paris, Le Divan, 1925; L[azare] Sainéan, *L'Influence et la réputation de Rabelais*, Paris, J. Gamber, 1930.
17   François Moureau, 'Un parallèle d'Homère et de Rabelais à l'aube du XVIIIe siècle ou le brut et le poli,' in *La Littérature et ses avatars*, éd. Yvonne Bellenger, Paris, Aux Amateurs de livres, 1991, pp. 151-163.
18   *Mercure galant*, (August 1711), Part II, 97.
19   Richard Cooper, '"Charmant mais très obscène": some French eighteenth-century readings of Rabelais,' in *Enlightenment essays in memory of Robert Shackleton*, éd. Giles Barber and C. P. Courtney, Oxford, The Voltaire Foundation, 1988, pp. 39-60: and 'Le règne de François Ier au siècle des Lumières,' in *La Littérature et ses avatars*, éd. Yvonne Bellenger, Paris, Aux Amateurs de livres, 1991, pp. 165-184.

remarqué notre ensemble de textes rabelaisants. Rabelais était à la mode en ce début de siècle. Dans une lettre au Président Bouhier du 5 mai 1728, l'abbé d'Olivet rapporte la mort de son ami l'abbé Fraguier: 'Dimanche, j'entrai chez lui sur les sept heurs du soir: je le trouvai dans son état ordinaire; il me pressa de passer la soirée avec lui; nous mangeâmes ensemble chacun notre pigeon; je lui lus ensuite deux ou trois chapitres de Rabelais, et à dix heures je le quittai.'[20] Il est mort quelques heures après. C. Lauvergnat-Gagnière note un paradoxe: 'il est clair que dans les premières décennies du XVIIIème siècle, c'est par les tenants de la tradition que l'œuvre de Rabelais et son art sont défendus...'.[21]

On lisait même Rabelais à la Cour. Dans ses *Mémoires*, Saint-Simon se souvient 'qu'une nuit de Noël à Versailles où il [le duc d'Orléans] accompagna le Roi à matines et aux trois messes de minuit, il surprit la cour par sa continuelle application à lire dans le livre qu'il avoit apporté, et qui parut un livre de prière. La première femme de chambre de Mme la duchesse d'Orléans, ancienne de la maison, fort attachée et fort libre, comme le sont tous les vieux bons domestiques, transportée de joie de cette lecture, lui en fit compliment chez Mme la duchesse d'Orléans le lendemain où il y avoit du monde. M. le duc d'Orléans se plut quelque temps à la faire danser, puis lui dit: "Vous êtes bien sotte, Madame Imbert; savez-vous donc ce que je lisois? C'étoit Rabelais, que j'avois porté de peur de m'ennuyer."'[22]

Mais en même temps que l'on constate ce renouveau d'intérêt pour Rabelais, il faut reconnaître une étape intermédiaire entre la Renaissance et le dix-huitième siècle. Il paraît que le premier auteur français qui ait pastiché les anciens romans et Rabelais dans une chronique qui n'utilise que les titres des chapitres soit Jean-François Sarasin, poète et historien, habitué à l'Hôtel de Rambouillet, ami de Ménage, Scudéry et Pellisson. En 1648, suivant la mort de son ami, Sarasin a composé la *Pompe funèbre de Voiture*, un petit chef d'œuvre de badinage et un des premiers exemples du mélange

20 *Correspondance littéraire du Président Bouhier*, éd. Christiane Lauvergnat-Gagnière et Henri Duranton, 8 vols, Saint-Étienne, Université de Saint-Étienne, 1976, III, 122.
21 C. Lauvergnat-Gagnière, 'Lecteurs de Rabelais au dix-huitième siècle,' in *Poétique et narration. Mélanges offerts à Guy Demerson*, éd. François Marotin et Jacques-Philippe Saint-Gérand, Paris, Champion, 1993, p. 571.
22 *Mémoires*, éd. Gonzague Truc, Paris, Bibliothèque de la Pléiade, 1953, IV, 713-714.

de vers et de prose qui sera par la suite pratiqué avec tant de succès par La Fontaine et par Voltaire dans *Le Temple du goût*.

Dans la *Pompe funèbre*, Sarasin invite tous les écrivains anciens et modernes à fournir leur part d'éloges ironiques à Voiture. Après les Italiens et les Espagnols vient le tour des vieux romanciers: 'On y voyait presque tous ceux qui ont écrit depuis Philippe-Auguste jusques au grand roi François. Et parce que Voiture avoit pris un singulier plaisir à lire leurs ouvrages et à travailler en leur style, pour l'en récompenser, ils voulaient chroniquer ses faits et donnaient en passant un inventaire des chapitres du roman qu'ils pretendaient en écrire.'[23] Il s'ensuit alors la 'Table des chapitres de la Grand' Chronique du noble Vetturius' qui donne le contenu des douze premiers chapitres. Par exemple, Chapitre II, 'Comme le comte Guicheus, le chevalier de la Mouche et le Gentil Arnaldus, gabans entr'eux trois, envoyèrent par un menestrel joyeusetés rimées à Vetturius: et sa response.' Qu'est-ce que tout cela veut dire? D'après les notes fournies par l'éditeur des *Œuvres* de Sarasin, Paul Festugière, on trouve dans les *Œuvres* de Voiture une lettre écrite en vieux français adressée au comte de Guiche, au comte de Saint-Aignan (qui portait toujours une mouche) et à Arnauld de Corbeville. Vetturius est le nom de Voiture latinisé.

Sarasin continue: 'C'est là, en somme, ce que contenait la matière de ce roman, à laquelle maître François Rabelais avait ajouté six autres chapitres, par la permission de ses devanciers; d'autant, disait-il qu'il était bien aise de s'acquitter aussi bien qu'eux des honneurs qu'il avait reçus du mort, et que les choses qu'avait à ajouter ne se pouvaient bonnement écrire qu'en style pantagruélique' (p. 452). Et là on trouve six chapitres avec de tels titres: 'Comme Vetturius arriva en l'Isle des Mensonges, où il s'amouracha de la belle Extraordinaire, fille de Nazin de Gazette, Dinaste du pays. Comme les Archives lui en furent monstrées, où il ne vit qu'Histoires Hebdomadaires, qui ne contenaient que billevesées.'

Festugière, explique: 'Voiture avait courtisé longtemps, et de près, la fille de Théophraste Renaudot, le gazetier, nommé Nazin pour son nez en pied de marmite. – Histoires hebdomadaires: la gazette paraissait tous les samedis' (p. 453).

---

23 *Œuvres de J.-Fr. Sarasin*, éd. Paul Festugière, 2 vols, Paris, Champion, 1926, I, 448-449.

Je crois que c'est bien là, dans la *Pompe funèbre de Voiture* que l'on trouve la vraie origine de nos chroniques, le véritable intertexte entre Rabelais et nos chroniqueurs de la Régence. Et il est sûr que Sarasin était connu aux écrivains de l'époque. Albert Henri Sallengre a inséré des 'Mémoires sur la vie et les ouvrages de Jean François Sarasin' dans son périodique, *Mémoires de littérature*, en 1716, où il déclare que Sarasin 'est constamment un de nos meilleurs Auteurs François' et *La Pompe funèbre de Voiture*, 'un chef-d'œuvre d'esprit, de galanterie, de délicatesse, & d'invention'.[24]

À mon avis, c'est Voltaire qui s'est saisi de ce genre burlesque et plein de bonne humeur, écrit à la louange d'un ami, et en a fait une arme de guerre satirique et politique contre ses ennemis. On a souvent remarqué que dans la guerre contre 'l'Infâme' dans les vingt dernières années de sa vie, Voltaire fait flèche de tout bois, utilisant tous les genres à sa disposition. Il se peut que cela ait commencé un peu plus tôt.

Passons maintenant à la question de la possibilité que Voltaire ait été l'auteur de la 'Chronique de dom Philippe d'Orélie'. Il faut tout d'abord remettre le manuscrit attribué à Voltaire dans le contexte des deux autres 'livres' de cette chronique, celui qu'on suppose être l'œuvre de la Duchesse du Maine et l'autre du libraire Coustelier. N'oublions pas que Buvat qui a copié ces deux manuscrits dans son *Journal* travaillait comme copiste pour les partisans de la Duchesse du Maine et comme espion pour le duc d'Orléans. Les attributions ne se trouvent pas dans le manuscrit du *Journal* mais sont fournies par l'éditeur, Émile Compardon, mais je crois qu'elles pèsent quand même un certain poids.

La part qu'a jouée Voltaire dans les jeux littéraires de la cour de Sceaux est assez bien connue maintenant grâce aux études de Jacqueline Hellegouarc'h sur les contes de jeunesse, 'Le Crocheteur borgne' et 'Cosi-Sancta' qui, tous les deux, semblent dater de 1712-1718.[25] Selon les éditeurs de Kehl, un des divertissements de Sceaux serait une loterie de titres de différents genres d'ouvrages. Par exemple, Madame de Montauban

---

24   Albert Henri Sallengre, 'Mémoires sur la vie et les ouvrages de Jean François Sarasin,' *Mémoires de littérature*, 1 (1716), 419, 436.

25   Jacqueline Hellegouarc'h, 'Mélinade ou la duchesse du Maine. Deux contes de jeunesse de Voltaire: "Le Crocheteur borgne" et "Cosi-Sancta"', *Revue d'histoire littéraire de la France*, 78 (1978), 722-735; 'Genèse d'un conte de Voltaire', *Studies on Voltaire and the eighteenth century*, 176 (1979), 7-36.

ayant tiré pour son lot 'une nouvelle', elle a prié Voltaire d'en faire une pour elle. Et c'est ainsi qu'il a écrit le 'Crocheteur borgne'. Puisqu'on sait que depuis le dix-septième siècle on s'amusait à parler le vieux français dans les jeux des salons, n'est-il pas possible qu'un des lots, un des jeux, chez la Duchesse du Maine soit une chronique à l'imitation de Rabelais et de Sarasin?

En ce qui concerne le libraire Antoine-Urbain Coustelier, lui aussi était connu de Voltaire. C'est Coustelier qui a publié la première grande œuvre de Voltaire, sa tragédie *Oedipe* en 1719. Autour de 1720, Coustelier a sorti une série des poètes de la Renaissance, Mellin de Saint-Gelais, Guillaume Cretin, Coquillard, etc., et ce qui pourrait porter sur notre chronique, la *Légende de maistre Pierre Faifeu*, par Charles Bourdigné (1723). Le poème est divisé en chapitres qui portent des titres comme: 'Chapitre XXXVII. Comment pour quelque cas à Tours fut prins par plusieurs Sergeans pour le mener en prison, dont en porta ung en une Eglise, & gaigna franchise.' Coustelier avait édité aussi l'*Histoire du Conseil du roy* de René Guillard en 1718 et la célèbre *Bibliothèque historique de la France* du Père Lelong en 1719. D'après Henri Stein, Coustelier 'se flattait d'être l'ami, le conseiller, j'allais presque dire le protecteur des plus célèbres savants de son époque, et qui mettait une certaine coquetterie à faire de sa maison le rendez-vous des caqueteries et des gazetiers de l'érudition.'[26] Oui, il a connu Voltaire et il est très possible qu'il ait rédigé les chapitres de la 'Chronique' où sont décrits les démêlés du Régent avec le Parlement.

La première allusion que Voltaire ait faite à Rabelais date aussi de notre époque. Dans une lettre de 1716, une épître en prose et en vers, adressée à Philippe de Vendôme, on lit:

L'un [l'abbé Courtin], gras, gros, rond, court, séjourné,
Citadin de Papimanie,
Porte un teint de prédestiné.....
L'autre [Voltaire] dans Papefigue est né,
Maigre, long, sec & décharné,... (D37)

---

26 Frédéric-Alexandre-Henri Stein, *Antoine-Urbain Coustelier, imprimeur-libraire à Paris, d'après sa correspondance avec Dom Calmet,* Paris; Nogent-le Rotrou, Daumepely-Gouverneur, 1892, p. 8.

Quoique la référence puisse indiquer une certaine connaissance de l'œuvre, du moins le vocabulaire de *Pantagruel*, il paraît que Voltaire n'ait apprécié Rabelais qu'assez tard. À ce propos, on pourrait voir les articles de Jean Sareil et de Marie-Hélène Cotoni[27] sur Voltaire et Rabelais et les livres de Boulenger et de Sainéan.

Par contre, Voltaire semble avoir connu l'œuvre de Sarasin assez tôt. L'édition de 1696 de ses *Œuvres* qui se trouve dans la bibliothèque privée de Voltaire porte des traces de lecture.[28] Aussi trouve-t-on dans la *Correspondance* de Voltaire une lettre adressée à Prévost pour être insérée dans *Le Pour et contre*, où Linant, ami et protégé, et dans la circonstance le porte-parole de Voltaire, fait l'apologie du *Temple du goût* (D 656, le 6 septembre 1733). Pour défendre ce qu'il avait dit du poète dans le *Temple*, Voltaire fait dire à Linant: 'Sarrasin a fait des vers assez jolis, mais aussi faibles que ceux d'une multitude d'écrivains qui sont sans substance et sans fond. Otez lui la pompe funèbre de Voiture et deux ou trois pièces qui ne vont pas à quarante vers, que trouve-t-on dans ses poésies qui puisse faire honneur à son siècle et plaisir au nôtre?'

Il y a aussi la très curieuse anecdote racontée par les gens de Pézenas, dans l'Hérault à l'ouest de Montpellier, où Sarasin est mort en 1654, et où il avait été enterré dans l'église collégiale. L'édifice s'est écroulé en 1733 pour être reconstruit vers 1750. D'après les gens du pays, peu de temps après la reconstruction de l'église, un étranger est passé à Pézenas cherchant le tombeau de Sarasin. Avec embarras, les moines ont dû avouer à l'étranger que Sarasin leur était inconnu. Ils se sont permis de lui demander son nom. Il a répondu 'Arouet de Voltaire' et il a ajouté: 'Vous devriez tenir à l'honneur pour votre cité de cultiver la mémoire d'un homme célèbre qui avait appartenu à un grand prince, gouverneur de votre province.'[29] L'anecdote est jolie mais peu probable. A ma connaissance, aucun biographe de Voltaire ne parle d'une visite à Pézenas, mais c'est toujours possible.

---

27   Jean Sareil, 'Voltaire juge de Rabelais,' *The Romanic Review*, 56 (1965), 171-180. M. H. Cotoni, 'Rabelais maître et serviteur de Voltaire,' in *Mélanges Jean Larmat*, Nice, Les Belles Lettres, 1982, 465-472.
28   *Bibliothèque de Voltaire: Catalogue de ses livres*, éd. M. P. Alekseev, N. Verbanec and T. Kopreeva, Moscow-Leningrad, Publications de l'Académie des Sciences de l'URSS, 1961, no. 3089.
29   Festugière, I, 66-67.

À la différence de Le Duchat, Voltaire était convaincu qu'il fallait prêter une explication allégorique à Gargantua et Pantagruel.[30] Pour Voltaire, 'Il est clair que Gargantua est François Ier, Louis XII est GrandGousier [...] et Henri II est Pantagruel. [...] Il n'est pas possible de méconnaître Charles-Quint dans le portrait de Picrochole.'[31] L'utilisation des noms fantaisistes pour recouvrir des personnages historiques dans la 'Chronique' serait peut-être fondée sur cette interprétation de Rabelais.

Il y a des indices internes qui pourraient aussi suggérer la main de Voltaire. Le bruit courait à l'époque que Philippe d'Orléans couchait avec sa fille, la duchesse de Berry. Ainsi trouve-t-on un chapitre 'Comme Dom Philippes d'Aurélie voulant renouveller l'histoire des patriarches choisit Noé et Loth pour ses modèles' (Premier Livre, Ch.11). Les histoires de Noé qui s'enivrait et couchait avec ses filles et de Loth qui a prostitué ses filles aux habitants de Sodome sont des lieux communs de la critique biblique de Voltaire qu'il ne cesse de citer comme des exemples de l'indécence des Israélites.

On parle du silence de Voltaire à l'égard de Saint-Simon qui le traitait hautainement de 'fils d'un notaire qui l'a été de mon père et de moi' dans ses *Mémoires* (V, 284).[32] Dans la 'Chronique' on parle de Saint-Simon comme 'un des plus Couards et Ignobles' des ducs. S'agit-il d'une inimitié mutuelle?

Mais à mon avis, la plus probante des preuves de l'association de Voltaire avec la 'Chronique' se trouve dans ce qui est dit au sujet du père Le Tellier, le confesseur jésuite de Louis XIV que Voltaire détestait. Dans le Premier Livre, chapitre 6, on lit: 'Comme malgré l'aide de St. Pierre, L'archeveque Turpin remporta la victoire sur le grand Enchanteur Acygnius'. D'après les clés, Turpin est le cardinal de Noailles et 'Acygnius' est le père Le Tellier. Alors cet 'Acygnius' est bel et bien le même personnage qu' 'Acindynus,' le proconsul violent et cruel dans 'Cosi-Sancta' de Voltaire. Christiane Mervaud a étudié assez longuement comment Voltaire a trouvé ce personnage dans St. Augustin via le *Dictionnaire* de Bayle. Il est fort douteux que son nom et son histoire soient connus du grand public. 'Cosi-Sancta' n'a été publié qu'après la mort de

---

30   Fraser, pp. 184-186.
31   Ed. Moland, XXVI, 471.
32   Voir René Pomeau, 'Saint-Simon et Voltaire,' *Cahiers Saint-Simon*, 3 (1975), 27-
      31.

Voltaire. Mme Mervaud ne fait pas le rapprochement avec Le Tellier mais étant donné la véritable haine de Voltaire envers celui-ci, on comprend plus facilement la référence.

Souvenons-nous aussi que le manuscrit est attribué à 'Arouet de Voltaire' et la première lettre qui porte cette nouvelle signature date du 12 juin 1718 (Best. D62). Voltaire ne l'utilisa que pendant un an à peu près.

La question peut se poser: Pourquoi Voltaire aurait-il abandonné si vite un genre tel que la 'Chronique'? C'est, je crois, qu'avec le succès d'*Oedipe* en 1718-1719, il est devenu un grand auteur de tragédies classiques. Il va continuer à faire sa réputation de poète avec *La Henriade* et d'historien avec l'*Histoire de Charles XII*. Une réputation de 'grand auteur' ne saurait supporter des genres si bas.

Les toutes premières poésies du jeune Arouet ont été des vers dans le style de Marot à l'imitation de ses amis La Fare et Chaulieu. On trouve dans un texte publié d'abord en 1746 (*Discours en vers sur l'homme*, VII) et repris dans les *Questions sur l'Encyclopédie* (1770, article 'Style') un passage où Voltaire, sans se nommer, condamne ce que lui-même faisait trente ans auparavant:

> Il me semble qu'en poésie on ne doit pas plus mélanger les styles qu'en prose. Le style marotique a depuis quelque temps gâté un peu la poésie par cette bigarrure de termes bas et nobles, surannés et modernes; on entend dans quelques pièces de morale les sons du sifflet de Rabelais parmi ceux de la flûte d'Horace.
> Il faut parler français: Boileau n'eut qu'un langage;
> Son esprit était juste, et son style était sage.
> Sers-toi de ses leçons: laisse aux esprits mal faits
> L'art de moraliser du ton de Rabelais.[33]

Dans un article récent,[34] et dans un livre encore plus récent, Sylvain Menant a souligné le rôle de la brièveté dans l'esthétique de Voltaire et dans l'esthétique du dix-huitième siècle. Pour S. Menant, 'Adopter une telle esthétique, c'est suggérer une complicité avec un cercle de lecteurs ou d'auditeurs initiés'.[35] Avec un genre comme 'La Chronique', le défi, c'est

---

33   Moland, IX, 425; XX, 443.
34   Sylvain Menant, 'Pout une esthétique de la brièveté au XVIIIe siècle,' in *Dix-huitième siècle européen en hommage à Jacques Lacant*, éd. Claude de Grève, Paris, Aux Amateurs de livres, 1990, pp. 15-19
35   Sylvain Menant, *L'Esthétique de Voltaire*, Paris, SEDES, 1995, p. 18.

réduire la narration au minimum; c'est résumer tout un fait-divers dans le moins de mots possible; c'est utiliser des noms inventés mais connus ou facilement déchiffrables par les initiés.

À mon avis, c'est le grand défaut du genre. Pour bien apprécier 'La Chronique' il faut avoir recours à une clé et même avec une clé, on doit parfois chercher des éclaircissements dans les histoires de l'époque. Pour les gens qui fréquentaient la Cour de Sceaux, tout était clair, mais pas pour nous. Cette littérature clandestine de témoignage et de contestation a perdu son sel avec le temps; ce n'est parfois que l'intertexte rabelaisant qui nous reste intéressant et amusant.

Pourtant, il y a des passages où perce déjà le génie de Voltaire conteur de l'âge mur. Comme par exemple dans le titre du premier chapitre du Livre Premier: 'Comme Deodatus, Roy des Gaules, tomba grièvement malade, et comme les Medecins et Saltimbanques firent une consultation sur sa maladie et luy dirent que s'il n'en mouroit pas il en pourroit rechaper'. Pour moi, c'est du pur Voltaire qui annonce déjà *Candide* qui, n'oublions pas, va utiliser d'une façon si à propos les titres de chapitres à l'imitation des romans anciens.[36] Pour moi, avec 'La Chronique' nous sommes en présence d'une authentique œuvre de jeunesse de l'auteur le plus fécond du dix-huitième siècle.

J'ai commencé mon exposé avec une anecdote; j'ai parsemé mon texte d'anecdotes; et je voudrais terminer par une anecdote.

En octobre 1759, dans une lettre à Mme Du Deffand (Best. D8533), Voltaire se souvenait d'une conversation avec le Régent: 'Le Duc d'Orléans régnant daigna un jour causer avec moi au bal de L'opéra. Il me fit un grand éloge de Rabelais, et je le pris pour un prince de mauvaise compagnie qui avait le goust gâté.' Nous savons aujourd'hui que le duc d'Orléans, par ses

---

36 Dans *Seuils*, Gérard Genette parle des 'intertitres descriptifs en forme de propositions complétives.' 'Il est difficile de dire à quand remonte dans le moyen âge ce type de titres, qu'on ne commence guère à trouver que sur des manuscrits tardifs, ou sur les premières versions imprimées de romans en prose ou de textes historiques. Il serait tentant, me dit Bernard Cerquiglini, de supposer les titres en *Comment...* dérivés de légendes de vignettes: ainsi voit-on dans Jacques Le Goff, *la Civilsation de l'Occident médiéval*, fig. 182, sous une vignette qu'elle décrit fidèlement, cette légende: *Comment les quatre fils Aymon furent chassés hors de Paris par Charlemagne roy de France (Histoire en prose des quatre fils Aymon*, incunable de 1480). Mais cette hypothèse ne peut rendre compte de tous les titres à complétives.' Paris, Editions du Seuil, 1987, pp. 276-277.

espions, était informé de presque tout ce qui se passait dans les milieux opposés à son règne mais qu'il préférait détourner ses yeux. Il est possible que, par cette recommendation de Rabelais au jeune Arouet, le Régent ait fait un petit clin d'œil de complicité en connaissance de 'La Chronique véritable du preux chevalier dom Philippes d'Aurélie'.

LING-LING SHEU

Le conte du 'Nez' dans *Zadig* de Voltaire, ou de l'imitation à l'originalité

La réputation de Voltaire conteur n'est plus à faire. Parmi les nombreuses aventures relatées dans ses contes, j'en ai retenu une où Voltaire reprend une histoire universellement connue, celle de la veuve éplorée et vite consolée. Il en fait le chapitre II de *Zadig* (1747) et l'intitule le 'Nez'. J'ai choisi cet épisode, parce qu'il existe une grande similitude entre le texte de Voltaire et un conte populaire chinois. Voltaire a reconnu avoir puisé à cette source. Et la similitude entre ces deux contes a déjà été relevée, notamment en 1929, par Georges Ascoli dans son étude sur *Zadig*.[1] Mon intention n'est pas de refaire cette étude en multipliant les extraits, mais de considérer les choses du point de vue d'une Chinoise, en rappelant les points communs et les différences, pour mieux comprendre ce que Voltaire a négligé et a transformé.

Avant d'entrer dans le détail, rappelons l'histoire, telle qu'elle est contée par Voltaire.

La jeune Azora que Zadig a épousée, est offusquée du comportement d'une de ses amies. Celle-ci, jeune veuve, cherche à détourner un ruisseau près de la tombe de son mari, élevée depuis deux jours seulement, car elle veut rompre le serment qu'elle avait fait de 'demeurer auprès de ce tombeau tant que l'eau de ce ruisseau coulerait'.[2]

Au lieu de se féliciter de l'indignation de sa vertueuse femme, Zadig se demande comment elle réagirait, elle, si lui-même mourait. Il décide alors de lui faire subir à son insu une épreuve avec la complicité de leurs domestiques et de son ami Cador.

---

[1] Georges Ascoli, *Zadig ou La destinée: histoire orientale*, Paris, Hachette, 1929, 2ème tirage revu et complété par Jean Fabre, Paris, Didier, 1962, 2 vol, t. 1, pp. 18-26.

[2] *Romans et contes*, éd. établie par Frédéric Deloffre et Jacques Van den Heuvel, Paris, Gallimard, coll. 'Bibliothèque de la Pléiade', 1979, p. 60.

Les domestiques annoncent à Azora la mort de son mari Zadig, qui serait survenue pendant son absence. Cette nouvelle la plonge dans le désespoir: elle pleure, s'arrache les cheveux et jure de mourir. Sur ces entrefaites, arrive Cador à qui Zadig a confié la tâche, par stratagème, de séduire sa chère épouse.

La jeune veuve éplorée succombe aussitôt aux charmes de son séducteur. Mais Cador, encore par feinte, fait comme s'il était accablé de vives douleurs, et il lui dit que ces douleurs ne pourront être soulagées qu'avec le nez coupé d'un homme décédé la veille.

Aveuglée par l'amour et voyant approcher la mort de l'homme avec qui elle envisage maintenant de se remarier, Azora s'en va, un rasoir à la main, couper le nez de son 'défunt' mari. Celui-ci qui, au terme de l'épreuve, attendait dans la tombe la venue de sa femme, retient juste à temps son geste et lui montre par là qu'elle n'avait pas à critiquer la jeune veuve du ruisseau.

Si le tempérament et l'infidélité des deux veuves de Voltaire font songer à ceux de la matrone d'Ephèse, l'histoire qu'il conte offre des situations bien différentes. Se pose ainsi le problème de l'imitation et de l'originalité de Voltaire pour cet épisode du 'Nez'.

Les sources du conte

Sur les sources de Voltaire,[3] deux points sont à retenir. D'abord, le conte de la *Matrone d'Ephèse* était encore à la mode au moment où Voltaire l'a repris pour son *Zadig*. Et lui-même a rappelé dans un de ses écrits[4]

---

3   Voir notamment *Voltaire, Contes et romans*, textes établis et présentés par René Pomeau, Paris, P.U.F., 1926, t. 2, p. 55, note 6; *Romans et contes*, textes établis sur l'édition de 1775, avec une présentation et des notes par Henri Bénac, Paris, Garnier Frères, 1960, p. 5, note 11; *Zadig ou La destinée: histoire orientale*, étude et analyse par Marilène Clément, Paris, éd. de la Pensée Moderne, 1972, pp. 55-56; Frédéric Deloffre et Jacques Van den Heuvel, 1979, p. 60, note 1. J'ajouterai l'article de Jenny-H. Bathlay, 'Analyse d'un chapitre de *Zadig*: le *nez*, démystification et moralité', dans *Studies on Voltaire*, Oxford, Voltaire Fondation, 1975, t. 132, pp. 7-15.

4   Édition des *Œuvres complètes de Voltaire*, par Louis Moland, 1888, t. 30, p. 345. Il s'agit d'un écrit intitulé *À Monsieur Du M***, membre de plusieurs académies, sur plusieurs anecdotes.*

l'écrivain Pétrone et La Fontaine.[5] Mais il aurait pu citer aussi ses contemporains, notamment Houdart de la Motte, avec sa comédie en un acte *La Matrone d'Ephèse*, représentée à la Comédie-Française en 1702.

Voyons le second point à retenir, et toujours d'après le même écrit de Voltaire: celui-ci, évoquant l'histoire de la matrone d'Ephèse, notait que Pétrone l'avait prise des 'Grecs', que les Grecs l'avaient prise de 'contes arabes', et que les contes arabes tenaient cette histoire 'de la Chine'.

Voltaire, dans ses sources, a sans doute commis une erreur chronologique. Il a lu dans la *Description de la Chine* du Père Du Halde, parue à Paris en 1735,[6] soit douze ans avant *Zadig*, plusieurs contes chinois dont l'un nous intéresse ici particulièrement. Quand on confronte le texte publié par le Père Du Halde, célèbre jésuite en son temps, sur une traduction d'un autre jésuite le Père Dentrecolles, avec le conte qui existait en Chine, il devient à peu près sûr que contrairement aux dires de Voltaire, la première publication du conte de la matrone chinoise ne date que du XVIIe siècle.[7] Alors, Pétrone n'a pas pu s'inspirer du conte chinois; et on ne peut non plus affirmer que le conteur chinois s'est inspiré des Grecs et des Latins, et encore moins des Arabes.

Voltaire a reconnu sa dette envers le conte chinois. Il écrit:[8]

L'histoire de la matrone d'Ephèse se trouve dans un vieux livre chinois.
Le lettré Ouang (*sic*) rencontre une jeune femme éplorée au bord de la mer, elle était sur le tombeau de son mari et remuait un grand éventail. Pour quoi cet éventail, madame? Hélas! mon cher mari m'a fait promettre que je ne me remarierais que quand ce tombeau serait sec; et je l'évente pour le sécher. Ouang raconte cette histoire à sa femme qui frémit d'horreur et qui lui jure qu'elle ne se servira jamais de l'éventail. Ouang feint une maladie, et contrefait le mort. On le

---

5   Pétrone, *Le Satiricon;* et La Fontaine, *Fables*, VI, 1668, et *Contes*, 1682.

6   Du Halde, (J.B. le P.), *Description géographique, historique, chronologique, politique, et physique de l'empire de la Chine et de la Tartarie chinoise*, Paris, P.G. Le Mercier, 1735. Et pour le conte repris par Voltaire, tome 3, pp. 324-338.

7   Le texte du Père Dentrecolle était tiré d'un conte chinois, très connu en Chine au XVIIIe siècle, mais qui fait partie d'un recueil publié au XVIIe siècle par Mong-Lung Feng (1574-1646), un lettré chinois qui avait rassemblé des contes indépendants et populaires écrits en langue vulgaire.

8   Recueil, intitulé *Sottisier* et qui contient des notes de lecture des extraits d'auteurs et des réflexions. Cet écrit a été publié de nos jours dans *The Complete Works of Voltaire*, Oxford, The Voltaire Foundation, 1968, t. 81, p. 261. Pour faciliter la lecture, j'ai modernisé l'orthographe de cette citation.

met au cercueil. Aussitôt paraît un jeune homme fort joli qui vient pour étudier chez le lettré, etc. Il plaît, on l'épouse. Il tombe en convulsion, son vieux valet fait accroire à la dame qu'il faut la cervelle d'un mort pour le guérir; et la bonne femme va fendre la tête à son mari Ouang; qui sort de son tombeau.

Quelle influence a exercé sur Voltaire le conte chinois, et quelle a été son originalité?

Il est facile d'abord de constater que le conte de Du Halde et celui de Voltaire sont de longueur fort différente: celui de Voltaire n'a que deux pages à peine;[9] celui de Du Halde une douzaine de pages en format folio.[10] Leur présentation de forme est également dissemblable. Le conte de Voltaire est en prose et réparti sur trois paragraphes plus ou moins de la même longueur. Quant au conte chinois, sa structure est beaucoup plus complexe. C'est un texte en prose où s'intercalent sept quatrains, deux sentences et une chanson.

Pour le contenu, il suffit de lire la note de Voltaire pour signaler les ressemblances entre les deux contes. Retenons les principaux épisodes dont la similitude est un fait évident, et pour éviter les citations qui risquent d'être trop longues, évoquons certaines données essentielles:

• une jeune veuve près de la tombe de son mari, nouvellement construite, et son empressement à rompre le serment qui l'empêche de nouer une nouvelle liaison sentimentale;
• la révolte violente et le jugement sévère d'une autre femme – dont le mari vit encore – contre la veuve frivole;
• l'attitude sceptique du mari à l'égard de la vertu de son épouse;
• le faux décès tramé par le mari à l'insu de sa femme;
• l'arrivée d'un homme, jeune, beau et séduisant chez la veuve éplorée;
• la naissance d'une sympathie qui se transforme rapidement en amour ardent et fait disparaître insensiblement les pleurs, la peine et la tristesse de la jeune veuve;

---

9   Dans l'édition de Deloffre et Van den Heuvel, 1979, pp. 60-61.
10   Dans les *Spectacles curieux d'aujourd'hui et d'autrefois*, le conte chinois, nouvellement traduit, occupe vingt-deux pages (traduction de Rainier Lanselle, Paris, Gallimard (Pléiade), 1994, pp. 810-834).

- la prétendue maladie mortelle dont le séducteur souffrirait et qui ne pourrait être guérie qu'avec un remède prélevé sur le corps d'un homme;
- un objet tranchant dans la main, la veuve va prendre le remède sur la dépouille de son mari;
- enfin, la révélation du stratagème par le mari soi-disant mort.

Mais Voltaire a apporté, pour modeler son propre texte, d'importantes retouches, qui font de son texte un texte presque original.

L'adaptation de Voltaire

Avant de relater l'histoire de la veuve éplorée, le conteur chinois procède à de nombreuses réflexions: sur le comportement des êtres humains, sur nos désirs, sur les attachements sentimentaux. Et tout en annonçant l'histoire qu'il va rapporter sur le philosophe Tchouang Tse, il évoque les principes des sectes Tao et Fo, raconte la vie de Tchouang Tse, mêlant anecdotes et réflexions morales mises en vers. Voltaire, adaptant ce conte aux aventures de Zadig, supprime bien entendu tous ces préliminaires, pour en venir tout de suite au conte proprement dit.

Zadig est originaire de Babylone. Voltaire retire tout ce qui a trait aux coutumes chinoises, comme le rituel des morts et du deuil. Ainsi:
- garder le cercueil dans la maison du mort pendant plusieurs semaines avant de le mettre au tombeau;
- dresser un autel devant le cercueil afin que les parents, les amis et les voisins puissent y rendre les derniers hommages au défunt;
- se prosterner devant l'autel derrière lequel est posé le cercueil, en frappant quatre fois de la tête contre la terre, avant de pleurer abondamment et après avoir exprimé ses condoléances.
- Voltaire supprime aussi le devoir des disciples chinois envers leur maître qui vient de mourir: porter un habit de deuil et rester chez ce dernier pendant cent jours. Il retranche en outre tous les détails de la cérémonie nuptiale:
- éclairer la salle avec 'un grand nombre de belles lanternes garnies de flambeaux';[11]

---

11   Du Halde, 1735, t. III, p. 334.

- allumer les grands cierges nuptiaux sur la table rituelle;
- parfumer le lit nuptial d'odeurs exquises;
- les mariés, en tenue de grande fête, une fois retirés dans leur chambre, doivent 'boire tous deux l'un après l'autre dans la coupe d'alliance'.[12]

Il supprime également la scène de la querelle conjugale. Dans le conte chinois, Tchouang Tse, après avoir rencontré une jeune veuve prête à rompre le serment qu'elle avait fait à son mari de ne pas se remarier, laisse supposer que sa femme, dame Tien, en fera autant une fois devenue veuve. Celle-ci reproche à son mari d'avoir aidé la veuve inconnue à se délier de son serment et s'indigne en grande colère de ce qu'il doute de sa fidélité, à elle.

Voltaire renonce encore à l'épisode où le jeune séducteur fait savoir à la veuve que trois obstacles l'empêchent de s'engager: il n'est qu'un étranger qui voulait devenir le disciple de son mari; il le considérait déjà comme son maître, dont les qualités sont bien supérieures aux siennes; la présence du cercueil dans la maison, signe évident de deuil, qui interdit toute fête; enfin, il est en voyage et ne dispose que de peu d'argent pour organiser le festin de ses noces.

Pour réduire la longueur de son conte et centrer l'histoire sur la veuve éplorée, Voltaire ramène à quatre le nombre des personnages. Ainsi, à la différence du conte chinois, le jeune séducteur n'est plus accompagné d'un vieux domestique qui y jouait un rôle important.

Il procède aussi à un changement de rôle. Ce n'est plus le mari qui rapporte à son épouse l'empressement de la veuve à rompre son serment, mais l'épouse elle-même, celle qui, à son tour, préférera un amant vivant au souvenir d'un mari mort.

Dans *Zadig*, il n'est plus question de faire sécher la terre mouillée qui couvre la tombe du mari, et d'y parvenir à coups d'éventail, ce qui serait chez les Français passablement ridicule. Voltaire choisit de faire dévier le cours d'un ruisseau.

Différent du conteur chinois qui se sert d'une cervelle tirée d'un cadavre pour guérir l'amant de la veuve, pièce à conviction de l'inconstance des femmes, Voltaire préfère un nez. Peut-être par plaisanterie, avec une allusion phallique, mais aussi pour plus de vraisemblance.

---

12   *Ibidem.*

Que de soldats jadis en effet ont à la guerre eu le nez coupé, le casque ne les protégeant pas suffisamment! On peut vivre sans nez, mais non sans cervelle. Simple supposition: le conte de *Zadig* commençait le chapitre I par nous apprendre que Zadig avait failli perdre un œil. Au chapitre II, voici qu'il a failli perdre le nez. Œil perdu ou nez coupé servent de prétexte à mettre en évidence, je le rappelle, l'inconstance des femmes, nobles, bourgeoises ou autres. Mais d'autres éléments ont pu intervenir pour remplacer une cervelle par un nez. Dans un ancien écrit chinois, rapporté aussi par le Père Du Halde, Voltaire a pu lire l'histoire d'une 'jeune femme d'une beauté rare, et d'une vertu reconnue qui, devenue veuve de fort bonne heure', refusa tous les partis qu'on lui proposait, même le roi, et pour décourager ce dernier, prit 'un miroir d'un main, un rasoir de l'autre' et se coupa 'le nez'.[13] C'était elle une femme de grande vertu; mais sachons que la petite vertu pouvait aussi se trouver avoir le nez coupé. Nous en avons le témoignage par une ordonnance de Louis XIV, du 31 octobre 1684, disant que 'les filles de mauvaise vie qui se trouveront avec des soldats à deux lieues aux environs de Versailles' auront 'le nez et les oreilles coupés'.[14]

Dans le conte chinois, l'épouse infidèle, démasquée par son mari redevenu vivant, se suicide en se pendant. Dénouement tragique, et même cynique, puisque le mari dépose le corps de sa femme dans le cercueil même qu'elle avait cassé avec une harche pour prendre sa cervelle et où il était resté, par stratagème, pour tester la fidélité de son épouse. Chez Voltaire, Zadig se contente de la répudier quelque temps après, car elle 'était devenue trop difficile à vivre'.[15]

L'adaptation des personnages aussi est fort significative.

Zadig, le protagoniste du conte de Voltaire, est un jeune homme, beau, riche, intelligent et de bon naturel. Dans le chapitre I, qui précède l'épisode du 'Nez', Voltaire écrit que ce jeune homme 'surtout ne se vantait pas de mépriser les femmes et de les subjuguer. Il était généreux'.[16] Il n'a d'autre ambition qu'un bonheur sans histoire. Il sait modérer ses passions et n'affecte rien. Il ne veut pas toujours avoir

---

13   Du Halde, 1735, t. II, p. 688.
14   D'après une gravure reproduisant cet édit et acheté à Paris sur les quais (collection personnelle).
15   Deloffre et Van den Heuvel, 1979, p. 62.
16   Deloffre et Van den Heuvel, 1979, p. 58.

raison et sait respecter la faiblesse des hommes. Malgré tous ces mérites et ces qualités, Zadig n'est pas à l'abri des difficultés et des désillusions. Après les chapitres I et II relatant deux mésaventures sur l'infidélité des femmes, viendront bien d'autres épreuves qui l'amèneront à s'interroger sur différents problèmes et sur le sens de la vie.

C'est à cause de la frivolité et de l'inconstance de sa femme Azora que le jeune Zadig se retire à la campagne pour mener une vie plus simple. Dans le conte chinois, c'est la démarche inverse: un lettré ou plus exactement un philosophe, qui a vécu et a un certain âge, refuse au roi d'être son conseiller, et se retire dans son village natal pour mener une vie simple selon sa propre philosophie.

La femme de Zadig est une jeune bourgeoise qui aime tendrement son mari. Mais elle a 'un peu de légèreté et beaucoup de penchant à trouver toujours que les jeunes gens les mieux faits étaient ceux qui avaient le plus d'esprit et de vertu'.[17] Les jeunes gens, certes, pour le plaisir de l'esprit; mais aussi l'argent, pour le plaisir dans les réalités matérielles: l'ami Cador, qu'elle veut mettre dans le lit de son 'défunt' mari, est, croit-elle, désormais riche d'une grande partie des biens que son mari, par amitié, lui aurait légués. La cupidité des êtres humains, est en revanche, absente du conte chinois. La dame Tien, la troisième femme du philosophe chinois, est, elle, en effet prête à donner ses biens à celui dont elle vient de s'éprendre. C'est une jeune noble de grande beauté qui a une personnalité beaucoup plus marquante et complexe qu'Azora. épouse tendre, sincère, et dont la vertu est exemplaire, elle devient une veuve désespérée, puis vite consolée. Mais on trouve chez elle également de l'hypocrisie, de la fourberie, lorsque son mari découvre son inconstance. Elle n'en manifeste pas moins une certaine dignité, puisque finalement, consciente de cette inconstance, elle préférera mourir que de solliciter son pardon.

Dans le conte chinois, c'est le philosophe Tchouang Tse lui-même qui, par un pouvoir magique, se métamorphose en un jeune noble du nom de Ouang Sun, pour séduire celle qui est en fait sa propre femme. Chez Voltaire, le séducteur Cador est par contre un personnage à part, l'ami intime et le complice de Zadig.

---

17   Deloffre et Van den Heuvel, 1979, p. 59.

La jeune veuve Cosrou à laquelle l'épouse de Zadig reproche de détourner un ruisseau pour rompre son serment, est une amie: elle se rendait chez elle pour la consoler de son veuvage. Quant à la veuve chinoise qui s'empresse à dessécher la terre de la tombe avec un éventail, c'est une inconnue que le philosophe chinois a, par hasard, rencontrée lors d'une promenade.

Pour ne pas passer trop de temps sur un nez, signalons encore seulement que Voltaire, pour rester dans le cadre de son conte, a recouru, et peut-être pour masquer son emprunt, à d'autres éléments. Par couleur exotique, et à défaut de pouvoir se référer à des coutumes babyloniennes – Babylone, je le rappelle, est le pays de Zadig –, Voltaire recourt à des éléments de la civilisation arabe. Mais ses choix sont intelligents et, comme à son habitude, il pratique la double entente. Zadig signifie le Juste. Le nom de l'épouse infidèle Azora est une altération de Zohra, nom arabe de Vénus, et peut-être de Al-Zohra, qui signifie littéralement la brillante. Cador, l'ami de Zadig et tenant le rôle de séducteur, est l'altération de Kaddour, prénom masculin arabe qui signifie le Tout-Puissant.[18]

Ainsi se caractérise déjà l'originalité de Voltaire sur ce conte fort connu.

L'originalité de Voltaire

Voltaire ne cherche pas à développer l'histoire de la veuve éplorée, il utilise cette anecdote seulement pour meubler son conte de *Zadig*. Pour raccourcir cette histoire, il supprime des épisodes, des personnages, et donne ainsi à son œuvre la brièveté et la simplicité. Le temps du récit s'échelonnait dans le conte chinois sur un mois environ, temps relativement conforme à une réalité pour l'évolution de la situation. Dans *Zadig*, Voltaire réduit l'essentiel à vingt-quatre heures, comme s'il se souvenait de la règle de l'unité de temps chère encore aux auteurs dramatiques, restés proches de la tradition classique, comme l'était

---

18   Pour plus de détails, voir le tome II, le chapitre II de l'étude de Georges Ascoli sur *Zadig*.

Voltaire. Le temps resserré, même s'il s'agit de morts, rend le conte plus vivant.

Pour mettre en évidence cette particularité, il abrège les dialogues des personnages et abandonne les descriptions détaillées sur leur portrait, leur caractère, sur le décor et sur l'environnement.

Voltaire n'écrit pas un roman proprement dit sur une trame suivie. Chaque chapitre aurait pu ainsi tendre à n'être qu'une histoire au milieu d'autres. Mais il est revenu plusieurs fois sur son texte et a tenu à lui donner une certaine unité autour du personnage de Zadig. Dès lors, ce qui était un conte isolé dans la littérature chinoise et dans les nombreuses adaptations de la matrone d'Ephèse, devient un épisode du début de la vie de Zadig. C'est pourquoi Voltaire procède à de nombreux renvois d'un chapitre à l'autre. Il a introduit dès le chapitre I le personnage d'Azora, notant à la fin de ce chapitre, comme il a été cité plus haut, que cette jeune épouse, malgré de nombreuses qualités, avait 'beaucoup de penchant' pour 'les jeunes gens les mieux faits'. Et après le chapitre II, qui est l'épisode du nez, il ouvre un nouveau chapitre avec une remarque évoquant les tendres épouses qui ne viennent pas couper le nez de leurs maris! Il n'en reste pas là. Au chapitre VIII, une allusion rappelle là encore la triste expérience de Zadig avec Azora.

Non seulement son conte n'a plus rien de chinois – plus de magie, plus de merveilleux –, mais il ne rappelle que très incomplètement ses prédécesseurs. Le thème connu devient original. Malicieusement, il brouille les pistes, passant de la Chine à Babylone, introduit des éléments arabes (l'ange Asraël et le pont Tchinavar) et même des éléments français: telle l'allusion du succès à Paris des 'sachets du sieur Arnou [ou Arnoult] contre l'apoplexie'.[19]

Les contes auxquels recourt Voltaire pour écrire son *Zadig* ne sont plus qu'un support. Ils lui servent à exposer sa philosophie sur un ton qui sera typiquement voltairien, fait d'une satire qui se veut humour, qui fait sourire malgré une raillerie mordante. Il nous livre dans le chapitre du 'Nez' sa misogynie. Ce thème satirique était trop répandu pour que notre célibataire chéri des dames n'y souscrive pas … temporairement! Rien d'original donc pour le thème; c'est la façon de le développer qui importe.

---

19   Voir Georges Ascoli, *Zadig*, t. II, p. 25, note 52.

Concluons: Voltaire a transformé un long conte, assez diffus, digne des *Mille et Une Nuits*, en un conte bref, satirique et philosophique, d'où la moralité s'exprime plus nettement. Les hommes, même s'ils sont chéris et estimés de leur vivant, ont tôt fait après leur mort d'être oubliés, des hommes… et des femmes. Contre la mort, la vie reprend ses droits; l'amour aussi!

RICHARD A. FRANCIS

A la recherche du docteur Ralph. La voix narrative dans *Candide*

Trop long pour un conte, trop court pour un roman, *Candide* est difficile à catégoriser. Sans les rires moqueurs de Roland Barthes devant la déclaration que 'Racine est Racine', on serait tenté d'affirmer simplement que *Candide* est *Candide*, mais la question mérite mieux qu'une tautologie. Ce qui vaut pour la forme vaut aussi pour le contenu. On connaît le message de *Candide*: 'il faut cultiver notre jardin'. Mais comment faut-il le comprendre? Dans cette étude, je voudrais voir si une analyse de la voix narrative nous aide à répondre à ces questions. Dans le roman-mémoires et le roman épistolaire, où le texte est attribué à un personnage défini et le romancier doit exclure tout ce qui n'est pas compatible avec la vision de ce personnage, la cohérence de la voix narrative est d'une importance primordiale. Mais le conte, moins obligé que le roman de viser la vraisemblance et une psychologie profonde, n'en a pas le même besoin, et le caractère ludique et fantaisiste du genre autorise des libertés qui choqueraient dans le roman. Dans quelle mesure Voltaire en profite-t-il?

Pour William Bottiglia, le narrateur de *Candide* est, tout simplement, Voltaire,[1] et il est certain que personne d'autre n'aurait pu l'écrire. Mais le style de Voltaire est-il un? Geoffrey Murray l'a bien montré; Voltaire est un joueur de rôles, et le style de *Candide* est celui d'un rôle que l'auteur expérimente dans sa correspondance.[2] Si le temps le permettait, on montrerait facilement que le style de *Candide* n'est pas

---

1   W. Bottiglia, *Voltaire's Candide: Analysis of a Classic*, second edition, *SVEC* 7A (Geneva 1964), p. 172: 'The medium which underlines and unifies *Candide* is the Voltairean diction – the running expression of the omnipresent Voltairean personality'.

2   G. Murray, *Voltaire's Candide: the Protean Gardener, 1755-1762*, *SVEC* 69 (Geneva 1970).

celui des autres contes, et encore moins celui des autres genres que
pratique Voltaire. Pour chaque œuvre, il se fabrique un personnage
narrant qui diffère selon les besoins du texte, et ce personnage doit être
défini. C'est Carol Sherman qui est allée le plus loin dans ce sens, en
analysant la fonction de certains procédés stylistiques dans l'établissement d'une présence narratoriale. Elle conclut que le narrateur de
Candide est omniscient et fiable, et qu'il prend plaisir à sa narration.[3]
Mais Christopher Betts est de l'avis que le narrateur est rendu peu fiable
par son ironie.[4] Il est clair qu'on doit aller plus loin.

Première question: qui est ce narrateur? L'œuvre est censée être
traduite de l'allemand du docteur Ralph, professeur dans l'Académie de
Francfort-sur-l'Oder, qui meurt à la bataille de Minden avec le texte de
quelques additions dans sa poche. Mais dans une lettre au *Journal
encyclopédique*,[5] Voltaire assume l'identité d'un certain Demad qui
déclare que le vrai auteur est son frère, capitaine dans le régiment de
Brunswick dont il est le 'Loustik'; le docteur Ralph n'est qu'un
auxiliaire. C'est là, bien sûr, une mystification; on ne croit guère à ces
Allemands aux noms si peu allemands, surtout lorsque le texte indique
que l'auteur connaît Paris. Le seul passage qui laisse supposer un auteur
allemand est la flatterie adressée au roi des Bulgares qui exerce la
clémence à l'égard de Candide, 'clémence qui sera loué dans tous les
journaux et dans tous les siècles' (p. 124); un narrateur allemand serait
peut-être plus enclin qu'un autre à flatter Frédéric II. Mais la flatterie
n'est pas exempt d'ironie, et on ne peut pas s'y fier. Tout ce qu'on peut
dire, c'est que pour le public français, cette œuvre d'un genre pas trop
relevé, avec des éléments d'humour militaire et académique, est bien le
genre de récit qu'on attendrait d'un Allemand. On s'étonne cependant
d'être informé que ce volume a un but théologique; selon la lettre de son
frère, le pieux Demad veut convertir les sociniens qui ne croient pas au

---

3   C. Sherman, *Reading Voltaire's Contes: A Semiotics of Philosophical Narration*
    (Chapel Hill NC 1985), pp. 139-206: 'The narrator is omniscient and reliable,
    and he is fond of his *récit*' (p. 154).
4   C. J. Betts, 'Exploring narrative structures in *Candide*', *SVEC* 314 (1993), pp. 1-
    131 (pp. 93-94).
5   D8239, citée dans l'édition de *Candide* présentée par R. Pomeau (*Les Œuvres
    complètes de Voltaire* 48, Oxford 1980), pp. 264-267. Toutes les citations du
    texte de *Candide* seront tirées de cette édition.

péché originel. On sait que Voltaire aime masquer ses buts en feignant que ses textes les plus osés ont une portée conformiste. Mais il importe de retenir que, dans cet être composite qu'est le narrateur de *Candide*, il entre un élément qu'on pourrait dire bien-pensant.

Deuxième question: quelle proportion du texte est attribuable au narrateur? Pour le calculer, écartons tout ce qui appartient aux personnages: dialogue, débats philosophiques et récits à la première personne, la moitié du texte selon Carol Sherman.[6] On trouvera dans l'appendice une analyse de la proportion de chaque chapitre consacrée au discours du narrateur, et on verra que c'est dans le premier chapitre qu'il est le plus en vue; 85% de ce chapitre d'exposition appartient au narrateur. Par contre, dans les chapitres 11 et 12, où la Vieille raconte sa vie, le narrateur est absent. Ces chiffres révèlent que le narrateur s'affirme surtout dans le premier tiers de l'œuvre; d'entre les dix chapitres où le texte narratorial prédomine le plus, sept sont parmi les dix premiers chapitres du récit. C'est parce que là, le naïf Candide est seul, ou accompagné de Pangloss qui n'est guère moins naïf; c'est donc au narrateur de souligner l'insuffisance de la vision panglossienne en fournissant le contraste ironique. Plus tard, Candide est accompagné de la Vieille, de Cacambo ou bien de Martin, personnages avisés avec leur propre voix ironique. Notons surtout que les chapitres où Martin est présent sont ceux où le narrateur intervient le moins. Le rapport de Martin avec le narrateur est donc d'un intérêt spécial.

Examinons maintenant comment le narrateur peut imposer sa présence, en citant d'abord un moyen qu'il utilise peu: la première personne. Il ne dit 'je' qu'une fois, au début du premier chapitre.[7] Parfois il utilise 'nous', dans la description d'Eldorado, où il se solidarise avec les voyageurs européens en parlant de 'ce sable que nous nommons or et pierreries' (p. 190), et lorsqu'il exploite un lieu commun du roman d'aventures en parlant, par exemple, de 'nos deux voyageurs' (p. 194).[8] Selon Carol Sherman, les déictiques et quelques autres techniques stylistiques sont utilisés, en petite quantité, pour établir un rapport entre

---

6   Sherman, p. 146.
7   'C'est, je crois, pour cette raison qu'on le nommait Candide': p. 118.
8   Voir Bottiglia, pp. 164-165.

le narrateur et le lecteur.[9] Mais ce sont là des exceptions; en général le narrateur ne dépend pas d'un tel rapport pour s'affirmer comme un personnage distinct. Il cultive un ton qui se veut neutre, détaché, ton qui se manifeste de plusieurs façons connues qu'il suffit d'évoquer brièvement. La narration est dépouillée; en principe, tout se raconte rapidement, sans embellissement, et surtout sans approfondissement psychologique. Bien que le narrateur semble être omniscient, il y a certaines régions de l'âme où il ne veut pas nous admettre. On a souvent noté la froideur relative des scènes de grande émotion telles que le premier baiser de Candide et de Cunégonde et les réunions fréquentes de Candide avec ses amis perdus. Egalement, le narrateur n'utilise guère son omniscience pour corriger les erreurs de ses personnages; c'est au lecteur de les corriger à l'aide de l'ironie narratoriale.[10] Mon propos n'est pas de réexaminer ce détachement, mais de chercher les moments dans le texte où le narrateur s'en écarte, car c'est là que sa personnalité se dévoile.

Bon gré mal gré, un narrateur choisit en racontant, il se révèle dans son choix de détails, et il faut noter les lieux où un détail auquel on s'attendrait est omis, ou un détail apparemment superflu est inclus. C'est dans les omissions, par exemple, que le narrateur intervient dans le dialogue; même si les mots ne sont pas à lui, c'est lui qui décide si une conversation sera reproduite, résumée ou tronquée. Pour distancier le lecteur des scènes d'émotion, le narrateur supprime les discours passionnés qu'on trouverait dans un roman. Il y a peu d'exclamations, par exemple, lorsque Candide apprend la mort supposée de Cunégonde; on lit simplement que Candide dit 'tout ce qu'il devait dire' (p. 130), ce qui laisse entendre que ses mots sont bien banals. Egalement, dans la scène où Candide retrouve Pangloss et le Baron dans les galères, le dialogue est coupé·court par le narrateur qui déclare qu''ils s'embras-

---

9   En disant, par exemple, 'Les voilà qui se mettent tous deux à table' (p. 147), et en parlant de 'ces angoisses inconcevables que le roulis d'un vaisseau porte dans les nerfs' (p. 134), il établit un sens de l'immédiat. Voir Sherman, p. 154. On pourrait dire le même de ce bizarre datif éthique qui accompagne la mort de Don Issacar: 'Il tire l'épée, quoiqu'il eût les mœurs fort douces, et vous étend l'Israélite roide mort sur le carreau' (p. 148). Là, il exploite aussi un ton burlesque d'épopée pour rehausser ce geste si peu caractéristique du doux Candide.

10   C'est encore une observation de Carol Sherman (p. 149).

saient tous, ils parlaient tous à la fois' (p. 246), donnant l'impression d'un bavardage incohérent. Les omissions peuvent aussi avoir une portée philosophique. Jean Sareil remarque que deux fois, dans les chapitres 5 et 21, le narrateur choisit d'interrompre au milieu d'une phrase un débat sur la liberté.[11] Cela fait supposer que le narrateur trouve ce sujet de débat même plus futile que les autres problèmes métaphysiques.

Quant aux détails apparemment superflus, dans ce texte qui se targue d'un style dépouillé, ils ont un grand impact. Certains des passages les plus connus dépendent d'un détail choquant; la description des ravages de la guerre, des flammes sur les san-benito à l'auto-da-fé, ajoute peu à l'intrigue, mais elle contribue à une impression d'horreur. Là, l'intention polémique est évidente; ailleurs elle est plus masquée. On a noté, par exemple, l'importance du détail alimentaire dans cette œuvre. Sa fonction philosophique est sans doute de rappeler que l'homme est un être de chair et d'os, ce qu'on risque d'oublier si on n'écoute que le jargon leibnizien du dialogue. Le jambon que Candide ne cesse pas de manger après avoir tué le Baron montre la prédominance des besoins physiques sur les sentiments tragiques (p. 176); les cédrats et les pistaches du dernier chapitre ont une fonction identique (p. 260). Mais que penser du repas de Paquette et de Giroflée, invités par Candide à 'manger des macaroni, des perdrix de Lombardie, des œufs d'esturgeon, et à boire du vin de Montepulciano, du lacryma-christi, du chypre et du samos' (p. 226)? Là, il y a aussi un but littéraire. La profusion des plats est citée non seulement pour montrer l'importance de la bonne chère aux affamés, mais aussi pour rappeler le genre picaresque, dont les personnages se préoccupent démesurément de leur estomac. Cela ne veut pas dire que *Candide* est un roman picaresque, mais Paquette et Giroflée sont des personnages qui conviendraient à ce genre, et le narrateur les évoque dans un ton approprié.

Il y a d'autres cas où le style d'un genre connu est utilisé, surtout dans un but parodique. La profusion de détails dans la description d'Eldorado provient du genre utopique, mais leur caractère fantaisiste évoque surtout l'irréalité d'une utopie qu'il ne faut pas prendre au sérieux. Dans les grandes scènes d'émotion, ébauchées mais coupées court, on reconnaît les lieux communs du roman baroque, ou de Prévost.

---

11   J. Sareil, *Essai sur Candide* (Geneva 1967), p. 43.

Là, le narrateur se moque du ton pathétique en faisant assez pour l'évoquer mais en rompant l'illusion pour empêcher le lecteur de s'y absorber. Ajoutons quelques allusions bibliques – l'anabaptiste Jacques qui rappelle le bon Samaritain, le mouton rouge se retrouvant, tel la brebis égarée, après le naufrage (p. 203) – et on se fait une image d'un narrateur protéiforme, prêt à exploiter les genres narratifs différents pour ses propres buts, mais sans s'attarder dans un seul style reconnu. Le burlesque littéraire est facilité par cette plasticité, et nous verrons qu'il y a d'autres avantages.

De tous les moyens de s'affirmer disponibles au narrateur, le plus simple est la maxime, l'expression d'un avis. Crébillon, Duclos et Marivaux, avec leurs ambitions de moraliste, utilisent la maxime pour donner une portée générale à leurs observations sur leurs personnages, mais le Voltaire de *Candide* n'est pas un moraliste. Certes, il veut généraliser, mais il montre plutôt que d'expliquer, en ajoutant la remarque que l'événement raconté est 'l'usage', ou 'selon l'usage ordinaire'.[12] La maxime narratoriale est rare, et celles qu'on trouve sont souvent mises plutôt dans la bouche des personnages. A cet égard, le contraste entre la fin de *Candide* et celle de *L'Ingénu* est éclairant. Les deux se terminent avec une maxime, mais les derniers mots de *Candide*, 'il faut cultiver notre jardin' (p. 260), sont prononcés par un personnage, tandis que les derniers mots de *L'Ingénu*: 'Il prit pour sa devise: *malheur est bon à quelque chose*. Combien d'honnêtes gens dans le monde ont pu dire: *malheur n'est bon à rien!*',[13] sont les mots d'un narrateur qui contredit son personnage. Cela accorde à la fin de *L'Ingénu* un caractère didactique. Elle fait autorité, beaucoup plus que la conclusion de *Candide* dont l'ambiguïté a provoqué maints débats.

On trouve cependant des maximes narratoriales dans *Candide*. Lorsque les voyageurs quittent Eldorado, le narrateur réfléchit qu''on aime tant à courir, à se faire valoir chez les siens, à faire parade de ce qu'on a vu dans ses voyages, que les deux heureux résolurent de ne plus l'être' (pp. 191-192), ce qui transforme une décision apparemment bizarre en un trait typique d'une humanité qui ne connaît pas ses propres intérêts. En ce cas, il semble s'agir d'un avis sérieux, mais la grande

12   Cette technique sera discutée davantage ci-dessous.
13   Voltaire, *Romans et contes,* éd. H.Bénac (Paris 1960), p. 283.

majorité des maximes du narrateur sont ironiques. Prenons sa remarque sur la pieuse Hollandaise qui vide son pot de chambre sur Candide: 'O ciel! à quel excès se porte le zèle de la religion dans les dames!' (p. 128). A la surface, c'est une critique de la foi peu éclairée des bonnes femmes, exprimant une misogynie qui n'est pas rare dans l'église de l'époque et qui pourrait donc se trouver sous la plume d'un narrateur d'esprit orthodoxe. Mais la rhétorique dans *Candide* a généralement le souffle si court qu'elle donne l'impression d'inauthenticité, et il est à parier que le lecteur trouvera ici une critique plus étendue et moins orthodoxe du 'zèle de la religion' tout court. Voltaire exploite ainsi l'aspect bien-pensant de son narrateur; ce style rhétorique, qui ailleurs est si souvent la voix de l'orthodoxie, fait passer ici des traits d'ironie.

On pardonnera à cette brève étude de laisser de côté l'analyse de l'ironie voltairienne, et on acceptera que l'ironie est un trait fondamental de *Candide*, mais il en faut retenir quelques aspects qui nous aident à définir la perspective narratoriale, surtout dans l'utilisation des adjectifs. Dans un style vraiment neutre, il faudrait imiter Joseph Grand dans *La Peste* de Camus et supprimer tous les adjectifs, mais ici ils ne sont nullement supprimés, et il faut savoir reconnaître ceux dont la portée est ironique. Ce texte exploite beaucoup l'épithète dite homérique ou virgilienne, adjectif répété qui confère l'élévation poétique aux personnages d'épopée. Pococurante, qui n'est pas sans goût, se moque de cette technique,[14] ce qui nous invite à nous méfier, et en effet, lorsque le narrateur nous corne les oreilles avec son 'bon Candide' répété, ce n'est pas simplement pour dire que Candide est bon; c'est aussi que sa bonté ne l'empêche pas d'être peu adapté au monde. Cette répétition confère un ton ironique aux adieux de Candide et de Cacambo: 'Il était au désespoir de se séparer d'un si bon maître [...] Candide lui recommanda de ne point oublier la bonne vieille. Cacambo partit dès le jour même. C'était un très bon homme que ce Cacambo' (p. 197). Cette kyrielle d'adjectifs élogieux n'est pas là pour nous faire douter de la bonté des personnages, mais pour faire d'une scène larmoyante une scène comique.

---

14   'Pour son pieux Enée, et le fort Cloanthe, et l'ami Achates, et le petit Ascanius, et l'imbécile roi Latinus, et la bourgeoise Amata, et l'insipide Lavinia, je ne crois pas qu'il y ait rien de si froid et de plus désagréable' (p. 233).

L'exploitation ironique des adjectifs pose des problèmes d'interprétation. Que penser, par exemple, du 'bon', de l''honnête' du 'charitable anabaptiste Jacques' (pp. 128-132), qui n'est presque jamais nommé sans un adjectif élogieux? Certes, il est le personnage le plus vertueux du récit. Mais la répétition ne donne-t-elle pas, là encore, l'impression qu'il est trop bon? Il y a d'autres raisons de se méfier de sa bonté. Jacques accueille Candide parce qu'on maltraite 'un de ses frères, un être à deux pieds sans plumes, qui avait une âme' (p. 128); peut-on penser que cette définition périphrastique de l'homme indique une certaine rigueur pédantesque? Peut-on aussi trouver, dans cet homme qui pense que les banqueroutes sont des manifestations aussi affreuses du péché originel que la guerre (p. 133), l'esprit d'un commerçant un peu borné? Les preuves ne sont pas concluantes, mais il meurt parce qu'il exerce ses principes charitables dans une situation où ils ne conviennent pas, et Voltaire a déjà montré dans *Memnon* le malheur de celui qui ne joint pas la discrimination à la bonté.

Martin est un autre cas douteux. Nous avons constaté l'affinité entre Martin et le narrateur, mais dans le dernier chapitre, celui-ci semble l'abandonner en critiquant ses 'détestables principes'. La force peu habituelle de cet adjectif lui donne une importance démesurée, et on est tenté de le prendre au pied de la lettre. Le pessimisme de Martin a été prouvé excessif par la fidélité de Cacambo, et le principe en question, que 'l'homme était né pour vivre dans les convulsions de l'inquiétude, ou dans la léthargie de l'ennui' (p. 256), sera dépassé par Candide qui, en cultivant son jardin, découvre une 'troisième voie'.[15] Mais n'oublions pas le côté ironiquement bien-pensant du narrateur; on n'aime pas les cyniques, et le pessimisme trouble-fête de Martin sera toujours détestable aux bien-pensants. Si Martin se trompe sur Cacambo, il a raison sur Paquette et Giroflée, et lorsqu'il dit qu'il faut '[travailler] sans raisonner, [...] c'est le seul moyen de rendre la vie supportable', c'est apparemment là la résolution que le narrateur, dans le dernier paragraphe, appelle 'ce louable dessein' (p. 260). Bien sûr, tout ce paragraphe est plein d'ironie; la kyrielle d'adjectifs élogieux est renforcée, il faut l'admettre, par des superlatifs – Cunégonde 'devint une

---

15   Pour Bottiglia, ce 'détestable' semble être la réfutation décisive de Martin (p. 178). Nous allons proposer une interprétation plus nuancée.

excellente patissière' et Giroflée 'un très bon menuisier' (p. 260) – mais on hésiterait à affirmer que cela neutralise l'ironie. On a le droit de conclure qu'ici au moins, le 'louable dessein' de Martin contrebalance ses 'principes détestables'.

Nous reviendrons à Martin, mais d'abord, notons une autre technique, très importante dans ce récit, par laquelle le narrateur s'affirme: la comparaison. Examinons la phrase célèbre: 'Monsieur le baron était un des plus puissants seigneurs de la Vestphalie, car son château avait une porte et des fenêtres' (p. 118). Carol Sherman remarque avec raison que c'est une parodie du style de Pangloss, mais elle a tort d'ajouter que la phrase est prononcée par Candide ou Pangloss plutôt que par le narrateur.[16] Si la forme est panglossienne, le contenu ne l'est nullement. La phrase est basée sur deux comparaisons: la première explicite, avec des seigneurs westphaliens moins puissants dont les châteaux sont moins bien équipés, la deuxième implicite, avec les autres châteaux du monde qui, comme chacun le sait, ont des portes et des fenêtres à profusion. Or Pangloss ne saurait faire ces comparaisons. Lui, il préfère le superlatif; 'tout est nécessairement pour la meilleure fin' dans 'le meilleur des mondes possibles,' donc 'tout est au mieux' (pp. 119-120). Il juge selon une fausse norme, selon laquelle rien de meilleur ne saurait exister, donc tout est superlatif. Le narrateur, connaissant mieux le monde, sait ce que sont les vraies normes; il sait que certaines choses valent mieux que d'autres, et il encourage le lecteur à se méfier de l'approbation béate que Pangloss accorde à tout. On a parlé du méliorisme de *Candide*; il s'incarne dans les comparaisons inscrites dans le discours narratorial.

Le narrateur indique donc discrètement si, oui ou non, les événements conforment à la norme. On a noté la fréquence de la locution *ne...que* dans *Candide*;[17] après deux jours d'exercice dans l'armée bulgare, Candide 'ne reçoit que vingt coups' de baguette (p. 123), et Pangloss, dans sa cure, 'ne perdit qu'un œil et une oreille' (p. 132). Cela signifie que ces cas sont meilleurs que la norme, et l'extrême simplicité de la technique proclame que le narrateur n'a pas besoin d'insister;

---

16   Sherman, pp. 145, 142: 'It is not the narrator who says it, but Candide and his master'.
17   Voir notamment Sherman, p. 147.

chacun sait, et devrait déplorer, que les recrues dans l'armée prussienne soient battues et que les médecins guérissent mal. Ailleurs, le narrateur souligne la conformité d'un événement à la norme en ajoutant un bref commentaire. Lors du naufrage devant Lisbonne, il parle, par exemple, des 'passagers affaiblis, expirants de ces angoisses inconcevables que le roulis d'un vaisseau porte dans les nerfs' (p. 134), ce qui indique, malgré le ton hyperbolique, qu'il s'agit d'un naufrage tout à fait ordinaire. Même phénomène à Eldorado; si les voyageurs s'approchent du roi 'au milieu de deux files de mille musiciens', c'est 'selon l'usage ordinaire' (p. 190); ce qui est nouveau pour Candide ne l'est pas pour un habitant. Mais c'est dans le chapitre parisien que la technique s'exerce le plus. Le narrateur connaît Paris, il l'évoque avec une précision qui lui est peu habituelle,[18] et lorsqu'il dit que l'abbé périgourdin est 'un de ces gens empressés, toujours alertes, […] qui guettent les étrangers à leur passage, leur content l'histoire de la ville, et leur offrent des plaisirs à tout prix' (p. 210), il y a quelque chose de balzacien dans cette affirmation que le personnage est typique du milieu.

La comparaison narratoriale aide enfin à communiquer un message très important. Le vol qu'essuie Candide à Surinam le '[plonge] dans une noire mélancolie', mais le narrateur rappelle que Candide avait 'essuyé des malheurs mille fois plus douloureux' (p. 199). Les émotions qu'inspire ce désastre ne sont pas proportionnées à leur cause, et le narrateur semble indiquer que le sort de Candide est moins désespéré qu'il ne le pense. C'est là le prélude de sa rencontre avec Martin, et dès le début on nous dit ce qui les sépare: 'Candide avait un grand avantage sur Martin, c'est qu'il espérait toujours revoir mademoiselle Cunégonde, et que Martin n'avait rien à espérer'. C'est en comparant que le narrateur fait valoir l'espérance. Peu importe si elle est bien fondée; en effet le narrateur ironise en soulignant que son héros la ressent surtout 'à la fin du repas' (p. 201). L'important est que c'est une force qui fait agir, et au moment d'introduire Martin dans le récit, le narrateur indique que l'espérance de Candide, si naïve qu'elle soit, vaut mieux que l'ultra-pessimisme de Martin. Quel que soit son rôle dans le dernier chapitre, quel que soit le bien-fondé de ses remarques, on nous prévient qu'il

---

18   On sait que le chapitre parisien a été augmenté après coup, et que le résultat a attiré des critiques défavorables.

manque à Martin une dimension essentielle. Son rôle est ambigu, et il ne faut pas trop se fier à lui.

Mais le narrateur lui-même est-il fiable? Jusqu'ici, il le paraît. Omniscient, discret, exempt de la lourdeur allemande qu'on attendrait d'un Ralph ou d'un Demad, il connaît le monde et la littérature, il évite les grandes proclamations et laisse parler les faits par eux-mêmes, aidés d'un esprit croustillant et une manipulation ironique qui donne voix à des opinions plus osées que celles du bien-pensant qu'il feint d'être. Il guide le lecteur sans didactisme, ce qui inspire la confiance. Mais il y a des signes d'un manque de cohérence, et la description d'Eldorado révèle des lignes de faille. Certes, le narrateur connaît les normes du pays; il sait que la maison où entrent les voyageurs est 'fort simple, car la porte n'était que d'argent, et les lambris des appartements n'étaient que d'or' (p. 187). Mais ce *ne...que* implique toujours une comparaison, et avec quoi faut-il comparer cette maison simple? Avec le palais du roi, bien sûr, dont 'le portail était de deux cent vingt pieds de haut, et de cent de large; *il est impossible d'exprimer quelle en était la matière.* On voit assez quelle supériorité prodigieuse elle devait avoir sur ces cailloux et sur ce sable que nous nommons or et pierreries' (p. 190; c'est nous qui soulignons). Ce pays si idéal parce que l'or est commun a tout de même une hiérarchie sociale, indiquée par des métaux précieux inconnus, supérieurs à l'or. D'un seul coup, l'idéalité d'Eldorado et l'omniscience du narrateur sont mises en question. Bien sûr, le caractère exceptionnel d'Eldorado exige une technique spéciale du narrateur, mais le trait montre que l'image qu'il projette de lui-même se modifie selon les besoins changeants de l'histoire.

Pour nous en convaincre, comparons la bataille dans le Chapitre 3 et l'auto-da-fé dans le chapitre 6, deux passages pareils dans leur extrême horreur, mais où le point de vue du témoin ironique n'est pas le même. Dans la bataille, le narrateur paraît être un bien-pensant, peut-être Candide lui-même. Il admire le spectacle ('Rien n'était si beau, si leste, si brillant, si bien ordonné'),[19] il approuve le massacre de 'neuf à dix mille coquins qui.... infectaient la surface [du monde]', et il utilise un

---

19   Selon G. Murray, le témoignage des lettres de Voltaire suggère que cette admiration ressentie devant le spectacle de la guerre est une réaction tout à fait sincère de sa part (p. 128).

vocabulaire panglossien ('La baïonnette fut…. la raison suffisante de la mort de quelques milliers d'hommes'). L'hostilité à la guerre se montre surtout dans les oxymores amers, par exemple 'une harmonie telle qu'il n'y en eut jamais en enfer' et 'cette boucherie héroïque'. Entre le point de vue naïf et le point de vue ironique, il y a une tension qui se reflète dans la déclaration ambiguë que Candide 'tremblait comme un philosophe' (p. 126); on ne sait pas si cela veut dire que les philosophes sont lâches, et qu'il faut les condamner, ou bien qu'ils sont sensés, et que Candide a raison de s'enfuir. Dans le Chapitre 6, on a toujours les oxymores ('un bel auto-da-fé') et des détails affreux présentés sous un jour positif; les 'appartements d'une extrême fraîcheur, dans lesquels on n'était jamais incommodé du soleil' pourraient être agréables s'il ne s'agissait pas de cachots. Mais cette fois, le point de vue du narrateur n'est nullement celui de Candide; son jugement, sans naïveté et nettement hostile, se voit dans ses déclarations sarcastiques au début de l'épisode ('les sages du pays n'avaient pas trouvé un moyen plus efficace pour prévenir une ruine totale, que de donner au peuple un bel auto-da-fé') et puis à la fin ('Le même jour la terre trembla de nouveau avec un fracas épouvantable') (pp. 138-139). Le narrateur varie la forme de son ironie selon les besoins du sujet, tout comme il change de ton selon le genre narratif qu'il veut évoquer, et sa plasticité l'empêche de se développer un personnage tout à fait cohérent.

Cette plasticité va plus loin. Jusqu'ici, j'ai séparé le discours du narrateur et celui des personnages, mais en pratique la distinction est artificielle, puisque des traits du discours du narrateur se répandent dans les paroles des personnages, et vice versa. Les leitmotifs fournis par le jargon leibnizien paraissent sans discrimination dans les discours de Pangloss, Candide et le narrateur, mais ce ne sont pas là les seuls slogans comiques. Bottiglia a noté que, dans le récit de Paquette, elle parle du moment où Candide est renvoyé du château 'à grands coups de pied dans le derrière' (p. 227), reprenant mot à mot la locution du narrateur dans le premier chapitre; Pangloss le répète aussi au dernier paragraphe (p. 260).[20] Il en va de même avec les affirmations de ce que c'est que la norme. Parfois le narrateur en est responsable; c'est lui qui définit 'l'usage ordinaire' à Eldorado. Mais les personnages le font aussi;

20   Bottiglia, pp. 170-171.

l'histoire de la Vieille est pleine de rappels que ses malheurs sont ordinaires, et Candide reprend un trait du discours narratorial en insistant que 'Pangloss [a] été pendu *contre la coutume*' (p. 164; c'est nous qui soulignons), même lorsque le contexte ne l'oblige pas. Le rappel est là pour préparer la résurrection de Pangloss et pour souligner ce qu'il y a d'affreux dans cette coutume, mais ces deux buts conviennent plus au narrateur qu'au personnage, car c'est le narrateur, non pas Candide, qui ménage les effets-surprise et qui souligne les comparaisons. Ce mélange de styles se montre surtout dans les éléments de critique littéraire que renferme l'œuvre, distribués sans distinction parmi plusieurs voix. Le narrateur est assez parisien pour savoir classer une pièce de théâtre comme 'une assez plate tragédie que l'on joue quelquefois' (p. 211), mais ce sont l'abbé périgourdin et la marquise de Parolignac, personnages peu sympathiques, à qui Voltaire accorde le droit d'attaquer Fréron et Trublet (pp. 212, 215). Pococurante exprime des idées littéraires, et même la Vieille a assez de goût pour savoir que parmi les sonnets qu'on lui adressait, 'il n'y eut pas un seul de passable' (p. 154). Chez Voltaire, le rôle d'arbitre d'élégance est si tentant qu'il s'infiltre dans toutes les voix.

Prenons un dernier exemple. A Eldorado, Candide s'étonne qu'il n'y ait pas de 'moines qui enseignent, qui disputent, qui gouvernent, qui cabalent, et qui font brûler les gens qui ne sont pas de leur avis' (p. 189). Cette dénonciation rhétorique n'est caractéristique ni de Candide, ni du narrateur, qui préfère l'ironie aux dénonciations, mais elle est bien voltairienne, à la fois dans l'expression et le contenu, et on est forcé de conclure que l'homogénéité du style narratorial est, pour Voltaire, une considération secondaire. S'il a un trait à faire passer, il adopte le ton nécessaire, sans trop se soucier s'il mélange les rôles qu'il joue. On peut même dire que, s'il y a décalage entre ces rôles, l'incongruité ajoute à l'impression humoristique, et la désorientation que cela implique contribue au message de l'œuvre. Douglas Bonneville remarque que, dans le conte voltairien, un point de vue cohérent reflète le degré de cohérence des opinions exprimées,[21] mais si on se demande si le point de vue de *Candide* est cohérent, on se trouve face à un paradoxe. Ce que

---

21   D. Bonneville, *Voltaire and the Form of the Novel*, SVEC 158 (Oxford 1976), pp. 124-125.

Jean Sareil appelle 'l'unité de ton' de *Candide*[22] est incontestable, mais elle est constituée aux dépens de l'homogénéité narratoriale. Voltaire a estompé la ligne qui sépare le discours narratorial de celui des personnages, de façon à empêcher l'un et l'autre d'acquérir trop d'autonomie. De là, on peut tirer plusieurs conséquences.

Selon Roger Pearson, le but du conte voltairien est de lutter contre des systèmes en les confrontant avec les faits.[23] Dans la mesure où un point de vue stable reflète la stabilité d'un système, il n'est donc pas surprenant de voir le système panglossien réfuté au moyen d'une technique narratoriale comprenant un élément d'instabilité voulue. La voix du narrateur est toutefois assez cohérente pour jouer son rôle dans la définition du message de l'œuvre, qui est un état d'esprit plutôt qu'une idéologie, un sens commun qui juge le monde lucidement en se basant sur des comparaisons plutôt que des superlatifs. La solution horticole, proposée par Candide plutôt que par le narrateur, n'est pas une panacée; l'ironie narratoriale et la voix de Martin, malgré les insuffisances de ce personnage, sont trop fortes à la fin pour qu'on puisse trop baser sur le fameux jardin. Mais cela ne veut pas dire que Roy Wolper a raison de ne voir dans cette œuvre qu'une critique de la bêtise universelle;[24] l'espérance, cet élément positif et dynamique souligné par le narrateur, nous permet d'écarter une interprétation totalement négative. Dans la mesure où le jardin contribue à cette espérance, il ne faut pas lui nier toute sa valeur.

Un dernier problème reste à débattre: conte ou roman? Une chose est claire; l'affaiblissement des frontières entre discours narratorial et discours des personnages va à l'encontre du mimétisme. Vivienne Mylne considère que ce trait du style de *Candide* est une faute,[25] et elle aurait

---

22   Sareil, p. 41.
23   R. Pearson, *The Fables of Reason: A Study of Voltaire's Contes Philosophiques* (Oxford 1993), p. 34.
24   R. Wolper, 'Candide: gull in the garden?', *Eighteenth-Century Studies* 3 (1969), pp. 265-77.
25   'Those snatches of dialogue where characters express themselves with a concision and clarity which is patently Voltairean and patently out of keeping with the role of the fictional speaker' sont considérés comme 'occasions on which Voltaire reminds us of his presence when he might better be forgotten'. Voir V. Mylne, 'Literary techniques and methods in Voltaire's *contes philosophiques*', *SVEC* 57 (1967), pp. 1055-1080 (p. 1072).

raison s'il s'agissait d'une œuvre qui voudrait s'insérer dans la grande tradition romanesque qui aspire à l'illusion de la réalité. Mais on sait ce que pensait Voltaire du roman; d'ailleurs le ton ludique adopté par ce narrateur protéiforme convient beaucoup mieux au conte. Cela dit, il y a un sérieux dans ce récit qui va au-delà du monde restreint du conte. Les thèmes traités – quête amoureuse, définition du rapport à établir entre le monde et un personnage central qui, malgré le peu de profondeur psychologique de l'œuvre, semble subir une certaine évolution – sont bien les thèmes du genre romanesque. S'il faut absolument conclure sur cette question qui risque de dégénérer en un jeu d'esprit, je proposerais que *Candide* réunit les techniques d'un conte à la vision d'un roman.

Appendice

Distribution de la voix narratoriale et des voix parlés dans *Candide*

Présence du narrateur	Chapitre	P A N G L O S S	V I E I L L E	C A C A M B O	M A R T I N
85%	1 (Westphalie)	X			
79%	3 (Guerre Bulgares-Abares)				
79%	6 (Autodafé)	X			
75%	13 (Buenos-Ayres)		X		
71%	2 (Armée bulgare)				
70%	5 (Lisbonne)	X			
69%	29 (Constantinople)	(X)	(X)	(X)	(X)
66%	17 (Eldorado)			X	
63%	7 (Cunégonde à Lisbonne)		X		
62%	10 (Cadiz)		X		
61%	19 (Surinam)			X	X
59%	30 (Conclusion)	X	X	X	X
56%	20 (Mort de Vanderdendur)				X
54%	9 (Mort de l'inquisiteur)		X		
52%	18 (Eldorado)			X	
52%	22 (Paris)				X
49%	14 (Paraguay)			X	
44%	26 (Les six rois)			X	X
43%	23 (Byng)				X
41%	16 (Oreillons)			X	
35%	27 (Le galère)	X		X	X
31%	4 (Syphilis)	X			
27%	24 (Paquette et Giroflé)				X
24%	15 (Le Baron)			X	
21%	25 (Pococurante)				X
5%	8 (Récit de Cunégonde)				
0%	11 (Récit de la Vieille)		X		
0%	12 (Récit de la Vieille)		X		
0%	21 (Débat avec Martin)				X
0%	28 (Récit du Baron et de Pangloss)	X			

X: Personnage présent dans ce chapitre
(X): Présent, mais ne jouant aucun rôle

ANNE-MARIE MERCIER-FAIVRE

Le géant, Buckingham et le laquais du ministre (fait divers et information politique dans la *Gazette d'Amsterdam* de 1720)

> D'abord un bruit léger, rasant le sol comme l'hirondelle avant l'orage, *pianissimo*, murmure et file, et sème en courant le trait empoisonné. Telle bouche le recueille, et *piano, piano*, vous le glisse en l'oreille adroitement. Le mal est fait; il germe, il rampe, il chemine et *rinforzando* de bouche en bouche il va le diable. [...Il] devient, grâce au ciel, un cri général, un *crescendo* public, un chorus universel de haine et de proscription. Qui diable y résisterait? (*Le Barbier de Séville*, II, 10)

Après les mésaventures de Diana Spencer et de Monica Lewinski,[1] la frontière entre le fait divers, le fait de société et le politique devient de plus en plus floue. Cette confusion était annoncée par Baudrillard qui caractérisait la société de consommation par 'l'universalité du fait divers':

> Toute l'information politique, historique, culturelle, est reçue sous la même forme, à la fois anodine et miraculeuse, du fait divers. Elle est tout entière actualisée, c'est-à-dire dramatisée sur le mode spectaculaire et tout entière inactualisée, c'est-à-dire distancée par le medium de la communication et réduite à des signes. Le fait divers n'est donc pas une catégorie parmi d'autres, mais la catégorie cardinale de notre pensée magique, de notre mythologie.[2]

Cette situation est troublante pour qui lit les gazettes d'Ancien Régime, car elle nous ramène à un temps où les types de discours journalistiques étaient beaucoup plus mêlés qu'ils ne semblent l'être aujourd'hui, mais où, paradoxalement, on pourrait croire que dans ce journalisme

---

1   On vient de commémorer le premier anniversaire de la mort de l'ex-Princesse de Galles, et on ignore encore si le président des Etats-Unis restera en place, accusé par une petite robe bleue (nous sommes en septembre 1998).

2   *La Société de consommation*, S.G.P.P., 1970, pp. 32-34.

commençant le discours était moins maîtrisé, moins calculé, et donc – peut-être – plus innocent.

Avant la Révolution, le fait divers n'existe pas, ni comme mot ni comme catégorie; il n'est pas isolé en rubrique – à quelques exceptions près comme celle des 'variétés' de la *Gazette des Deux-Ponts*[3] (que Robert Favre a qualifiée fort justement de 'grande maîtresse du fait divers européen').[4] On trouve pourtant dans toutes les gazettes des informations qui relèveraient de ce type de nouvelles, mais par bribes, et la *Gazette d'Amsterdam* en comporte fort peu et joue un rôle essentiellement politique (bien que le terme de 'gazette' soit, au cours du siècle, devenu péjoratif et associé à la catégorie du fait divers.[5] Cette rareté même est intéressante car elle suppose chez le rédacteur des choix. Du fait de cette rareté, mon but n'est pas ici d'élaborer une typologie du fait divers, ni une analyse du discours auquel il donne lieu (ces points ont déjà été largement explorés, notamment dans *Presse et Histoire au XVIIIe siècle, l'année 1734,*[6] *L'Année 1778 à travers la presse traitée par ordinateur,*[7] *La Révolution du Journal*[8] et dans un article récent de Denis Reynaud);[9] mais il s'agit de tenter de comprendre quel rôle spécifique peut jouer le fait divers, pendant la Régence, dans un périodique consacré entièrement à l'information politique. Pour ce faire, on examinera le fait divers dans sa relation possible avec les autres nouvelles, toutes catégories confondues, en tenant compte des fréquences, des effets de série et des lieux de provenance. Enfin, on essaiera de voir s'il existe dans ce domaine ce que Claude Labrosse et

---

3   Voir Denis Reynaud, 'Violence et passion: les 'variétés' de la *Gazette des Deux Ponts*', dans *Journalisme et Fiction au 18e siècle*, Berne, Peter Lang, 1999.

4   *L'Année 1778 à travers la presse traitée par ordinateur*, CNRS, p. 118.

5   Philippe Roger cite en ce sens une déclaration significative du *Mercure* du 5 décembre 1789: 'Un journal politique n'est point une gazette' ('Le fait divers en 1789; cinq exemples, cinq attitudes', in P. Rétat *et al. La Révolution du journal*, 1788-94, Paris, CNRS, 1989, pp. 215-228.

6   Robert Favre, Jean Sgard et Françoise Weil, 'Le fait divers', *Presse et Histoire au XVIIIe siècle, l'année 1734*, dir. P. Rétat et J. Sgard, CNRS, 1978.

7   Robert Favre, 'Le fait divers en 1778: permanence et précarité', in P. Jansen *et al., L'Année 1778 à travers la presse traitée par ordinateur*, CNRS, pp. 115-146.

8   Philippe Roger, 'Le fait divers en 1789; cinq exemples, cinq attitudes', *La Révolution du journal*.

9   Voir note 3.

Pierre Rétat ont discerné dans 'Le texte de la gazette'[10] comme trace de *l'éditorial*, 'un mode et une forme d'énoncé qui cherche sa place'. Ce parcours devrait nous permettre de comprendre quels rapports le fait divers entretenait – et peut-être entretient encore – avec le discours politique.

Il semble, quand on commence à lire, qu'il n'y ait rien à tirer de ces bribes trop rares, qui sont à peine des nouvelles et certainement pas des récits structurés, presque jamais des anecdotes. Et pourtant, après quelques lectures (six pages bihebdomadaires dépouillées minutieusement sur sept mois, c'est-à-dire sur soixante livraisons, de janvier à juillet 1720) on se rend compte que ces fragments, qui surprennent, tant ils tranchent – par leur forme comme par leur fond – par rapport au reste du journal, font corps avec l'information, la suivent, l'annoncent ou l'inventent. Et que finalement, quand on le regarde de près, le fait divers disparaît et devient, déjà, une des formes de l'information politique.

'Classement de l'inclassable, il serait le rebut inorganisé des nouvelles informes',[11] telle est la première définition posée par Barthes, qui la refuse aussitôt, comme peu opératoire, pour en proposer une autre, structurelle. Je retiendrai de ses analyses deux caractéristiques du fait divers: d'une part, qu'il est une 'information immanente', qui ne renvoie pas à la connaissance d'un contexte précis, et concerne des personnes éloignées du pouvoir, et d'autre part, qu'il met en jeu ce que Barthes appelle une 'causalité troublée' (il surprend). Mais ces critères nécessitent des précautions car il est nécessaire, dans la lecture de la presse du XVIIIe siècle, d'éviter les anachronismes[12] et de tenter de faire la part de ce qui est 'information immanente' et de ce qui ne l'est pas: un spectacle[13] ou l'ordre dans une procession[14] peuvent être des

---

10   *Les Gazettes européennes* (17e-18e siècles), CNRS, pp. 135-144, p. 141.
11   *Essais critiques*, 'Structure du fait divers', Paris, Seuil (Points), 1964, p. 188.
12   Voir à ce sujet les remarques de R. Favre, *L'Année 1778...*, p. 142.
13   Par exemple un opéra en russe, joué à la cour de Petersbourg en 1775 (voir mon article 'Dans les marges du vrai, la fiction à l'œuvre dans la *Gazette de Leyde* de 1775', *Journalisme et fiction au 18e siècle*, Malcolm Cook and Annie Jourdan (eds), Peter Lang, 1999, est une nouvelle politique, dans la mesure où elle montre qu'on entend que la langue russe joue un rôle culturel semblable à celui des autres langues européennes.

informations politiques, tout comme un rhume. Les 'nouvelles', même infimes, s'inscrivent dans la vie et y jouent un rôle (comme le font celles du journal local aujourd'hui). Les annonces de nominations ou de décès recherchent davantage à provoquer un effet de réel qu'un effet de lecture, comme on peut le voir dans un démenti publié à la fin de la livraison du 12 mars:

> Vous avez, Monsieur, publié dans votre Gazette du Vendredi 26 janvier, la mort de l'Abbé de Valorge. Comme il est plein de vie, et qu'il se porte bien, on vous supplie de le ressusciter dans le Public, d'autant que ses Amis, dans les Provinces, le croient en l'autre monde, sur le rapport de votre gazette. [...] Son Abbaye de l'Ile-Barbe, près de Lyon, fut demandée par le Maréchal Duc de Villeroi, qui l'obtint pour M. son fils, archevêque de Lyon; et même les Chanoines de son abbaye firent un magnifique service pour le repos de son âme.

Ce qui peut apparaître comme un fait divers, un abbé attaqué par une violente maladie dans une auberge, devient un événement, et un événement qui touche de près le pouvoir civil et ecclésiastique. On ne peut, dans ce cas, établir un corpus tout à fait rigoureux. Mais ces réserves n'empêchent pas de fixer des règles qui autoriseront un comptage aussi exact que possible.

Ainsi, pour cette analyse, a été retenu comme 'faits divers' tout événement qui correspondait aux deux caractéristiques de Barthes évoquées précédemment et répondait à trois critères qui les précisent:

- des nouvelles qui ne touchent pas des personnes proches du pouvoir (sauf lorsqu'ils s'inscrivent dans une série où les anonymes sont nombreux, comme celle des duels).
- des nouvelles qui n'ont pas de conséquence sociale ou politique apparente, donc en excluant les annonces de nominations, cadeaux princiers, mariages et décès, sauf lorsqu'ils sont rapportés non pour eux mêmes mais pour une de leurs circonstances, étonnante (ce qui est fort rare, tant on cherche à faire que l'image du pouvoir corresponde à ce qu'elle doit être). J'élimine aussi de cette catégorie les récits d'émeutes car ils sont toujours reliés, dans les cas que j'ai relevés, à des troubles économiques, sociaux ou politiques.

---

14   Voir l'article de D. Reynaud, 'Fabrication de l'image du Duc de Chartres,' *Gazettes et information politique sous l'Ancien Régime*, Publications de l'Université de Saint-Etienne, 1999, pp. 431-440.

• des nouvelles qui n'ont pas de conséquence économique qui pourraient toucher de près le monde des lecteurs.

J'ai donc choisi de ne pas tenir compte de toutes les nouvelles de Cour (santé des grands, mariages, voyages, divertissements...) lorsqu'elles ne comportaient rien qui porte à s'étonner. J'ai tenu compte des exécutions de condamnés qu'on classerait aujourd'hui parmi les 'droits communs' (celle du marquis de Poncallec n'y figure donc pas), qui sont des mises en scènes de la justice, mais non des procès, qui en sont véritablement des nouvelles. Les arrestations ont été traitées de même: j'ai ignoré, en France, les arrestations de Bretons liées au dernier soulèvement, et, en Grande-Bretagne, celles d'Ecossais; mais lorsque l'accusation était floue et que le prévenu était anonyme et non rattaché précisément à un événement majeur, je les ai maintenus.[15] La plupart des incendies, naufrages et catastrophes naturelles ont été décomptés. Enfin, j'ai conservé tout ce qui est de l'ordre de la conduite sociale déréglée (duels, crimes, actes déraisonnables...).

En ôtant donc tout ce qui pouvait relever immédiatement de l'information, j'ai classé ce que j'ai retenu comme faits divers en trois catégories. Les deux premières catégories regroupent les purs faits divers: ce qui est de l'ordre du phénomène (événements climatiques hors du commun, accidents de la nature,...) est rassemblé dans la première, que j'intitule 'le géant' – à partir d'une nouvelle qui traite en réalité d'un grand finlandais; la deuxième catégorie, sous le nom de 'Buckingham', rassemble les conduites humaines, bizarreries, crimes et actes de violence..., dignes d'être rapportés. La troisième catégorie regroupe des événements qui sont rapportés comme des faits divers alors qu'ils s'inscrivent dans le politique, comme les mésaventures du laquais du ministre. Et au bout du compte on verra que chacune de ces catégories peut relever du politique.

Le géant

La plupart du temps, ces nouvelles, qui sont infimes à la fois par leur taille (1 à 2 lignes dans la plupart des cas), par leurs acteurs (des gens de

---

15   J'ai ainsi conservé l'arrestation du libelliste (1er mars).

peu) et par leurs faibles conséquences sur la marche du monde, se trouvent à la fin des rubriques de Londres et de Paris, en fin de chaque ordinaire, ou dans le corps de la suite (les deux dernières pages). Cette dernière position est la plus fréquente pour les nouvelles climatiques et les phénomènes naturels hors du commun, comme celui d'une fièvre à Lausanne, évoquée par une lettre de Genève:

> On mande de Lausanne qu'il y règne des fièvres très fâcheuses et fort extraordinaires: elles ne sont pas bien ardentes, mais elles sont accompagnées de délire qui dégénère ensuite en fureur ou en imbécillité, ou autres accidents: une personne a perdu un œil, qui s'est fondu; et à une autre, le bras est tombé en pièces, avant que de mourir. On compte déjà 8 ou 10 personnes attaquées de ce mal, que nos médecins regardent comme une espèce de fièvre chaude, causée par l'ardeur de l'été dernier. Nous n'en avons pas vu ici un seul exemple. (9 janvier)

Comme une épidémie, un événement climatique ne mérite d'être rapporté que lorsqu'il est tout à fait inouï et lorsqu'il produit des effet quasi-surnaturels (et pour ce journal, le 'quasi' est d'importance, car le surnaturel en est rigoureusement exclu, contrairement à ce qui est pratiqué dans d'autres périodiques; la phrase qui clôture cette nouvelle peut relever de cette précaution). Ainsi, on mande de Berne que lors d'une tempête qui a dépassé en violence tout ce qu'on a connu, une girouette 'qui pesait environ 50 livres a été portée et soutenue en l'air à la même hauteur à environ 250 pas de son endroit' (25 juin). La précision des chiffres, la neutralité des termes et le refus de la métaphore indiquent ce souci de rapporter raisonnablement ce qui pourrait apparaître comme surnaturel.

Ces événements, toutes catégories confondues, sont relativement nombreux: sur un total de 95 événements, dont nous en retranchons 14 dont l'appartenance au genre du fait divers peut être contestée parce qu'ils touchent de trop près au politique, donc de 81, on trouve 14 mentions d'événements naturels hors du commun,[16] dont 11 sont loca-

---

16   Nous n'avons relevé que ceux qui étaient indiqués explicitement sous cet aspect, et non ceux qui servaient à expliquer des problèmes de transports, de déplacements de troupes, ou des difficultés économiques, la marge étant parfois difficile à établir et se justifiant au cas par cas. Un décès était annoncé avec une mention de l'âge (104 ans) et le fait que cet officier avait servi sous Louis XIII et

lisés en Allemagne ou en Suisse. En dehors des maladies et catastrophes naturelles courantes, on trouve, relatés l'un à la suite de l'autre dans les nouvelles de Vienne (28 juin), une pluie de sang et l'apparition d'oiseaux bariolés et inconnus dans le bois de Luxembourg.

Une mention d'un record de descendance: 'Dame Marie Honnywood, mère de M. Honnywood, gentilhomme du comté d'Essex', a eu 'la plus nombreuse postérité dont on ait jamais entendu parler, puisqu'à sa mort elle s'est vue la tige de 367 enfants' (19 mars). Ce type de nouvelles est fort répandu dans les gazettes à tel point qu'il est probable que c'est l'un de ses avatars qui figurait encore dans l'édition 1997 du livre *Guiness des records*.[17] Mais la *Gazette d'Amsterdam* fuit les records fantaisistes et la proximité du fait et la mention de l'un des fils – honorablement connu, suppose-t-on – de Dame Marie Honnywood semble certifier sa véracité.

Quatre naufrages et quatre incendies complètent ce tableau. Les naufrages sont indiqués très brièvement, mais l'un d'eux est particulièrement développé et romanesque: une lettre d'Alger déroule le récit des mésaventures d'une jeune Franco-irlandaise qui a fait naufrage sur les côtes de Barbarie et y a vu sa mère 'inhumainement tuée [...] en haine de la foi chrétienne'; elle-même et ses domestiques 'dépouillés tous nus et livrés à un Morabuto'; elle est miraculeusement sauvée et réapparaît 'couverte d'un sac, comme les Mores des montagnes' pour retrouver son rang et son nom (2 avril). Ce long récit de trente lignes, placé à la fin de la suite de la livraison, est une lettre écrite par un religieux et déroule tous les poncifs du genre. C'est sans doute pour cette raison que le rédacteur de la gazette l'a inséré, pour délasser ainsi un lecteur fatigué par les longs développements qui précèdent, sur l'affaire de la Constitution en France.

Louis XIV), mais il tenait autant de la nouvelle – le personnage était connu – que du fait divers.

17   P. 209, 'natalité', le cas de la femme de Fiodor Vassiliev (1707-1783?), paysan de Chouïa, à 240 km à l'est de Moscou: 27 grossesses pour mettre au monde (16x2)+(7x3)+(4x4) soixante neuf enfants, dont deux seulement ne survécurent pas. La localisation (très à l'est), le milieu social, et le caractère peu probable de cette nouvelle (malgré la caution d'un monastère) laisse à penser qu'on se trouve devant une de ces 'varia' étudiées par D. Reynaud ('Violence et passion', cf. *supra*, note 3).

Les incendies méritent d'être mentionnés par les dégâts qu'ils causent (1330 maisons à Constantinople) ou par leur bizarrerie; l'un d'eux est assez mémorable, et rejoint bien le domaine de la 'causalité troublée', tant l'auteur de la nouvelle met de soin à indiquer la petitesse de la cause et l'extension progressive du désastre, avec un retard sur l'annonce finale qui est assez étonnant et rappelle une chanson fameuse. Dans une livraison où les nouvelles de Londres ne donnent pas moins de 4 faits divers, dont certains sont assez développés, on lit (26 mars):

> La semaine passée, il arriva un triste accident au capitaine Pawlet, qui s'était couché dans son lit et, lisant un livre, s'endormit sans éteindre la chandelle, de sorte qu'elle mit le feu aux rideaux, et le lit fut brûlé, de même que le capitaine [...]. (9 janv. 1720)

Rien qui touche au politique, apparemment. Mais certains phénomènes ont les honneurs des Cours. Contrairement à celles qu'on vient de voir, l'histoire d'un grand finlandais se trouve dans le corps des nouvelles, et même en première page, puisqu'elle vient de Petersbourg:

> Il y a quelques jours, on célébra à la Cour le mariage d'un homme et d'une femme d'une grandeur extraordinaire, nés en Finlande. Le fiancé fut servi par des hommes fort grands, et la fiancée par des naines. (2 avril)

Cette place d'honneur vient du fait que cela dépasse le fait divers pour devenir une nouvelle de Cour. Ce mariage semble avoir été mis en scène pour distraire les grands, et il est raconté pour distraire aussi le lecteur autant que pour l'informer (c'est ainsi qu'on s'est distrait à la cour). Cette nouvelle s'écarte du strict fait divers, tout en en conservant les ingrédients et la structure: mention de l''extraordinaire', obscurité des personnages, déplacement de la surprise de l'événement principal sur une de ses circonstances – celle des naines de la fin du texte. La vraie nouvelle, ce serait que la cour fabrique du fait divers, et ce n'est pas inintéressant.

Le fait divers climatique peut lui aussi rejoindre une catégorie plus noble, et ce sans forcément que sa place le signale. Les nouvelles de Suisse indiquent comment la solidarité nationale va dédommager les victimes de la tempête (28 juin et 26 juillet). Une extraordinaire invasion de sauterelles, à Arles, donne lieu au développement suivant, alors que l'affaire de la Constitution occupe le journal depuis plusieurs mois: l'archevêque de la ville 'attribue ces fléaux 1°) aux dérèglements des habitants. 2°) à leur peu de soumission à la Constitution Unigenitus'[18] (11 juin). L'extraordinaire laisse alors place à l'extravagant: ce qui étonne, ce n'est pas la sauterelle mais, très certainement, pour les lecteurs éclairés de cette Gazette qui soutient la cause des appelants, l'archevêque, et il est à peu près certain que le journaliste ne mentionne le fléau que pour le ridicule de son explication: le fait divers climatique devient prétexte à nouvelle politique. Dans la gazette, on peut lire le contraste qui oppose symboliquement l'efficacité de la solidarité républicaine suisse à l'opportunisme superstitieux du prélat français.

Buckingham

Quand l'extraordinaire (naturel) fait place à l'extravagant (humain), le mystère peut cacher du politique. C'est surtout par ce biais que le journal s'y intéresse: les événements de cette catégorie sont alors insérés dans le corps des nouvelles. L'un se passe à Paris:

> Le retour de M. de Saint-Paul, ci-devant directeur de la Monnaie de Paris, a causé beaucoup de surprise et de joie à sa famille, qui était persuadée qu'il avait été assassiné il y a environ 19 ans; d'autant plus qu'un homme, que l'on trouva alors poignardé fut reconnu pour lui et enterré à Saint-Eustache sous son nom. Depuis ce temps là, M. de Saint-Paul n'avait donné aucune de ses nouvelles. Des raisons particulières l'avaient engagé à se retirer dans les pays étrangers, et l'on prétend qu'il n'avait fait confidence qu'à une seule personne, à Venise, du sujet de sa retraite, et de l'opinion où l'on était qu'il était mort.

L'homme dont il est question est connu, il va travailler à nouveau sur les monnaies, et le motif de son départ semble cacher des mystères qui ne seraient pas d'ordre privé, mais politique; néanmoins, il ne fait pas de doute que c'est l'aspect mystérieux et surprenant de cette nouvelle, proche des coups de théâtre ou du roman et se développant jusqu'à Venise, qui fait qu'elle subit un tel développement (16 lignes sur une colonne).

---

18   A l'automne, le même évêque interprétera l'épidémie de peste avec la même sagacité.

Les nouvelles de Vienne déroulent un véritable feuilleton, celui du départ de l'ambassadeur turc, abandonné progressivement par sa suite. Le bruit court que le chef des janissaires s'est noyé au moment d'embarquer, on apprend un peu plus tard que, ivre, il est tombé d'une barque pleine d'or, il réapparaît peu après, vivant et décidé à rester en Europe, et un scénario similaire se reproduit, avec le truchement et le *mufti* de l'ambassadeur. Ces nouvelles se font écho sur 6 livraisons, du 17 mai au 11 juin, sans explication de ce curieux comportement. Elles trouvent une sombre conclusion dans la nouvelle de Vienne du 5 juillet rapportant l'exécution des autres mutins à leur passage de la frontière.

Il semble alors que seul l'étranger lointain puisse produire des événements qui soient à ce point hybrides entre le fait divers et l'information: on rapporte sa conduite parce qu'elle défraie la chronique (ils ne savent ni tenir leur rang, ni tenir leur suite), trouble la vie de cour et frise à tout moment l'incident diplomatique. Son comportement étrange choque, la causalité est perturbée. Ce qui est dit aussi par là, c'est que la vraie civilisation est le fait des occidentaux et que le politique de ce qui est autre ne peut être traité par le journal comme une information politique (la connaissance du contexte et l'intelligibilité de l'événement font défaut). Ainsi, les nouvelles lointaines de disgrâces ou de changements de monarques lointains sont souvent évoquées par des récits proches de ceux des exécutions de criminels. Le 31 mai, on apprend que l'empereur du Mogol a été détrôné: 'on l'a fait mourir après lui avoir brûlé les yeux'. La catégorie du criminel et du politique se brouillent pour le lecteur, dans la mesure où il voit réunies, sans aucune explication, des circonstances qui ne peuvent l'être dans le contexte qui lui est familier. Le politique de l'autre, c'est du fait divers.

Ajoutons à cela que le fantasme de la cruauté étrangère peut avoir aussi un rôle économique; ce motif est invoqué dans les nouvelles de Londres pour justifier l'interdiction du commerce des étoffes par les échelles du Levant, le commerce des laines hors du royaume étant fait, lit-on, par 'des gens masqués qui commettent des cruautés inouïes' (26 mars). Placer l'étranger dans le fait divers, c'est le mettre hors de l'économique comme du politique.

En revanche, le fait divers proche peut se hisser à hauteur du politique. Les duels, crimes et exécutions, qui ont une bonne place, semblent ne relever que du fait divers dans le commun de l'information, mais ils ne sont pas distribués au hasard et jouent un véritable rôle social, sinon politique. On peut supposer qu'on se bat un peu partout, que les vols sont communs dans tous les royaumes, tout comme les exécutions publiques, mais la Gazette est là pour informer ses lecteurs de ce qui leur est proche – c'est donc essentiellement l'Europe occidentale qui est représentée dans cette catégorie – et pour satisfaire leur désir. Onze mentions de vols, attaques de carrosse, détournement d'argent, pour dix-huit arrestations et cinq récits d'exécution: le lecteur peut dormir tranquille, la justice fait son chemin. L'espace d'un journal est un lieu d'exposition des condamnés et sert de Place de Grève de papier, comme dans cette annonce d'une sentence:[19]

> [Le prêtre Servien] fera amende honorable dans le Parquet, tête et pieds nus, la corde au col, la torche au poing, avec un écriteau devant et derrière, sur l'un desquels il y aura *faussaire*, et sur l'autre *banqueroutier frauduleux*. [...] ensuite il sera exposé au pilori pendant trois heures dans trois jours de marché consécutifs, et enfin, condamné aux galères perpétuelles. (16 juil.)

Pour la *Gazette d'Amsterdam*, c'est l'arrestation, le déroulement du procès ou l'exécution de la sentence qui méritent d'être connus, plus que le détail du crime. Contrairement aux périodiques qui cherchent à frapper les imaginations et satisfaire les curiosités, cette gazette, loin de vouloir garder la mémoire du crime, le tait: 'on trancha la tête du Baron de Kletenberg, ci-devant chambellan du roi notre électeur, à cause de *plusieurs crimes* dont il a été convaincu' (12 mars); le comte de Horn et le chevalier Milly avouent non seulement leur crime mais aussi '*plusieurs autres crimes* qui font horreur' (5 avril); 'le Parlement, toutes les chambres assemblées, a confirmé la sentence rendue par le Châtelet contre deux jeunes hommes, qui furent brûlés vifs hier au soir, après qu'on leur eût percé la langue: les crimes dont ils ont été convaincus sont trop énormes pour les nommer' (29 mars). Même si les lecteurs savent quels sont ces crimes, il ne reste sur le papier que l'image du supplice, la justice rendue et manifestée et ses instances nommées. En ce

---

19   On pourrait m'objecter que j'avais annoncé ne pas tenir compte des procès. Mais j'ai retenu cette nouvelle pour sa conclusion, la description de la future exécution de la sentence, qui vaut récit d'exécution.

sens, on pourrait dire que le journal fait justice et que le récit du fait divers produit de la justice (au sens institutionnel du mot, bien sûr).

Le rapport entre fait divers et justice peut apparaître plus étroit encore. Deux exemples sont frappants, celui de la France et celui de l'Angleterre. En France on trafique, en Angleterre on se bat. Sur les quatorze arrestations relatées, six ont lieu en France, et cinq parmi elles sont liées au trafic d'actions ou à la contrefaçon. Quant aux crimes et aux vols, ils dépendent aussi – selon la gazette – de ce contexte, celui de la 'fièvre de Law': 'depuis quelques jours on n'entend parler que de meurtres en cette ville', nous dit-on le 2 avril avant de raconter l'histoire du crime du comte de Horn, et cela est répété dans la livraison suivante: 'on n'entend parler depuis quelques jours que de vols et d'assassinats'. La Grande-Bretagne, elle, a pour spécialité les vols à main armée (essentiellement contre les chaises de poste et les carrosses (20 février et 26 avril)) et surtout les duels (les quatre duels mentionnés de janvier à juillet proviennent tous des nouvelles de Londres). L'information et la fiction convergent, ces événements se retrouvant en grand nombre dans la matière romanesque anglaise de ce temps.

Les duels anglais sont parfois de l'ordre de la simple mention (X s'est battu avec Y et Y est mort (23 avril)), mais il arrive aussi qu'ils rejoignent la topique du fait divers en surprenant le lecteur. Le 16 avril, deux grands seigneurs se battent (tous les détails sont donnés, les noms, le lieu, les blessures…) et l'un d'eux échappe miraculeusement (grâce au bouton de son justaucorps) à une blessure qui aurait dû être fatale; le lendemain, ce sont deux officiers 'qui avaient passé la nuit à se divertir', illustration du thème de l'amitié qui se change en lutte à mort; le 26 avril, on apprend qu'un homme a épousé une femme qui porte le même nom que son ex-adversaire des jours précédents. Le 29 mars, c'est une 'affaire tragique': Owen Buckingham se rend chez son ami Ahesford, membre du parlement comme lui, dont c'est l'anniversaire. Après avoir bu trop de vin, les deux amis tirent l'épée et l'un est tué à l'issue de ce que la gazette appelle une 'fatale dispute, où l'hôte a tué son convié et son meilleur ami', soulignant l'anormalité de la situation.

Mais la conclusion finale à l'affaire Buckingham-Ahesford est celle-ci: 'Cet accident a donné lieu au Bill ordonné par les Communes pour prévenir la mauvaise pratique des duels et l'excès de la boisson'. Le 3 mai, on annonce le vote du Bill contre les duels à la chambre, le 7 mai on en lit des extraits. A partir de ce moment, il n'y a plus, dans la gazette, aucune nouvelle de Londres qui concerne des duels. L'ordre est rétabli, ou plutôt, la *Gazette d'Amsterdam* présente à ses lecteurs l'image textuelle d'une institution sociale qui fonctionne bien: le texte du fait divers génère une réponse institutionnelle textuelle, sous forme de loi, que la gazette reproduit. L'équilibre entre désordre et ordre se conclut par la résorption du premier dans le second.

Bien sûr, en France (c'est-à-dire, bien sûr, dans l'espace de la *Gazette d'Amsterdam* qui la concerne), il n'en est rien. Rue Quincampoix, on arrête sans cesse des faussaires et des fabricants de primes, les voleurs se servent en actions, la gazette renonce même à les annoncer en détail ('beaucoup de vols', 'on n'entend parler que de crimes'), le fait divers est d'abord rumeur. Enfin, un grand seigneur parent du Régent, le comte de Horn, commet un crime dans cette fameuse rue et l'élève au rang de symptôme grave. Dans un autre ordre, le récit de la noce prestigieuse et magnifique d'un parvenu, relatée un mois plus tard (31 mai), relève autant du constat que plus rien n'est en ordre que de la chronique mondaine. En miroir à ces nouvelles de France, celles de Londres, qui montrent les agioteurs, promenant leurs carrosses et leurs livrées neufs à Hyde Park, forcés de se retirer sous les huées de la foule, ou qui mentionnent fréquemment la méfiance et l'hésitation de certains Anglais devant la hausse des actions semblent montrer que la spéculation et ses effets ne génèrent pas les mêmes réactions dans ces deux villes. La réponse de l'institution française semble se préparer: 'on n'entend parler, depuis quelques jours, que de vols et d'assassinats. On dit qu'on pourra employer des suisses pour mieux garder cette ville pendant la nuit'. Mais la création d'une nouvelle police (de jour) ne fait qu'aggraver les choses, et provoque un tumulte dans le faubourg Saint-Antoine (la police fait du zèle et arrête non seulement des mendiants et des fainéants, mais aussi des actifs, pour toucher davantage de primes). Le désordre génère un plus grand désordre. Après le fait divers vient l'émeute.

On lit dans les nouvelles de Londres, le 16 avril: 'depuis qu'on a donné des récompenses à ceux qui découvrent des Voleurs, on n'entend plus *parler* de tant de vols'. La présence de cette suite de verbes – *entendre parler* – est significative: la gazette se fait vraisemblablement l'écho de l'opinion et de la conversation. Celle-ci suit des fluctuations qui semblent varier en fonction de la réponse apportée par l'institution au désordre signalé par le fait divers. Que celle-ci soit efficace ou non dans les faits, on ne sait, mais il semble que l'opinion publique, relayée par les correspondants de Londres, en subisse immédiatement les effets: on constate que l'on n'en parle plus, le problème est donc résolu, et le journal lui-même se fait l'écho de ce silence, en le remarquant ('on n'entend plus parler') et en lui supposant une cause institutionnelle ('depuis que…'), puis en imitant ce silence. En Angleterre comme en France, on peut conclure que lorsque le fait divers, successif, individuel et discontinu, s'organise en séries, il génère, à travers la rumeur, une attente de réponse du corps social – et sans doute cette réponse elle-même, qui peut avoir des suites différentes selon qu'elle est bien ou mal adaptée, et surtout selon que le correspondant de la gazette décide d'en être satisfait ou non. Désordre signalé par le 'bruit' du fait divers qui relève le plus souvent de l'oral, de la nouvelle clamée et répétée (on en *parle*) puis imprimée dans la gazette, réponse de l'ordre sous forme de *texte* imprimé deux fois (le texte de loi et son inscription dans le journal), et *silence* de la gazette qui ne peut que constater qu'on n'en parle plus. Bruits, texte, textes, silence, tel serait le sort du fait divers dans un royaume bien ordonné (ou à défaut dans une gazette bien dressée).[20] Bruit, texte et bruit encore plus fort serait celui du royaume du chaos.

Le laquais du ministre

Enfin, troisième catégorie, celle de la nouvelle qui relève directement du politique tout en gardant une apparence de fait divers. Deux procédés peuvent réaliser ce transfert. L'un consiste à relier ensemble des

---

20   Yannick Séité a relevé une autre forme de silence, celui qui a suivi l'exécution manquée de la bête du Gévaudan, en interprétant le silence de la *Gazette de France*, suivi par celui des autres gazettes européennes, comme le fruit d'une volonté de nier que l'intervention du roi à travers l'homme qu'il avait envoyé ait pu être inutile, et par la lassitude née d'un événement répété indéfiniment, dont on a épuisé la capacité à faire du bruit – et de la légende ('La Bête du Gévaudan dans les gazettes; du fait divers à la légende', in *Les Gazettes européennes*, pp. 145-153, p. 153

événements qui relèvent de catégories différentes, et à les organiser en séries d'improbables coïncidences. En 1720, il est beaucoup question de la Bulle Unigenitus, qui condamne les propositions prêtées aux jansénistes. Or, les Jésuites sont montrés systématiquement comme des fauteurs de troubles dans la *Gazette d'Amsterdam*. Le 23 février, dans la suite de l'ordinaire, on lit une nouvelle en provenance de Québec: un prêtre soupçonné de jansénisme est renvoyé, malgré son évêque qui est obligé d'obéir aux ordres des jésuites, 'les seuls maître du pays [...] contre lesquels on n'ose rien entreprendre'; c'est une nouvelle que l'on peut classer dans le politique. Quelques lignes plus bas, on lit le supplice de franciscains au Japon et en Éthiopie, fait divers qui confirme ce qu'on sait déjà de ces pays lointains. Puis, on passe directement à une nouvelle de La Rochelle, toujours sur la même page: 'On a saisi ici un Vaisseau venant du Canada, et appartenant aux jésuites de ce pays là. La charge, qui consistait en castors de contrebande, a été confisquée'. Fait divers, mais fait divers étrange qui met en scène les jésuites là où on ne les attendait pas et qui confirme ce qui a été dit dans la première nouvelle (ils sont tellement maîtres du Canada qu'ils y font la non-loi et tentent de devenir les maîtres (du monde?) en s'enrichissant). Quant à la deuxième nouvelle, celle du martyre des prêtres, elle dit aussi que les jésuites ne sont pas où on les attendrait (en mission périlleuse). Dans une même page, la coïncidence est troublante et tout laisse penser qu'il s'agit d'un regroupement délibéré.[21]

Le 28 juin, on apprend par des Lettres de Chine, via Rome, que les Jésuites de Macao, à la mort du Cardinal de Tournon, 'se sont emparés de tous les papiers et écrits, des meubles, du corps du feu Cardinal de Tournon, et de sa maison' afin de faire disparaître ce qui pourrait les compromettre. Puis, dans la même page encore, on apprend dans les nouvelles de France comment les Jésuites ont troublé la procession du Saint-Sacrement à Tours en faisant un affront au prêtre, un 'appelant' qui officiait. Le correspondant signale que les jésuites 'croya[ie]nt faire retomber l'indignation publique sur ce curé; en quoi ils

---

21   Les nouvelles de La Rochelle, si elles avaient fait sens par elles-mêmes, auraient pu être données dans d'autres livraisons, une semaine plus tôt, quant à celles de Chine et d'Ethiopie, les délais sont trop incertains pour qu'on puisse affirmer le contraire.

se sont trompés, tout le peuple ayant murmuré contre eux et l'on croit
que le Chapitre métropolitain les obligera à une réparation publique du
scandale qu'ils ont causé'. La Chine et Tours se rapprochent, dans
l'espace d'une même page, pour faire voir la même arrogance. Le 19
avril, 'les disciples et partisans des jésuites 'témoignent plus de fureur
que jamais', dit un correspondant lillois, et ils provoquent un pillage à
Tourcoing, à l'occasion de la mort d'une femme soupçonnée de
jansénisme. Ordre est donné de ne plus parler de la Constitution: 'On
croit que c'est l'unique moyen pour maintenir la tranquillité'. Mais la
gazette n'imite pas ce silence, puisque le désordre persiste, et elle
devient plus bavarde que jamais. Le 5 juillet, on apprend de la ville de
Salins en Franche-Comté, que des prêtres de l'Oratoire y sont
persécutés. Ce récit, très détaillé prend l'allure d'un petit roman tout à
fait étonnant.

> Vers l'Ascension, un jeune officier irlandais et un autre de la milice s'avisèrent
> d'entrer dans le jardin des prêtres de l'Oratoire du Collège, par dessus les
> murailles, l'épée à la main, à 11 heures et demie du soir, criant de toutes leurs
> forces: *Il faut les tuer, ces jansénistes, ces calvériens ou calviniens, ces*
> *hérétiques*, etc. ajoutant mille autres mots gras et accompagnant leurs injures de
> grands coups de pierres aux fenêtres. A ce fracas, tout le monde se réveilla dans
> la maison, et se leva. Cependant, l'un vit tout à coup tomber au pied de son lit
> une pierre qui avait percé les vitres au moment qu'il se levait. L'autre reçut par
> bricoles un petit coup de pierre sur l'estomac, en allant à la fenêtre; un troisième,
> en reculant de sa fenêtre, reçut le coup sur ses épaules. […] Les pères de
> l'Oratoire […] firent secrètement sortir du côté de la rue un valet par le soupirail
> de la cave. L'irlandais était le plus acharné à les insulter, jusque là que l'autre,
> ennuyé, lui disant de se retirer, ils se querellèrent, et, tournant leurs épées l'un
> contre l'autre, se battirent par trois fois. L'officier de milice désarma d'abord
> deux fois l'autre et lui rendit toujours son épée: à la troisième reprise, l'officier
> de milice se sentant blessé lui-même au bras, porta un coup dans le ventre à
> l'irlandais, et le jeta par terre, blessé mais non pas mortellement. Dans ce temps
> là, le corps de garde survint; mais comme ces soldats virent que c'étaient des
> officiers, ils les respectèrent et n'osèrent les prendre. Le moins blessé releva
> l'autre, et le conduisit doucement au chirurgien, laissant le pavé teint de son
> sang. Il était déjà deux heures après minuit et il faisait un beau clair de lune. Dès
> que les assiégés se furent retirés, le ciel se couvrit et il plut jusqu'au matin.

On trouve dans ce passage exceptionnellement long (et qui se poursuit
encore avec l'intervention de la justice le lendemain et le récit de deux
autres agressions, elles aussi fort détaillées), des éléments qui sont

ordinairement totalement absents de cette gazette. Les détails du décor, le discours direct, des aperçus sur le caractère des protagonistes, qui deviennent des personnages comme leurs victimes dont on mentionne les gestes simples (se lever, aller à la fenêtre) et le corps, tout cela fait apparaître une volonté de mettre la scène sous les yeux du lecteur et ne peut que frapper son imagination au milieu de toutes les autres nouvelles, brèves et peu détaillées. Il y voit l'incohérence de la conduite des officiers et, plus loin, l'insolence d'enfants, 'suscités par leurs parents', qui ne savent pas non plus qu'il faut dire calvinistes et non 'calvériens', dit le correspondant; il ne peut que s'apitoyer sur les victimes, obligées de 'courir à perte d'haleine, de sauter et grimper les murailles, dont l'un a été bien malade toute la nuit suivante, soit d'effroi ou de fatigue'. Ce fait divers en forme de roman est en lui même un plaidoyer.

Accumulation sur la même page, ou d'une livraison à l'autre, l'effet est le même: l'organisation en série fait nouvelle politique et prend sens, les faits divers s'amalgament aux nouvelles et leur donnent un poids supplémentaire, les nouvelles s'articulent autour de prota-gonistes anonymes qui, comme ces soldats ivres surgissant dans le jardin des moines, envahissent l'espace politique.

Enfin, la gazette fabrique un véritable feuilleton dans lequel le jésuite, toujours lui, a le mauvais rôle. En 1720, l'Électeur palatin a des démêlés avec ses sujets protestants. Il est question d'une église qu'il doit leur restituer (à la demande de l'Empereur), du catéchisme de Heidelberg, dont il cherche à entraver la diffusion, etc. L'Électeur décide de quitter Heidelberg et de s'installer à Manheim, ce qui mécontente les catholiques comme les protestants. Sur ce fond, qui relève clairement de l'information politique, se greffe une série de faits, proches du fait divers, et cependant tout à fait liés à l'événement. Proches du fait divers par leurs acteurs (obscurs), par leurs circonstances étonnantes (les victimes sont faibles et inintéressantes, les motifs inexistants a priori) et par le traitement de l'information (elle se fait narration, comportant à nouveau ces 'détails qu'on n'invente pas').[22] Ils rejoignent l'information politique par l'extension progressive du mal: d'un individu à une

---

22   Voir l'intervention de Henri Coulet dans le même volume.

catégorie, et d'une catégorie à des Puissances. En voici les principales étapes:

> 12 mars:
> Le 1er de mois, M. Wilkens, ministre dans le Plat-Pays, qui est dans un âge fort avancé, passant sur la grande Place aperçut de loin le Vénérable, et ôta son chapeau. Cependant, on lui donna plusieurs coups de bâton qui le terrassèrent. Un Bourgeois fut en même temps poursuivi, et reçut aussi divers coups de bâton. Quelques autres personnes des deux sexes ont eu le même sort, et l'on insinue qu'on ne pourra parvenir aux emplois qu'en changeant de religion [suit le compte rendu d'un sermon prononcé par un Jésuite, 'fort injurieux contre les Puissances protestantes'].

L'organisation du récit est frappante: la première phrase nous installe dans le quotidien, le décor, l'homme âgé qui passe, le chapeau levé. Le 'cependant' qui ouvre la seconde phrase nous met face à l'étonnement, à la 'causalité troublée'; cette impression est augmentée par la présentation rapide des autres victimes (un bourgeois, des personnes des deux sexes) innocentes et sans défenses. La troisième phrase bifurque, avec le 'et l'on insinue que', vers l'information politique pure, celle que les lecteurs avertis ont pu tirer de la lecture de ces agressions, transformant un désordre de rue en oppression d'État. Ceci étant encore augmenté par la suite, le sermon du jésuite faisant intervenir les puissances étrangères. On est donc passé en quelques lignes de l'individu à sa communauté, du désordre de rue au désordre d'État, puis entre États, du fait divers à la politique internationale.

Le 18 juin, la gazette rapporte une scène plus violente:

> Ces jours passés, M. Seller, ministre de l'Église française réformée en cette ville, revenant de Fredericsfeld avec le maître d'école, où il avait été prêcher suivant sa coutume, fut insulté et attaqué par un homme à cheval qui avait un habit de drap vert, avec des galons d'or. Ce cavalier, après avoir fort maltraité de paroles le ministre, voulut tirer sur lui avec ses deux pistolets; mais, ayant manqué son coup, il lui donna plusieurs coups de pistolets sur le dos, et le blessa grièvement. Cependant, le ministre eut le bonheur de se sauver dans un bois voisin, d'où il ne revint ici que fort avant dans la nuit. Le maître d'école avait pris la fuite dès le commencement de l'insulte. On tâche de pallier cet attentat en disant que ce cavalier était ivre.

Apparence de fait divers, par l'obscurité des protagonistes, le mystère apparent de l'événement (démenti par le 'on' de la dernière phrase), par la nature des détails rapportés. Il est frappant que ce soit dans ces faits, dits *divers*, surprenants, hors du commun, que l'on trouve des notations de couleurs: tout indice peut être bon pour découvrir la vérité. De même, comme dans l'histoire de Salins, les détails d'actions y trouvent place et font surgir une vraisemblance dont l'événement politique n'a pas besoin. Un fait divers, raconté comme un fait divers; pourtant, cette nouvelle se rattache à de nombreuses autres qui sont de l'ordre du politique.

Entre les mois de mars et juin de cette année, c'est-à-dire entre les récits qu'on vient de lire, de nombreuses agressions ont eu lieu à Heidelberg. Elle sont le fait d'étudiants catholiques, élèves des jésuites, qui choisissent d'attaquer indirectement les puissances protestantes, à travers la personne des laquais de leurs représentants. Le 22 mars, on lit, dans un récit très proche du premier:

> Ce matin, un des laquais de M. de Spina, Ministre de Hollande, ayant rencontré une procession, s'est retiré dans une maison en ôtant son chapeau; cependant, les soldats qui escortaient le vénérable et deux écoliers de Jésuites l'ont suivi, et lui ont donné plusieurs bourrades et coups de poings. On en a porté de très fortes plaintes, et comme c'est la seconde fois que cela arrive aux laquais de ce ministre, l'affaire fera plus de bruit que la précédente [...].

La 'précédente' n'avait pas été rapportée, ressemblant sans doute trop à une nouvelle de peu d'importance. Mais la répétition l'inscrit dans le politique. De nouvelles agressions sont rapportées les 7, 16 et 30 avril, contre les laquais du même ministre et contre ceux de M. de Haldane, ministre d'Angleterre, celle du 16 avril est donnée avec des détails:

> Dimanche dernier, à 10 heures du soir, les étudiants attaquèrent trois des laquais de M. de Haldane dans un cabaret, et cassèrent les vitres à coups de pierres, en proférant mille injures grossières; sur quoi les laquais tirèrent deux coups de pistolets pour les disperser. Mais quelques temps après ils revinrent [etc.]

La gazette nous fait voir les scènes, elle nous fait entendre le vacarme, elle rapporte jusqu'aux propos de cabarets:

> Il y en a même parmi eux [les étudiants catholiques-romains] qui osent dire hautement dans les cabarets que les Jésuites leur avaient donné permission d'assassiner le premier des laquais du ministre d'Angleterre ou de Hollande qu'ils pourraient attraper. [L'un d'eux, arrêté, avoue] sans peine qu'il croyait

devoir assassiner ces laquais, et qu'il ne comptait pas cela pour un grand mal (16 avril).

Enfin, les livraisons sont rythmées par les lettres des ministres et les réponses de l'Électeur. Ces petits faits ont produit de grands effets et les puissances s'agitent, en appellent à l'Empereur, menacent. La gazette mène sa propre guerre. Le 26 mars, on lit qu'il a fallu 120 hommes pour arrêter un étudiant, défendu par les jésuites et ses camarades, et que, vingt-quatre heures plus tard, 'il a été remis en pleine liberté'. Le 10 mai, on lit comment les jésuites intimident un témoin, 'garçon serrurier de son état'. Les déclarations de l'Électeur innocentant un étudiant catholique en fuite sont imprimées dans la gazette, et dans la même page le correspondant rapporte les preuves de la culpabilité de l'accusé, sans tenir compte de ce texte inséré plus haut et sans le mentionner. On a alors affaire à un discours double et contradictoire, avec une inégalité de statut d'énonciation (discours cité pour l'un, discours direct pour l'autre) et des scènes qui mettent sous les yeux du lecteur des preuves qui infirment l'un et confirment l'autre. Enfin, ce long feuilleton s'achève:

> On assure que S. A. E. a résolu de défendre l'entrée des Gazettes de Hollande dans ses États, sous peine de 100 ducats pour celui qui en recevra dans la suite, et qu'elle fera faire une recherche exacte de ceux qui envoient des nouvelles du Palatinat, par rapport aux affaires de religion (2 juillet).

Nul doute que le mécontentement de l'Électeur est venu autant de ces petits récits mettant sous les yeux des lecteurs des violences absurdes que de l'obstination de la gazette à dire et redire les protestation du ministre anglais et à publier ses lettres à l'Électeur, leur donnant ainsi un écho à travers toute l'Europe. On constate à nouveau que lorsqu'un fait divers fait série, il fait du 'bruit', et qu'après le bruit doit venir le silence. Mais le silence de Heidelberg est d'un tout autre ordre que celui qu'observaient les nouvelles de Londres. Ici, le silence est celui que le pouvoir impose à la gazette pour couvrir ce qui est présenté aux lecteurs comme une injustice. Un silence annoncé en ces termes ne peut être qu'éloquent.

A l'issue de ce parcours, on voit que le mode d'intervention du fait divers dans l'information politique est varié et fréquent. Il semble fait pour confirmer les stéréotypes nationaux: les Suisses indemnisent leurs paysans tandis que les évêques français expliquent aux leurs que les sauterelles sont une punition divine. Les Anglais sont bouillants, mais leur Parlement est sage. Les Cours d'Espagne et du Portugal n'ont que des autodafés[23] pour se distraire. Il renseigne aussi sur le fonctionnement des sociétés, ou plutôt sur l'image qu'en donne la gazette: une accumulation de désordres doit produire une réponse de l'État. Les nouvelles de France s'achèvent sur les troubles du mois de juillet devant la Banque et l'image des trois morts portés 'par de petites gens du Peuple' jusqu'au Palais-Royal. Au propre comme au figuré, le fait divers y rejoint le politique et le somme de répondre.[24] En Angleterre, le bruit du fait divers a fait naître le texte de loi et le silence de la paix retrouvée, tandis qu'à Heidelberg s'est imposé le silence de la censure. Enfin, l'exemple des nouvelles concernant les Jésuites nous dit encore autre chose. Si le fait divers produit du politique, le politique produit aussi du fait divers. Il peut s'agir d'un choix stratégique, comme celui des étudiants de Heidelberg qui, ne pouvant agir directement sur le politique, s'adressent violemment à ses laquais et déplacent l'idéologique dans le champ de l'agression physique. Il peut s'agir d'un amalgame né du traitement que la gazette donne à l'événement, comme on l'a vu dans le cas des jésuites du Canada, ou d'une impossibilité à penser ce qui est radicalement autre, comme on l'a vu pour les nouvelles d'Orient. Que ce soit son action qui se déplace dans le fait divers, ou qu'on l'y déplace artificiellement, le résultat est le même. Contaminé par le fait divers, le politique se *disqualifie*.

L'arme qui consiste à tirer l'adversaire hors du politique, vers le terrain miné du fait divers n'est pas nouvelle. Voltaire savait bien cela, lui qui manipulait aussi bien la représentation pathétique des victimes que la calomnie (ou la révélation indiscrète) contre les agresseurs. Lutter par des arguments prend du temps et porte moins qu'un récit qui présente aux lecteurs un ennemi idéologique soupçonné d'actes répréhensibles et pris 'la main dans le sac'. On en a eu la preuve récemment: un président, ayant eu des gestes 'déplacés', a vu son image elle-même

---

23   Pas de faits divers dans ces pays, si ce n'est des exécutions de condamnés par l'inquisition, 'brûlés pour le seul crime de Judaïsme', dit la Gazette (16 juillet).
24   Il est évident qu'il est plus facile d'interdire les duels que de rétablir une économie en banqueroute; rappelons-le encore une fois, nous parlons d'effets de lecture, non du réel politique.

déplacée du politique vers le fait divers. Désituer le politique revient à le destituer. Lorsque l'on montre aux lecteurs de la gazette le pouvoir de l'Electeur palatin soutenu, dans les rues et les cabarets, par des étudiants brutaux et sanguinaires, lorsque les positions de l'archevêque de No-ailles sont défendues par des évêques bornés ou par des soldats ivres, c'est un certain pouvoir civil et ecclésiastique qui est compromis, même s'il apparaît dans le reste du journal entouré de tout le respect que la gazette lui doit. Cela revient à affirmer 'feuille après feuille la même visée'[25] sans que la marque éditoriale apparaisse dans un discours qui lui soit propre.

Faire glisser un événement d'une catégorie d'information vers une autre revient à changer sa nature. Au XVIIIe siècle, cela n'est vrai que dans l'espace du journal, mais le monde de la gazette préfigure celui de l'opinion publique future, lorsque le pouvoir n'existera que par sa représentation. L'espace de la gazette met déjà sous les yeux ce glissement qui conduit à la disqualification du politique par le fait divers. Le rêve d'un premier journalisme innocent est un leurre. En 1720, tout est déjà en place. Le fait divers, information 'actualisée, c'est-à-dire dramatisée sur le mode spectaculaire', comme le décrivait Baudrillard, joue le rôle de symptôme et de preuve. Le sang qui sèche sous la lune et l'habit vert à galons d'or d'un homme masqué sont autant d'images qui frappent le lecteur comme des instantanés de vérité, à la manière des images de la presse moderne. Le politique est éclipsé par la force de représentation du fait et discrédité par le soupçon qu'il fait naître. Le fait divers, forme 'à la fois anodine et miraculeuse', petit fait traitant de petites gens, est le rouage le plus humble et le plus efficace de la gazette. Laquais de l'information politique, il la précède, l'illustre, la remplace, et en trahit parfois la vraie nature.

---

25   C. Labrosse et P. Rétat, 'Le texte de la gazette', *Les Gazettes européennes*, p. 141.

Les faits divers de la *Gazette d'Amsterdam*
de janvier à juillet 1720

21/1	Londres	arrestation d'un Ecossais*
9/11	Genève	fièvres 'extraordinaires'
12/1	Rome	foudre sur la salle du Capitole etc.
	Paris	faussaires arrêtés rue Quincampoix
19/1	Londres	un prêtre en prison (pour avoir marié un cathol. romain) et 3 autres
23/1	Londres	arrestation d'un séditieux*
26/1	Bruxelles	condamnation de domestiques
30/1	Londres	Naufrages
20/2	Paris	vol d'actions (Dermot) retour d'un disparu
	Londres	attaque d'un carrosse sur un grd chemin une dame volée dans sa chaise, dans Bartletstreet
	Madrid	Alberoni attaqué sur la route*, se cache dans un bois
23/2	Québec	expulsion d'un prêtre (jans)*
	Madrid	supplice d'un missionnaire au Japon et de 2 franciscains en Ethiopie
	La Rochelle	saisie d'un bateau de contrebande venant du Canada (& appart. Jésuites)
27/2	Paris	Valet de Dermot à la question
1/3	Londres	arrestation d'un libelliste
	Pologne	Un notaire se fâche et tue plusieurs officiers avant de s'enfuir.
5/3	Bruxelles	départ de bateaux pour la Chine
8/3	Constantinople	incendie (1300 maisons)
12/3	Genes	arrestation d'un gentilhomme (insultes à Alberoni)*
	Dresde	exécution du Baron de Kletenberg, ex-chambellan du roi (crimes atroces)
	Heidelberg	M. Wilkens, un bourgeois, et d'autres frappés*

15/3	Vienne	la neige dans un village du Tyrol tue hommes et bêtes
19/3	Londres	arrestation d'un procureur
		évasions-arrestations rocambolesques d'Ecossais
		record de descendance
	Paris	arrestations de faussaires
22/3	Heidelberg	agression contre un laquais de M. Spina (Hollande)*
	Marseille	arrivée d'esclaves libérés
26/3	Hambourg	arrestation de Juifs
	Londres	carrosses attaqués
		voleurs mis en fuite
		incendie (ne pas lire au lit)
		duel Buckingham-Aheshford
29/3	Paris	exécution de 2 jeunes gens
2/4	Petersbourg	noce de deux Finlandais (grands)
	Paris	crime rue Quincampoix (comte de Horn)
	Alger	tempête, assassinat, noyade, enlèvement et libération
5/4	Paris	augmentation des vols
		assassinat d'une 'Dame et de son fruit' dans le coche de Lyon
9/4	Paris	exécution du cte de Horn (dernières paroles)
16/4	Londres	daims tués par hommes masqués
		2 duels
	Stockholm	arrestation de Brenner
19/4	Heidelberg	3 laquais de Haldane (GB) attaqués*
	Paris	désordres à Tourcoing (H. de Courcelles, jansén.)
23/4	Paris	anecdote sur la mort de Pontcallec (superstition)
	Londres	duel
26/4	Londres	mariage d'un duelliste

30/4	Espagne	autodafé (14 pers. et 3 statues)
	Londres	nouveaux riches hués à Hyde Park
	Heidelberg	laquais de Spina attaqué, les domestiques s'arment*
7/5	Paris	arrestation d'un valet de pied assassin arrestation d'un écuyer faussaire
10/5	Paris	troubles Fbrg St Ant. (zèle de la nouvelle police)*
14/5	Paris	détail du 'tumulte' précédent*
17/5	Vienne	naufrage (janissaires)
	Dresde	naufrage
21/5	Constantinople	exécution d'un corsaire français
	Vienne	disparition de l'aga des janissaires et du truchement
	Heidelberg	sentences contre 2 étudiants*
24/5	Londres	condamnation d'un commis et d'un valet, arrestation d'un receveur
28/5	Vienne	noyade de l'aga des Janissaires
31/5	Paris	une jambe cassée beau mariage d'un agioteur
4/6	Vienne	hist. de l'aga (pas noyé)
7/6	Lisbonne	corsaires d'Alger rachat d'esclaves à Alger
	Vienne	Mufti de l'amb. turc mis aux fers
	Berne	Chaleurs
11/6	Vienne	évasion et conversion du truchement de l'amb. Turc
	Hanovre	incendie
	Arles	sauterelles
14/6	Londres	Incendies
18/6	Heidelberg	un Français réformé attaqué*
	Francfort	orages
21/6	Vienne	voleurs réfugiés dans un couvent
25/6	Berne	Tempêtes

28/6	Vienne	pluie de sang
		oiseaux inconnus et bariolés.
	Rome (Chine)	Suites de la mort du Card. de Tournon (Jés.)
	Tours	procession troublée (Jés.)
2/7	Leipzig	Foudre
	Florence	suicide du fils d'un marchand français
5/7	Vienne	pluies et grêle
	Salins	chahut dans un couvent (Jans)
12/7	Vienne	Vols
16/7	Lisbonne	Autodafé
	Paris	sentence contre le prêtre Servien
19/7	Hanovre	orages et grêle
	Berne	grêle
26/7	Ratisbone	arrestation d'un soldat de l'évêque
	Paris	affaire du cocher de Law, mort de 5 personnes devant la banque*

* Les nouvelles qui n'ont pas été comptabilisées dans les purs faits divers sont suivies d'une astérisque

UTE VAN RUNSET

'Faits divers' et la guerre dans *La Gazette de Cologne* et le *Journal du Bas-Rhin* (1756-1779). Information – prise de position – distraction

Une dizaine de jours avant que la Guerre de Succession de la Bavière n'éclate en 1778 entre la Prusse et l'Autriche, au beau milieu de nouvelles préparations guerrières en France et en Angleterre en vue de l'indépendance des Etats Américains, l'éditeur du *Courrier du Bas-Rhin* fait une remarque très intéressante en interrompant ses rapports et commentaires politiques sur ces événements:

> Quoique le récit de l'avanture suivante n'ai aucun rapport aux affaires publiques de notre tems, il n'en sera pas moins utile, non seulement à nos politiques trop enfoncés dans leurs spéculations, en donnant un moment de relâche à leur esprit trop tendu; mais même aux hipocondres les plus déterminés en ce qu'il les fera rire à coup sûr; & c'est beaucoup de pouvoir rire dans le tems où nous sommes.

L'aventure dont il est question, qui s'avère être un vrai fait divers par la forme, bien que le terme soit encore inconnu dans le journalisme du 18ème siècle, est l'histoire d'une querelle privée, puis juridique entre un jeune abbé et un maréchal de France concernant la location d'une loge à l'opéra, que le premier avait perdue 'par force' mais ensuite gagnée 'par la tournure de son plaidoier' (N° 51, le 29 juin pp. 440-441).

L'intention éclairée de l'histoire par rapport à la prise de position et surtout à ce qu'on appelle dans ce journal 'le théâtre de la guerre' saute aux yeux.

Les deux périodiques en langue française *La Gazette de Cologne* (1734-1794) et le *Courrier du Bas-Rhin* (1767-1810), paraissent en Allemagne à une centaine de kilomètres sous deux protectorats différents et souvent ennemis, la première, pour des raisons d'affinité politique et de censure, 'Avec privilège de sa Majesté Impériale', donc de l'Autriche, la deuxième, 'Avec privilège du roi de Prusse' Frédéric II, paraît jusqu'en 1794 à Clèves. Les deux périodiques s'identifient, par leur prise de position dans les rapports et bulletins sur les différentes guerres, avec l'un ou l'autre côté en parlant de 'nous'.

Comme le fait divers n'entre, de premier abord, dans aucune des catégories de l'information politique ou spécialisée, les critères de comparaison à ce sujet s'avèrent à première vue anodins.

Les principaux centres d'intérêt des deux périodiques sont, dans un premier temps, les guerres de Frédéric II au sujet de la succession de l'Autriche et plus tard de la Bavière ainsi que l'annexion de la Silésie en 1740, dans un second temps, les différends entre les anciens colonisateurs anglais et français sur le territoire américain et leurs actions guerrières en Europe, leurs alliances avec ou contre Frédéric II en vue de la prédominance politique en Europe.

Le succès des deux périodiques au-delà des frontières était certainement dû au fait qu'ils étaient dirigés par d'excellents journalistes, très bien informés par leurs camps politiques: le *Courrier du Bas-Rhin* par Jean Manzon, une sorte de porte-parole de la cour de Prusse[1] et la *Gazette de Cologne* par Ignace Roderique, partisan déclaré de la politique impériale et ultramontaine qui s'attira le mépris de Frédéric II et la méfiance du Cardinal de Fleury, ainsi que son successeur et neveu Antoine Jacquemotte de Roderique.[2]

Une des clefs de leur succès reposait sans aucun doute dans le mélange heureux d'informations politiques sérieuses et de nouvelles

---

1   François Moureau le caractérise ainsi: 'Manson avait du style et une patte terrible. ... Il pratique un journalisme à la première personne.' Concernant la ligne politique, Moureau précise: 'Politiquement, il défend dès l'origine la politique des Insurgés américains, se méfie des soubresauts de la Pologne catholique; idéologiquement, il poursuit d'une haine vigilante la Compagnie de Jésus et tout ce qui ressemble de près ou de loin à l'esprit ultramontain; il condamne les "économistes" français et les physiocrates qu'il va bientôt assimiler aux accapareurs pendant la guerre des Farines. ... Manzon multiplie ses ennemis sur tout l'échiquier idéologique du temps: depuis la *Gazette des Deux-Ponts* ... jusqu'à son mortel adversaire, la *Gazette de Cologne*,' Cf. *Dictionnaire des Journaux* 1600-1789, sous la direction de Jean Sgard. Paris, Universitas 1991, p. 304.

2   Cf. Jean Sgard, Article 'Gazette de Cologne'; dans *Dictionnaire des Journaux*, pp. 506-507; Cf. aussi H. Hönig 'J. I. Roderique (1696-1756)', dans *Rheinische Lebensbilder*, t. IX, 1982, pp. 159-177.

caractérisant les nombreuses facettes de la société de leur temps.[3] Semblables aux 'bulletinistes'[4] et aux faiseurs de 'nouvelles à la main' dont ils connaissaient bien le métier, ils se servaient de toutes les méthodes et de tous les genres journalistiques, non seulement pour rendre compte de la réalité politique et sociale, mais aussi pour la recréer.

Deux phases importantes de la politique de Frédéric II et donc importantes aussi pour l'Europe: premièrement, le commencement de la guerre de Sept Ans, c'est-à-dire l'année 1756, vue par la *Gazette de Cologne*, et deuxièmement, la guerre de Succession de la Bavière de 1778/79 par le *Courrier du Bas-Rhin* serviront d'exemple pour montrer la fonction du fait divers par rapport aux événements militaires.

Au début de l'année 1756, la *Gazette de Cologne* semble ignorer la portée des changements qui se préparent en Europe. Le fameux 'renversement des alliances' qui est à la base des différentes guerres commence par la 'Convention de neutralité' (dite de Westminster) entre Londres et Berlin du 16 janvier. Elle est annoncée seulement le 13 février et la *Gazette de Cologne* se demande si elle est dirigée contre la France (LXIII, Supplément). Jusqu'au mois de mai, avec les déclarations de guerre entre la Grande-Bretagne et la France des 17 et 25 mai et la Convention de neutralité du 10 juin entre Louis XV et Marie-Thérèse d'Autriche, les nouvelles politiques semblent plutôt être données au compte-gouttes et cryptées. A plusieurs reprises, on parle de mouvements de troupes, surtout en France, d'armement, de préparation

---

3   En ce qui concerne leur méthode, cf. à ce sujet: Kläre Hoppe, 'Roderiques Nachrichtengebung und -Politik in der *Gazette de Cologne* (1740-1745),' dans *Publizistik*, t. X, 1965, pp. 140-148 et Karl d'Ester, 'Das Ende des *Courrier du Bas-Rhin*, einer preußischen Finanzspekulation am Niederrhein', dans *Zeitschrift des Bergischen Geschichtsvereins*, 1912, t. 45, pp. 106-129.
4   Une plume satirique parmi les journalistes rhénans les définit en latin de la façon suivante:
     'Congeries hominum, quos existentia inanis
     Deprimit, et cruciat venter inanis, eheu!
     Quid faciunt? Cudunt plenas novitate tabellas,
     Facta dein stuprant, tunc mala fama volat.
     Spargunt rumores stupratos, sicque novellae:
     Sunt bona mixta malis, sunt mala mixta bonis.'
     Cf. Karl d'Ester, 'Aus der Geschichte des *Courrier du Bas-Rhin*,' dans *Dortmundisches Magazin*, 15. 12. 1909, p. 114.

de la flotte de guerre et le 10 mars, il est question du siège français de Port Mahon pour arracher l'île de Minorque aux mains des Anglais (XXIV, Supplément).

La *Gazette de Cologne* semble se concentrer aussi sur des informations d'une autre nature, dont beaucoup de faits divers. Parmi les nombreuses nouvelles des cours des différents pays, un curieux exemple est celui de 'Madame la Marquise de Pompadour (qui) a pris le Père Sacy pour son Confesseur et est entrée Dimanche en fonction chez la Reine, en qualité de Dame du Palais' (XIV, Supplément, de Paris le 12 février). On trouve également de nombreuses informations sur des séismes mineurs enregistrés en Suisse, dans les Alpes, au Portugal et en Rhénanie, notamment à Cologne. Cette marque d'intérêt est probablement liée au souvenir du funeste tremblement de terre de Lisbonne du 1er novembre 1755. Conformément à l'esprit ultramontain du journal, on en tire, avec l'Archevêque et Electeur de Cologne la conclusion suivante: 'que les tremblements de terre dont nous avons éprouvé à tant de reprises les violentes secousses, sont des avertissements que le seigneur nous donne dans sa miséricorde pour qu'en nous convertissant nous désarmions sa colère et arrêtions les traits de sa vengeance, qu'il est prêt à lancer'. Et on précise que S.A.S.E. 'ordonne pendant tout le Carême prochain des prières publiques et d'autres œuvres de pénitence. Ces prières seront précédées Samedy d'un jeûne général' (XVII, 27 février). L'insécurité de la situation politique semble se refléter dans des nouvelles du genre catastrophes naturelles ou curiosités, tel 'l'animal moitié biche, moitié ours, ayant un cinquième pied sur le milieu de la tête, provenant d'une vache, présenté au Roi de France' (XVII, 27 février), ou l'histoire vraie mais incongrue suivante:

> Tout Paris va voir une jeune fille au Faubourg St. Victor, âgée de 9 ans, qui est enceinte de 7 mois et demi. Mad. La Dauphine la fait garder à vue, et la Faculté de Médecine est fort attentive à ce qui arrivera lors de ses couches (XIL, Supplément).

Si les déclarations de guerre entre la France et l'Angleterre n'impressionnent pas beaucoup Paris, la conquête de l'île de Minorque par les Français remplit cependant la rubrique des faits divers. 'Tout nage dans la joie' (LIV, 6 juillet). Il y a des Te Deum solennels, l'académie de Marseille propose un prix pour un poème relatant cet événement (LXI,

Supplément, 30 juillet). Comme dans beaucoup de villes françaises, il y a aussi une fête à Longwy chez le Marquis de Mézières et la *Gazette de Cologne* en décrit minutieusement les détails tels que la présentation de pièces de Voltaire, un bal pantomime, des concerts de flûte, feu d'artifice, dîner et bal jusqu'à 7 heures du matin. Ce fait divers qui suit de peu une nouvelle, venue de Londres sur une prise de bateaux français dont le chargement de poisson pourri était distribué aux pauvres (XLVI, Supplément, 8 juin), montre bien les hauts et les bas d'une telle circonstance.

Avant que les hostilités entre la Prusse et l'Autriche n'éclatent, le lecteur vit dans une sorte de suspens et on essaie de le distraire par des nouvelles de tout genre. A côté de phénomènes naturels ou d'accidents (XIX; XXIX; XLII; L; LIV), il y a surtout des informations sur les différentes cours qui prennent dans certains cas le caractère de faits divers. Tel l'histoire de l'archevêque électeur de Cologne Clément Auguste dont le train de vie ressemble dans la description à celui des autres princes absolus. La *Gazette de Cologne* le suit dans toutes ses démarches. Le lecteur apprend par exemple que

> S. A. S. Electorale a été atteint à Albano de haleine d'un chien enragé, ... Elle s'est faite tailler de la Sainte Etole aujourd'hui avec quelques personnes de sa Suite, & Elle observera pendant neuf jours la neuvaine de dévotion, prescrite en pareilles occasions; après quoi Elle partira pour Aix-la-Chapelle (LII, Supplément, 29 juin).

Un peu plus tard, le lecteur a droit à la description assez cruelle d'une de ses chasses forcées, dans laquelle un cerf essaie de se sauver en sautant dans le Rhin où il est pourtant tué par les chiens. La *Gazette de Cologne* conclut:

> Après la chasse, S. A. S. E. revint icy dans un yacht & à l'issu du dîner, on fit la curée au milieu de la place. Hier, Elle entendit les trois Messes, qu'Elle entend touts les Samedis, à Linn, & Elle vit une magnifique pêche, qui se fit près de ce Bourg. Demain nous aurons la seconde chasse forcée (LXVIII, 22 août).

Même si le lecteur moderne devine une certaine ironie dans la présentation des deux exemples, le lecteur contemporain, lui, ne pouvait avoir aucun doute sur leur sincérité.

La *Gazette de Cologne* garde assez longtemps le silence sur la Prusse. A trois reprises, Frédéric II essaie (les 18 juillet, 2 et 26 août) d'obtenir de l'Impératrice Marie-Thérèse l'assurance qu'elle ne l'attaquera pas pendant les deux ans à venir.[5] En effet, après la prise de la Silésie qui était pourtant devenue légale par les traités de Breslau et d'Aix-la-Chapelle, Frédéric II s'attendait à des représailles de sa part. Devant le refus de l'Impératrice, Frédéric II s'empara de la Saxe. Par cette action il renforçait sa position économique et financière et agrandissait sa capacité militaire en joignant l'armée saxonne à la sienne. Lors des hostilités qui commencent avec une première attaque des Prussiens le 13 septembre en Bohème et se terminent pour l'année 1756 par une victoire lors de la bataille de Lobositz, on constate une certaine partialité 'patriotique' dans la présentation des faits de la part de la *Gazette de Cologne*. Avant que les hostilités n'aient commencé, celle-ci avait déjà entamé une sorte de 'guerre de plume' à travers les déclarations et rescrits officiels du roi de Prusse et des Empereurs autrichiens. Quand, en vertu du droit des peuples, l'Autriche cherche à obtenir la condamnation de Frédéric II, la *Gazette de Cologne* fait tout pour entraîner une réaction hostile à Frédéric II dans l'opinion publique. Elle intensifie son influence sur les lecteurs et n'hésite pas à faire paraître sous forme de fait divers son compte-rendu de la prise de Leipzig le 29 août par Ferdinand de Brunswig (LXX, 31 août) Pour démontrer le tort des Prussiens, la *Gazette de Cologne* se sert du fait divers du genre 'réfraction juridique' quand elle décrit l'introduction par la force du cabinet du roi de Pologne en présence de la Reine:

> Le Général Willich vint au Palais & annonça que l'ouverture du Cabinet ne pouvait plus être différée, & qu'ainsi il devait supplier la Reine de se retirer de la porte pour ne pas s'exposer aux violences du Soldat. Au défaut des clefs, la porte fut donc ouverte par force; on arracha le Sceel, que la Reine y avoit apposé; on fit la recherche de touts les papiers et on en porta la plus grande partie au Quartier du Genéral Willich (LXXX, de Vienne, le 9 septembre).

---

5   Cf. *Die Werke Friedrichs des Großen*, éd. Gustav B. Volz, Berlin 1913, t. 3, Supplément: le roi à von Klinggräfen, 26 août 1756, p. 178.

Ce cas de violation de domicile sert d'occasion pour la *Gazette de Cologne* pour interpréter la politique de Frédéric II dans un rapport 'De Vienne' du 13 octobre à sa manière:

> Le Roy de Prusse, dans l'impossibilité de trouver de l'étoffe pour remplir une Déclaration de guerre, est tombé sur l'idée rare & singulière, qu'il pouroit, son invasion en Saxe déjà faite, déterrer dans les papiers secrets, qu'il avait fait enlever à Dresde du Cabinet du Roy de Pologne, des preuves, qui pourroient confirmer ce qu'il avançoit d'un Traité offensif entre les deux Cours impériales (Autriche, Russie) & démentir ainsi les assurances, données par l'impératrice-Reine, que cette imputation étoit fausse et controuvée.

Ainsi l'événement présenté sous forme de fait divers dans l'intention d'impressionner le lecteur en faisant appel à ses sentiments mène à la condamnation de la politique de l'adversaire.

> ... il a donné une nouvelle preuve (à la vue de toute l'Europe) de sa façon d'agir, vû qu'en entrant en Saxe, Il a agi diammetralement contre les assurances, qu'il donnoit, ne s'arrêtant aucunement ni à ses engagements formels, ni à sa parole Royale, lorsque par là il croit donner quelque relief à ses desseins cachés (LXXXV).

La partialité de la *Gazette de Cologne* qui ressort ici clairement comme d'ailleurs dans la plupart des autres résumés et commentaires apparaît aussi, mais de façon plus masquée, dans la présentation de certains événements. La bataille de Lobositz du 1er octobre qui termine la première phase de la guerre en faveur de Frédéric II est présentée jusqu'au 29 octobre par la *Gazette de Cologne* de différentes façons. La plupart des relations, sauf celles qui concernent l'ennemi, ont le caractère d'un fait divers. Selon la première, datée de Vienne, le 6 octobre, les pertes des Prussiens semblent plus importantes que celles des Autrichiens, on suggère au lecteur qu'il s'agit d'une défaite des Prussiens, d'autres rapports n'apportent pas plus de clarté. Seule la nouvelle de Berlin du 26 octobre mentionne que le maréchal Broune a échoué dans son premier dessein de les dégager (LXXXVIII, Supplément). Par cette méthode qui consiste à présenter des faits sous des angles différents, la *Gazette de Cologne* relativise le fait historique et le transforme en quelque sorte en un fait de tous les jours d'autant plus qu'elle continue en même temps à présenter en premier lieu des documents officiels qui ne sont pas en faveur de Frédéric II.

A partir de novembre, les nouvelles sur d'autres événements comme la conquête des Français à Osvego au Canada, la fausse couche de Madame la Dauphine, les nouveaux tremblements de terre ainsi que la naissance de l'archiduc autrichien Maximilien, 'plein de vie et de santé' (C, le 8 décembre) prennent le dessus et la *Gazette de Cologne* clôt l'année 1756 fidèle à sa devise, avec le Bref du Pape à l'Assemblée du Clergé de France (CV, le 31 décembre).

Ainsi en juxtaposant des bulletins d'origine diverse et des déclarations officieuses et, en nuançant les versions contrôlées par les autorités, la *Gazette de Cologne* réussit d'une part à rendre compte d'événements importants comme la guerre, et d'autre part à influencer idéologiquement l'opinion publique sans toutefois perdre de vue ses fluctuations. Le fait divers, même s'il n'y existe pas comme rubrique journalistique, joue un rôle très important, moins comme miroir critique de la société, qui est dans le fond assez figée, que comme moyen de persuasion, tout en incitant à une vue critique, critère indispensable dans une situation d'exception comme la guerre.

En 1778-1779, toutes les nations importantes de l'Europe se retrouvent dans des situations de conflit qui ne semblent pouvoir se résoudre que par des actions guerrières. Il y a tout d'abord la guerre de succession entre l'Autriche et la Prusse, les hostilités entre la France et l'Angleterre à cause des efforts d'indépendance de l'Amérique ainsi que les opérations guerrières entre la Russie et la Porte. Peu après la mort soudaine de l'électeur de Bavière le 31 décembre 1778, l'empereur Joseph II essaya de s'emparer de la succession pour avoir une base plus solide au sein de l'empire.[6] Cette 'petite guerre', qui se termina avec la paix de Teschen le 13 mai 1779 est un des principaux sujets du *Courrier du Bas-Rhin*: 101 numéros en 1778 et environ 50 en 1779.

A première vue, il y a plusieurs analogies et ressemblances entre la *Gazette de Cologne* et le *Courrier du Bas-Rhin* concernant la méthode

---

6   Frédéric II veut l'en empêcher au nom de la constitution de l'Empire dont le but était, selon lui, l'équilibre des pouvoirs. Cf. à ce sujet: Theodor Schieder, *Friedrich der Große, Ein Königtum der Widersprüche,* Propyläen, Frankfurt am Main, Berlin, Wien, 1983, p. 273 s.

pour informer de ces événements. Tous deux laissent parler les deux côtés et se servent de la presse opposée. Le *Courrier du Bas-Rhin* se différencie cependant par les commentaires engagés de l'éditeur, Manzon. Nouveaux dans leur genre, ils sont comparables aux éditoriaux modernes. Manzon y mène son propre combat pour la liberté des actes et de la parole, pour la justice et l'indépendance et contre tout ce qui pourrait faire entrave aux idées éclairées de son temps. Ainsi il crée la troisième dimension de la relation 'présentation des faits – commentaire – critique ou polémique' qui semble définir un point important de son projet pour le *Courrier*: 'Une gazette ... est une petite machine qui produit de petits effets; mais cette machine est compliquée et ne meut que par une infinité de ressorts'.[7]

Le fait divers, sous sa forme ouverte et même changeante, en fait partie. Tout en étant plein d'allusions à la guerre, le fait divers garde cet effet voulu de distraction,

> ... à cause de la singularité des personnages qu'ils concernent, & du rôle qu'ils jouent dans le monde. D'ailleurs ces sortes de contestations particulières peuvent être considérées comme la petite pièce qu'on représente dans ces spectacles pour recréer l'esprit du spectateur, fatigué, contristé, déchiré souvent par la représentation d'un drame sérieux & tragique: Ou, si cette comparaison n'est pas assez sensible, nous en emploierons une autre, en disant que la vue du spectateur, fatiguée d'avoir longtems considéré dans les airs les combats sanglans des aigles & des vautours, peut aimer à se reposer sur les petits combats que se livrent ici bas les étourneaux (N° 20, 11 mars p. 159).

Le *Courrier du Bas-Rhin* maîtrise parfaitement l'art de jongler avec l'information politique et celle, de moindre importance, reflétant les problèmes de tous les jours. De nombreux exemples accompagnent les négociations et rapports politiques entre les parties belligérantes. Il est question, entre autres, d'épidémies, de vols et d'assassinats, de querelles comme celle entre un matelot et un négociant à Bordeaux, de cas juridiques, de la charité de la reine de France envers 53 pères de famille 'détenus pour n'avoir pu acquitter les mois de nourrice de leurs enfans' (N° 43, p. 362), etc. Et, de temps à autre, le *Courrier du Bas-Rhin* tire de ces anecdotes ou faits divers une leçon qui débouche sur ses objectifs éclairés. C'est le cas par exemple pour l'annonce d'un remède contre les

---

7   Cf. *Dictionnaire des Journaux, op. cit.* p. 302.

'funestes effets de la morsure des bêtes enragées par le magistrat de Strasbourg' que le *Courrier du Bas-Rhin* commente ainsi:

> Il serait bien à souhaiter que quelque philosophe voulut s'occuper à chercher & fut assez heureux pour découvrir aussi un remède spécifique contre une foule de rages morales qui sont bien plus funestes à l'humanité que le mal phisique connu sous le nom d'hydrophobie ... (N° 78, 30 septembre, p. 686).

Les commentaires se dirigent particulièrement contre l'intolérance et le fanatisme. C'est ce champs de bataille que le *Courrier du Bas-Rhin* présente à ses lecteurs pendant la pause d'hiver de la guerre de Succession de la Bavière. L'histoire du comte Olavides qui fonde une colonie avec un nombre considérable de familles étrangères en Espagne, entre autres des familles protestantes et qui, pour cet acte sera condamné par l'Inquisition, donne l'occasion de commenter la sentence comme suit:

> On remarquera aussi avec une sorte de satisfaction pour l'honneur de la raison humaine & le bien de l'humanité, que ce tribunal autrefois si redoutable par des actes de barbarie & de cruauté, se contente aujourd'hui de ne faire que des actes qui le vouent au mépris et au ridicule; or quand un pouvoir quelconque ne prête plus qu'au ridicule, il n'est plus à craindre, & il touche à son anéantissement (N° 104, p. 898).

Même si le *Courrier du Bas-Rhin* livre des commentaires consciencieux sur tout ce qui concerne la guerre, il garde également un esprit critique en ce qui concerne les incidents fâcheux révélés dans certains faits divers. Peu avant que la guerre entre l'Autriche et la Prusse ne fut déclarée, on lit:

> ... En attendant, la guerre de plume, la seule qui devait décider les grandes contestations, qui s'élèvent entre des êtres raisonnables, puisqu'elle n'emploie que les armes de la raison & de la conviction, cette guerre innocente et permise s'échauffe plus que jamais' (N° 46, p. 392).

Le *Courrier du Bas-Rhin* exprime à plusieurs reprises sa crainte par rapport au développement de la crise: '... le thermomètre politique a varié régulièrement deux fois par semaine' (N° 43, p. 359), il s'engage pourtant, le moment venu, tout à fait du côté prussien ce qui lui vaut une interdiction par l'édit impérial du 29 août de Bruxelles de paraître dans les provinces belges à cause des 'raisonnements aussi faux qu'indécens' (N° 74, p. 643).

Un des événements les plus spectaculaires de l'année 1778 au regard du *Courrier du Bas-Rhin* n'est pourtant pas la guerre, mais le retour de Voltaire à Paris, sa mort et les incidents qui s'ensuivent. Alors que l'arrivée de Rousseau à Ermenonville (N° 52, 1er juillet) et sa mort (N° 56, 15 juillet) ne sont citées qu'à titre d'information, les quelques trente nouvelles sur Voltaire, du 24 janvier 1778 quand on annonce qu'il va revenir à Paris (N° 7), jusqu'au 2 février 1779 avec la nouvelle et le commentaire sur l'éloge de Voltaire par Frédéric II (N° 11, 1779) montrent quelle importance le *Courrier du Bas-Rhin* accorde à sa personne. Même si la plupart des autres faits divers sont présentés au public pour interrompre les nouvelles et commentaires reliés aux événements politiques et guerriers, pour informer ou distraire le lecteur ou même pour provoquer une prise de position à l'aide des commentaires critiques du journal, le chapitre Voltaire prend une toute autre dimension déjà par le fait que Manson partage avec Frédéric II le même intérêt pour le philosophe. Pour cette raison, il ne se contente pas des simples faits comme d'autres périodiques, mais recourt aux mêmes moyens stylistiques, souvent l'ironie, qu'il utilise également dans ses faits divers. Les derniers mois de Voltaire deviennent une sorte de mise en scène sur le théâtre de la guerre que le Courrier du Bas-Rhin est obligé de présenter de façon aussi véridique que possible à ses lecteurs. Déjà en annonçant la mort de l'électeur de Bavière Maximilien III comme cause des embrouillements politiques, le *Courrier du Bas-Rhin* nous en donne, le 17 janvier 1778, deux versions dont l'une que Manson appelle 'anecdote authentique'[8] paraît aussi satirique et histrionesque que certaines scènes des derniers moments de Voltaire.

---

8   'Ce prince, dit-on, aiant vu une jeune dame de la cour, qui à son retour d'Italie venoit d'être attaquée de la petite-verole, se trouva tellement saisi de ce spectacle, qu'il ne put s'empêcher de témoigner une forte appréhension de se voir aussi bientôt atteint du même mal , qu'il se rappela avoir souvent été funeste aux princes & princesses de sa maison. Quelques jours s'étant écoulés depuis cette fâcheuse rencontre, S. A. E., toujours préoccupée de sa première idée, se plaignit de violentes douleurs qu'elle ressentoit dans les reins; sur quoi son médecin lui conseilla l'exercice du cheval; mais ce prince, loin de trouver du remede à ses maux dans le divertissement d'une chasse forcée à laquelle il avoit assisté, en revint au contraire extrêmement abbattu, & se plaignant beaucoup

Le Courrier du Bas-Rhin rapporte toutes sortes de détails sur le physique du philosophe, sur ses rencontres et surtout sur sa maladie. Les points culminants sont la fameuse réception à l'Académie française, l'apothéose à la Comédie française (N° 30, de Paris, le 6 mars) et surtout les honneurs qu'on lui rend à la loge maçonnique des Neuf-Sœurs:

> Mardi matin, il s'est rendu à la loge des Neuf-Sœurs, suivant la promesse qu'il en avait donnée, & s'est fait initier dans les mistères de la Franc-Maçonnerie. La joie des frères leur a fait commettre quelques indiscrétions; de sorte que malgré le mistere de ces sortes de cérémonies, il a transpiré beaucoup de circonstances de la réception de M. de Voltaire. On ne lui a point bandé les yeux; mais on avoit élevé deux rideaux à travers lesquels le vénérable l'a interrogé. Lui aiant demandé enfin, s'il promettoit de garder le secret sur tout ce qu'il alloit voir, il a repondu qu'il le juroit, en assurant qu'il ne pouvoit plus tenir à son état d'anxiété, & qu'il demandoit qu'on lui fit voir la lumiere. Sur cela les rideaux se sont ouverts tout à coup; & l'homme de génie est resté comme interdit au spectacle de ces pompeuses & bizarres niaiseries; tant l'homme est susceptible de s'en laisser imposer par la surprise de ses sens. On a remarqué même que cette premiere stupeur avoit frappé le philosophe, au point de lui ôter pendant toute la séance, cette pétulance de conversation qui le caractérise, ces saillies, ces éclairs qui partent si rapidement de son esprit, quand il est dans son assiette. Au dîner, il n'a mangé que quelques cueillerées d'une purée de fêves, à laquelle il s'est mis pour son crachement de sang' (N° 32, 22 avril 1778).

Si l'on compare la relation de cette dernière scène à celle des *Mémoires Secrets* que Manzon a probablement utilisés comme source, on constate qu'il transforme un événement qui est prévu comme simple fait divers dans le contexte des nouvelles politiques avec lesquelles il confronte ses lecteurs le 22 avril, en une satire avec comme unique objectif de

---

plus qu'auparavant. La petite-verole n'aiant pas tardé à se manifester, comme on savoit la fraieur qu'avoit l'électeur de cette maladie, on crut devoir lui cacher l'état critique dans lequel il se trouvoit, & on l'assura que ce n'étoit que la rougeole. En effet, les premiers jours du mal de S. A. E. n'aiant annoncé aucun simptôme dangereux, quoiqu'au dixieme, ce prince eut cependant ressenti de l'embarras dans la gorge & une certaine oppression de poitrine, qui se dissiperent bientôt par une toux, on crut pouvoir se flatter alors d'une prompte guérison. En conséquence, on ordonna une fête & un Te-Deum en actions de graces de ce favorable évenement, & on exécuta même le 27 un petit concert dans le cabinet de ce prince. Mais des espérances aussi flatteuses ne furent pas de longue durée, puisque la nuit du 29 au 30 la maladie empira tout à coup à un tel point, que le même jour l'électeur, succombant sous la violence de son mal, rendit le dernier soupir à 2 heures après midi' (N° 5, le 17 janvier 1778).

ridiculiser tout ce qui touche à la superstition.[9] Il utilise la même méthode en traitant les nouvelles sur les souffrances dues à la maladie de Voltaire et surtout sur sa confession (N° 24, de Paris, le 19 mars).

La prise de position n'apparaît pas seulement à travers des commentaires, mais aussi dans les termes employés pour désigner Voltaire. On l'appelle: 'apôtre de l'incrédulité, chef des philosophes, coryphée ou chef de l'impiété, patriarche des incrédules, papa grand homme, grand Lama Français, saint, dieu du jour et l'Apollon moderne'. A plusieurs reprises, il devient pourtant clair que le *Courrier du Bas-Rhin* doute de sa lucidité. Sa confession, d'abord passée sous silence, finit par être largement commentée. Dans l'éditorial du 21 mars, le *Courrier du Bas-Rhin* en tire même des conclusions politiques par rapport aux relations franco-britanniques en vue de la constitution des Etats Américains. Si la conversion de Voltaire, 'qui s'est confessé dernièrement', est 'une conversion morale', le *Courrier du Bas-Rhin* souligne qu''elle n'a pas été de longue durée', et il conclut que 'la conversion politique ... est soumise à trop de conditions ... pour qu'elle soit de bonne foi' (N° 23, 21 mars). Si une telle information relevant du fait divers, sert d'occasion à un commentaire politique, l'annonce de la mort de Voltaire, – le hasard fait qu'elle coïncide avec la période de la plus haute tension avant la déclaration de guerre entre la Prusse et l'Autriche – consiste en une information très brève le 1er juin (N° 46, 10 juin) '... il est mort le 30 mai ... à l'âge d'environ 86 ans'; '... le cadavre est parti cette nuit pour Ferney, où son tombeau l'attend.' Les erreurs que le *Courrier du Bas-Rhin* corrigera en partie par la suite montrent qu'il s'agit ici d'une simple nouvelle qu'on a voulu publier le plus vite possible. C'est également une coïncidence que le N° 56 du *Courrier* du 15 juillet contenant des explications pro-prussiennes de la déclaration de guerre, juge sévèrement les différentes présentations et interprétations de la mort de Voltaire rapportées par le *Courrier du Bas-Rhin* et la *Gazette de Cologne* cette fois sous le terme d'anecdote. En condamnant sévèrement la vue de la *Gazette de Cologne*: 'Ne rougissez vous pas de raconter à toute l'Europe cette fable puérile, ce conte de peau d'âne; & ne craignez vous pas de faire rire les libertins & les incrédules, et de

---

9   Cf. à ce sujet *Voltaire en son temps*, t. 5, René Pomeau, 'On a voulu l'enterrer (1770-1791)', Voltaire Foundation, Oxford 1994, pp. 306-309.

nuire à la religion, en vous y prenant aussi gauchement pour la défendre?' le *Courrier du Bas-Rhin* crée une relation étroite entre le sujet de la guerre et le fait divers puisqu'il transpose le contenu dans la présentation. Quelques mois plus tard, une réaction écrite de Paris à l'éloge de Voltaire par Frédéric II clôtura ce chapitre:

> Au mérite intrinsèque de l'ouvrage, le nom de l'auteur ajoute encore un grand mérite; &, s'il étoit beau de voir, comme nous l'a dit Voltaire: 'Le grand Condé pleurant aux vers du grand Corneille, il est encore plus beau de voir le grand Frédéric louant le grand Voltaire; & la circonstance y ajoute encore, puisque c'est au milieu du tumulte des armes & dans la tente d'un général d'armée, que cet éloge a été composé. Depuis longtemps les gens de Lettres louoient les rois: Il étoit temps qu'un roi louât un homme de lettres: mais il n'y en avoit qu'un qui pût acquitter dignement cette dette de la roiauté ...' (N°11, de Berlin, 31 janvier 1779).

L'extrait de cette lettre d'un seigneur à Paris, dont le nom reste inconnu montre par son style que Manzon, même s'il présente souvent des nouvelles sur les 'grands' hommes de son temps comme faits divers, sait garder ses distances quand l'intention éclairée ou polémique n'est plus en jeu. C'est dans cet exemple que le rapprochement entre la guerre et le fait divers sous de multiples formes est redevenu la relation appropriée entre la politique et la littérature.

Si la *Gazette de Cologne* utilise le fait divers pour amener le lecteur à une vue critique sur la guerre, le *Courrier du Bas-Rhin* va plus loin dans ses intentions d'une politique éclairée. Par sa conviction déclarée et engagée d'avoir un devoir comme 'écrivain public' vis-à-vis du 'tribunal du public qui fixe l'opinion des contemporains & celle de la postérité' (N° 71, le 5 septembre 1778) le fait divers, au-delà de tout objectif d'information ou de distraction, s'avère, contrairement à son intention moderne, être un instrument de combat contre l'ignorance.

Eric Francalanza

De l'Anecdote à l'anecdotique dans la *Correspondance littéraire* de Suard (1773-1775)

La *Correspondance littéraire* de Suard avec le margrave de Bayreuth, dont le manuscrit de 492 pages, plus riche que celui de la bibliothèque de Paris, selon J. Schlobach, est conservé à la bibliothèque de Besançon, couvre une période assez brève, qui commence le 15 janvier 1773 et s'achève le 16 novembre 1775 (57 lettres). À lire ces feuilles rédigées d'une écriture serrée, l'impression domine qu'il ne se passe rien de bien intéressant dans le monde. Une sorte de frivolité sérieuse, car Suard s'efforce, néanmoins, de rendre compte des affaires de l'époque, suffit, semble-t-il, à agrémenter l'ennui d'une période qu'on eût pu croire plus sévère et plus intéressante. Ainsi, la correspondance décrit un monde un peu surfait, dont les productions littéraires sont l'image, morne et fragile. Qu'apporte alors ce mode, si particulier, d'écriture, entre histoire et littérature, pour ne pas dire entre réel et fiction, qu'est l'anecdote, à cette correspondance désabusée et aux représentations qu'elle fournit, d'une vie intellectuelle que Suard se plaît à présenter comme indigente? Nous essaierons, en effet, de montrer que le schéma narratif de l'anecdote structure et stimule profondément l'écriture de la correspondance.

Il importera, par conséquent, de s'intéresser à la nature même de l'anecdote avant de comprendre comment elle s'inscrit dans le texte de la correspondance, car il nous paraît que cette inscription dans le texte donne précisément sa spécificité générique à la correspondance, en la tirant vers le domaine vague, mais séduisant, de l'anecdotique.

1. Difficultés lexicologiques: le statut de l'anecdote

Chose curieuse, l'existence de l'anecdote n'est pas vraiment reconnue au début du siècle. Elle s'impose peu à peu, mais dans un cadre qui ne la définit pas comme une forme proprement littéraire. Pourtant, il faut convenir de sa réalité, et surtout de son intérêt pour l'écriture d'une correspondance.

En effet, un constat étonnant nous oblige à douter précisément de ce que nous cherchons à comprendre: les dictionnaires du début du siècle – Furetière (1690) et Trévoux (1740) – ne rapportent le mot qu'au pluriel et lui assignent une définition qui articule un sens générique – 'Terme dont se servent quelques Historiens pour intituler les Histoires qu'ils font des affaires secrètes et cachées des Princes, c'est-à-dire, des Mémoires qui n'ont point paru au jour, et qui n'y devroient point paroître' (Furetière) – et, comme cela s'entend toujours chez les Classiques, une valeur éthique – 'on y parle, ou avec trop de liberté, ou avec trop de sincérité, des mœurs et de la conduite des personnes de premier rang'.[1] Ainsi, l'anecdote n'existe pas en soi: elle ne se conçoit que par rapport à un ensemble aux contours et limites pour le moins imprécis, le 'recueil', qui évoque les *anas*, et dont l'équivalent, dans le domaine journalistique, serait peut-être le numéro ou encore les lettres de la correspondance. Retenons, en tous cas, que, dans un premier temps, cette définition débouche sur une aporie, dans la mesure où, paradoxalement, elle reconnaît qu'on puisse regrouper les anecdotes sans pour autant les définir dans leur singularité ou historique ou littéraire.

Le *Dictionnaire de l'Académie française* de 1762 marque alors un progrès dans la mesure où le terme est enfin relevé au singulier, mais la définition n'évolue guère:

> Particularité secrète d'Histoire, qui avoit été omise ou supprimée par les Historiens précédens. *Anecdote curieuse. Les Anecdotes sont ordinairement satyriques.*[2]

---

1   Trévoux ne fait que reprendre cette définition: 'Histoire des affaires secrètes qui n'ont point paru au jour, et qui n'y devroient point paroître'.
2   *Dictionnaire de l'Académie françoise. Quatrième Edition*, Paris, chez la Veuve de Bernard Brunet, 1762, tome 1, p. 69.

L'édition suivante, de 1778, suit exactement cette définition, dont il faut cependant remarquer que les exemples font ressortir, de manière certes voilée, la dimension littéraire: l'adjectif 'curieuse' montre en même temps le caractère insolite de ce qui est raconté et son intérêt – l'inédit – pour le public. D'autre part, l'anecdote relèverait de la satire, dont nous savons qu'elle était proscrite par le bon goût. Suard reconnaît lui-même que 'la satyre est la ressource de la médiocrité insolente' (*Correspondance littéraire avec le margrave de Bayreuth*, lettre 55, octobre 1775, p. 473). Une gageure s'impose alors au rédacteur: comment élever une forme moyenne à une dignité morale alors que la définition du terme en souligne le sens satirique?

En vérité, les dictionnaires accusent, comme c'est souvent le cas, un retard. Déjà, en 1768, Fréron parlait d'une 'anecdote historique'[3] à propos de la *Batilde* de Baculard d'Arnaud, renversant ainsi, sans y prendre nécessairement garde, les termes de la définition de Furetière, puisqu'il évoquait alors l'acception foncièrement littéraire, et accessoirement historique, de l'anecdote.

On notera, néanmoins, qu'à une époque où commence à se constituer une réflexion historiographique, les dictionnaires rapportent encore le terme au domaine de l'Histoire, tout en marquant au passage tantôt le caractère inédit de ces anecdotes, tantôt, comme Féraud, le caractère ambigu de la démarche des historiens qui ont recours à des anecdotes – 'Particularité secrète d'Histoires omise ou supprimée'.

Ces données permettent de mettre en lumière quelques critères définitoires propres à cerner la matérialité littéraire de ce type de récit:
* historicité et grandeur: les personnages appartiennent à l'Histoire, ce sont souvent des princes;
* vérité et morale: ce récit n'est pas retenu par les historiens à cause de l'immoralité dont sont généralement empreints les actes des Grands, mais le témoignage qu'il produit n'est pas contesté;
* inédit: le récit n'a pas encore été publié.

Aussi précis que soient ces critères, les zones d'ombre sont nombreuses: Qu'est-ce que cet inédit? L'anecdote est-elle, si l'on considère le rang des personnages, un *modus scribendi* essentiellement mondain? Ne peut-elle pas aussi mettre en scène des inconnus? Pourquoi? Peut-on

---

3   *Année littéraire*, 1768, tome 1, p. 209.

caractériser le témoignage que produit l'anecdote? Quel crédit peut-on lui octroyer? Enfin, quel lien l'anecdote entretient-elle avec la correspondance littéraire?

Toutes ces questions montrent que de la définition à la réalité lexicale, il y a – on pouvait s'en douter – une mesure à prendre qui est celle de l'emploi des mots par les usagers eux-mêmes, car la valeur d'un genre ou d'une forme, et son autorité se lisent dans cette distance: en d'autres termes, l'anecdote paraît ainsi d'autant mieux adaptée à une écriture confidentielle comme celle de la correspondance littéraire qu'elle est libérée des normes qui définissent et structurent un genre reconnu. Par ailleurs, les auteurs défient les lexicographes: par exemple, Bachaumont regarde, en 1782, le récit de la fessée dans les *Confessions* comme une 'curieuse anecdote'. Rousseau lui-même avait déjà employé ce terme à propos de son voyage à Lyon, qu'il relate dans le livre IV:

> Une petite anecdote assez difficile à dire ne me permettra jamais de l'oublier.[4]

Ainsi présentée par cet exemple, l'anecdote apparaît comme une forme d'écriture foncièrement dépendante: elle s'inscrit soit dans un recueil, comme c'est le cas pour les *Anecdotes littéraires* de l'abbé de Voisenon,[5] et ainsi se justifie le fait que les dictionnaires ne relèvent que son emploi pluriel, soit dans un récit, ici une autobiographie, qui lui donne naissance.

Comme on le voit, tant au plan théorique que dans la réalité littéraire même, l'anecdote se situe dans une marge qui explique que les journalistes, notamment dans les correspondances littéraires, y aient eu recours, voire les auteurs eux-mêmes dans leurs correspondances personnelles – songeons à celle de Diderot par exemple. Mais cette facilité que donne une forme marginale comme l'anecdote suppose que l'on puisse exploiter l'absence de règles toujours caractéristique d'une forme que l'on ne peut reconnaître comme un genre, ainsi que les lacunes et les imprécisions que révèlent les définitions des lexicographes. Ces incertitudes conduisent nécessairement à s'interroger sur l'emploi

---

4   Ed. Pléiade, p. 165.
5   Ce sont de brèves notices biographiques comprenant, de temps à autre, un fait particulier propre à caractériser la personnalité dont il est question.

que chaque rédacteur entend donner à cette forme à peine codifiée, et peut-être impossible à codifier.

2. L'anecdote selon Suard

Il faut, tout d'abord, reconnaître que Suard paraît bien connaître la nature particulière de ce type de récit: dix-sept des nouvelles de sa correspondance reçoivent le titre d'anecdote. Il peut donc être intéressant de se demander comment Suard narre ces 'particularités secrètes d'histoire' et quelle extension il donne à la définition du terme.

L'expression 'particularités secrètes d'histoire' recouvre, en fait, deux aspects. On entend tout d'abord que les personnages soient célèbres – sinon, ce ne serait plus de l'histoire –, ensuite que le récit présente une nouveauté.

Les personnages: renommée et anonymat.

C'est le cas de presque toutes les anecdotes rapportées par Suard, à l'exception de celle que conte le marquis de Carracioli sur le maréchal de Villeroy et que l'on trouve déjà consignée dans les *Mémoires* de Saint-Simon (1701).[6] Mais il faut remarquer que cette anecdote remplit une fonction toute particulière qu'éclaire la transition qui l'amène:

---

6   Voici le texte de Saint-Simon (*Mémoires*, édités par Y. Coirault, Pléiade, tome 1, p. 951): 'Dans la fin de cette campagne [il s'agit de celle de la succession d'Espagne], les grands airs de familiarité que le maréchal de Villeroy se donnoit avec Monsieur de Savoie lui attirèrent un cruel dégoût, pour ne pas dire un affront. Monsieur de Savoie, étant au milieu de tous les généraux et de la fleur de l'armée, ouvrit sa tabatière en causant et allant prendre une prisée de tabac: le maréchal de Villeroy, qui se trouva auprès de lui, allonge la main et prend dans la tabatière sans mot dire. Monsieur de Savoie rougit, et à l'instant renverse sa tabatière par terre, puis la donne à un de ses gens, à qui il dit de lui rapporter du tabac. Le maréchal ne sut que devenir, et but sa honte sans oser proférer une parole, Monsieur de Savoie continuant toujours la conversation, qu'il n'interrompit même que par ce seul mot pour avoir d'autre tabac'.

La même chose est arrivée au maréchal de Villeroy avec le roi de Sardaigne.

Cette anecdote montre que le comte de Provence adopte un comportement fréquent, et pour ainsi dire normal, chez les hommes de son rang. Au-delà du portrait d'un personnage célèbre, Suard saisit davantage une attitude commune aux Grands.

Toutefois, certaines anecdotes mettent en scène des inconnus. Ainsi, celle du pari relatée dans la lettre 25 du 1er février 1774. Mais il faut dire qu'elle est insérée dans une série d'anecdotes dont elle est la troisième et qui représentent toutes des personnes connues. C'est en fait le peuple qui se trouve être le personnage principal de cette anecdote: de là vient qu'on a privilégié une énonciation généralisante – articles et pronom indéfinis: 'Un homme', 'on', 'un crieur' et l'adjectif numéral 'quatre' employé comme déterminant. Ainsi, un phénomène important, celui de la série, fait remonter la nature de l'anecdote aux *anas*, signifie l'écart par rapport à la définition traditionnelle de l'anecdote et le justifie.

En revanche, le récit du 6 décembre 1774 (lettre 41), que Suard intitule 'Anecdote', ne peut se targuer de figurer au milieu d'autres anecdotes qui l'acceptent dans une série. On notera, par ailleurs, que ce titre n'est pas le fait d'une méprise, puisque Suard reprend cette histoire, qu'il modifie légèrement, dans ses *Mélanges de littérature* (1804), et qu'il maintient le terme d'anecdote. Ce récit ne montre, en vérité, que des inconnus. On touche, par conséquent, au versant foncièrement littéraire de l'anecdote, dans la mesure où rien ne permet de rapporter celle-ci à une page d'histoire. Elle constitue plutôt la trame d'une comédie: s'y donnent la réplique un vieil homme fort riche et cacochyme, son ami, un autre barbon, moins fortuné, tapissier de son état, qui tient à marier son fils à un beau parti, la jeune fille dont le fils du tapissier est amoureux, mais de qui ce dernier est obligé de se séparer, parce qu'elle n'a pas de dot suffisante aux yeux du père, enfin la jeune paysanne, nièce du vieil acariâtre. Suard note d'ailleurs que cette histoire 'feroit le sujet d'un joli opéra comique' (p. 371). Cette anecdote pose ainsi la question de la nature même du récit de l'anecdote, puisque l'on peut alors s'interroger sur ce qui, en vérité, peut faire verser ce récit dans l'ordre de l'anecdote. En effet, la nature du récit de l'anecdote demeure ambiguë, dans la mesure où il peut, comme le montre ce dernier exemple, ne pas concerner la vie des personnages illustres, et s'appréhender comme une narration fictive, ou pour mieux dire offrir un canevas pour une œuvre à créer. On se rappelle que des anecdotes du Grandval sortent *Jacques le fataliste* et *Le Neveu de Rameau*, des romans.

Le récit: intérêt et curiosité.

Par ailleurs, peut-on parler de récit à propos de l'article sur la lettre de Rousseau, dans le numéro 45 du 22 février 1775? Suard compose une recension de cette lettre dans laquelle Jean-Jacques relate les faits de ce qu'il appelle le 'complot de Choiseul'. Certes, la lettre elle-même contient un récit, mais la lettre ne peut constituer une anecdote. Le mot aurait peut-être alors son sens adjectival, mais il est donné comme le titre de cet article, par là même comme substantif et non comme un adjectif. C'est plutôt le caractère 'curieux' (*Dict. Acad.*, 1762) qui justifie ce titre, outre le fait qu'il s'agit d'un écrivain célèbre, considéré lui-même comme curieux, sinon fou, ainsi que le rappelle le début de l'article:

> Comme J.-J. Rousseau est une des productions les plus extraordinaires de ce siècle, et son caractère un des problèmes les plus difficiles à résoudre, tout ce qui peut concourir à le faire connaître ne peut manquer d'être curieux et intéressant.

On relève l'emploi des adjectifs coordonnés: 'curieux et intéressant'. La vie de Rousseau présente de telles étrangetés pour ses contemporains que toutes ses bizarreries trouvent des conteurs et justifient les articles. Celui de Suard s'achève d'ailleurs ainsi:

> Voilà le résumé de cette lettre, mélange singulier de folie et d'éloquence, et où Rousseau combine, avec une conséquence, une justesse et une force de stile rares, des absurdités que la plus imbécile de la canaille la plus ignorante rejetteroit avec mépris. Enfin on y trouve beaucoup de vapeurs d'orgueil et de génie.

Pour reprendre le vocabulaire de nos psychologues – on me pardonnera l'anachronisme –, Rousseau est présenté comme un 'cas': monstre, il est curieux; célèbre, il est intéressant.

Ainsi, ce n'est pas vraiment la nature du récit qui indique que nous avons affaire à une anecdote. D'ailleurs, l'anecdote n'est pas stipulée comme un genre – ici, c'est une lettre –; mais c'est l'intérêt que présente la narration qui la fixe dans l'ordre de l'anecdote, soit que la célébrité des personnages attire l'attention, soit que le récit comporte des traits qui en nourrissent la qualité morale: en effet, l'adjectif 'curieux' a une résonance morale très forte, tandis que le mot 'intérêt' constitue un des concepts essentiels de la poétique des Lumières.

Le rapport que l'anecdote entretient avec l'Histoire s'explique alors par cette portée morale. C'est ce qui en fait une forme coupable aux yeux des théoriciens qui en perçoivent la tonalité satirique. N'est-ce pas ce que soulignent les sarcasmes répétés de Suard. Ainsi, sur le compte d'une des dames de la comtesse du Barry:

> Ces bonnes gens ont conté à tout le monde cette étrange avanture dont le bruit est bientôt parvenu ici et y excite tous les sentimens qu'on peut imaginer (lettre 42, 22 décembre 1774).

De cette façon, l'histoire est supplantée par l'historiette. Les récits tirent vers les *anas*, même si Suard, comme tous ceux de son époque, s'en défient; il conclut de la sorte sa lettre 7 du 10 avril 1773:

> Faut-il s'étonner après cela de tant de contes qui se répandent dans les païs étrangers, et qui s'impriment dans ces mémoires prétendus historiques dont les presses de Hollande surchargent la littérature? (p. 71).

De fait, l'inédit domine la nature de l'anecdote, même s'il faut peindre l'indignité de ceux qui devraient apparaître comme des modèles. C'est l'inédit qui infléchit la biographie des hommes illustres, mais c'est lui aussi qui justifie des choix inattendus comme les récits qui mettent en scène des inconnus. On comprend alors le terme de 'particularités': l'anecdote, fondamentalement inédite, ne peut donner qu'une vision fragmentaire de l'existence de telle ou telle personnalité, voire de toute une société.

L'inédit et la caution de la vérité.

Aussi bien est-ce cet inédit qui tend à justifier le récit. Soit. Mais quelle caution donner à un récit qui n'entre dans le vaste champ de l'histoire que parce que la relation met en scène des personnages connus? Les anecdotes qui n'ont pas pour sujets des personnages célèbres montrent que la portée historique ne suffit pas à assurer la vraisemblance de tels récits. En tous cas, elles relativisent la signification historique des anecdotes sur les Grands de ce monde, ce qui, justifiant profondément le mépris des historiens, pose définitivement le problème du sens profond de ces récits, rejetés de la sorte à la limite du romanesque. D'ailleurs, le secret connu n'en est plus un, et l'anecdote n'a plus de sens, tandis que la révélation invite au scepticisme. Qu'est-ce qui rend alors l'inédit crédible? En d'autres termes, quelle caution Suard confère-t-il à ses anecdotes?

Il y a, tout d'abord, les formules d'introduction qui invitent à prendre le récit en considération:

> J'ai apris une anecdote qui mérite d'être recueillie (lettre 7, 10 avril 1773, p. 68).

Suard ne varie guère: on retrouve cette présentation dans bien des cas – voir, par exemple, les lettres 3, 42, 45. Le rédacteur songe que le récit contient quelque enseignement, qu'il n'explicite d'ailleurs presque jamais, mais qu'il est loisible au lecteur d'interpréter à sa guise. On approche ainsi du conte moral dont le sens ne serait pas explicité. La peinture des personnages peut aussi évoquer le caractère: Suard aimait fort La Bruyère.

La seconde stratégie concentre le lecteur plus particulièrement sur le récit même, puisque l'anecdote ne fait qu'illustrer ce qui est déjà connu du personnage mis en scène. Ainsi, du maréchal de Richelieu et de ses amours avec la Raucourt (lettre 3 du 10 février 1774). La 'plaisanterie' met en évidence l'immoralité célèbre du duc. Une lettre, en effet, tombe de la poche du duc dans laquelle était cette phrase: 'Je vous félicite, monsieur le Maréchal, pour votre nouvelle conquête. Vous avez Mlle Rocour; on la dit très jolie; elle sort des mains d'un riche négociant de Lion' (p. 25). Il n'y a là rien que de normal: les comédiennes, on le sait, vivaient de leurs charmes. Cependant, la remarque finale de Suard est perfide:

> A ces mots, Mlle Rocour jetta des hauts cris et tomba presque en foiblesse. On eut toutes les peines du monde à la consoler. Sa mère étoit furieuse, et tous les assistans fort embarrassés. Elle ne mérite pas en effet cette plaisanterie, et l'on ne croit pas que la lecture de la lettre soit une pure méprise.

La caution de l'anecdote vient de la réputation du maréchal, mais elle permet aussi de peindre au passage l'immoralité de la jeune comédienne qui fait ses débuts.

Enfin, les anecdotes qui reposent sur des personnages anonymes ou inconnus n'ont d'autre ressource que la parole même du rédacteur:

> Tous ces détails sont de la plus exacte vérité, et j'ai du plaisir à les écrire (lettre 43).

Alors que, dans le journalisme imprimé, Suard gomme, autant que possible, toute marque de la première personne, dans la correspondance, elle lui sert de garantie contre l'accusation de romanesque.

Un moyen plus adroit est de reporter cette caution de vérité sur un objet reconnu, tel que les journaux imprimés:

> Je joindrai ici une autre anecdote que je viens de tirer des *Papiers anglois* (lettre 43).

Mais le jeu qu'il instaure avec la source de l'information qui est censée garantir la vérité du récit permet aussi à Suard de se donner, en fin de compte, comme seul garant de cette vérité:

> Il y a dans le mercure de ce mois page 18 un mauvais *dialogue entre Thomas Konkay et une prétendue veuve du grand duc de Russie* qu'on annonce comme fondé sur une anecdote récente. Il y a en effet quelques circonstances vraies dans ce dialogue; et j'ai eu des détails particuliers sur l'avanture qui en est l'objet' (lettre 49).

Ainsi, l'inédit n'est crédible que s'il est soutenu par des moyens qui donnent l'anecdote pour vraie. Sans cette caution, le récit verserait dans le romanesque, et ce péril est si grand que Suard éprouve le besoin de conférer à chaque relation qu'il intitule anecdote une caution qui puisse la rendre crédible, fût-elle sa propre parole. C'est sans doute, d'ailleurs, là un des traits caractéristiques de l'écriture de la correspondance.

Telle que la pratique Suard, l'anecdote tend donc timidement vers son acception moderne, mais, pour l'essentiel, le journaliste s'en tient au sens traditionnel. Toutefois, les écarts que l'on peut observer dans la structure générale de quelques-unes des relations, mettent en lumière une dérive, irrépressible, de ces récits vers la fiction, même s'il importe de s'en préserver. Se trouvent alors sapés, à ce qui semble superficielle-ment, mais au fond irrémédiablement, deux des fondements mêmes de la définition: l'historicité et la vérité, laquelle, comme dans les romans-mémoires, sollicite une caution que le récit ne suffit pas à fournir.

3. Déploiement et contaminations

Dès lors, l'anecdote peut exercer son influence sur bien des récits de la correspondance, soit parce que, se concentrant sur un personnage, elle ouvre une série, figure du déploiement du récit vers d'autres récits ou portraits, soit parce que sa structure, subtilement malléable, propose un schéma qui domine d'autres relations. Ainsi, bien qu'ils ne soient pas présentés comme tels, ces récits s'apparentent alors à des anecdotes. Cet espace dans lequel l'anecdote irradie son influence, soit par déploiement, soit par contamination, c'est ce que nous appelons l'anecdotique.

Personnages et portraits

Remarquons tout d'abord qu'il est impossible d'ouvrir une série avec des personnages inconnus: l'anecdote se referme sur elle-même, et la correspondance s'apparente alors aux récits du journalisme moral. La lettre 41 fait l'objet d'un article dans le *Journal de Paris* avant d'être reprise dans les *Mélanges de littérature* – huitième et dernière lettre du solitaire des Pyrénées. C'est un petit conte moral, dont nous avons déjà parlé, qui oppose aux vieillards intéressés des êtres jeunes et innocents.

Le traitement rappelle le drame ou encore le conte tel que l'envisage
Diderot, car les deux vieillards sont également loin des caractères
moliéresques: l'humeur de l'un s'explique – sa famille n'en veut qu'à sa
fortune et l'importune dans sa retraite –, tandis que la cupidité de l'autre
vient d'un fonds de bonté et d'inquiétude. Il a le souci d'un beau mariage
pour son fils; quant à sa bonté, elle se marque dans la générosité, certes
un tant soit peu intéressée, avec laquelle il héberge la jeune nièce de son
ami. Les sentiments, comme on le voit, sont mêlés, et les barbons n'ont
rien de comique. Ce sont en somme de ces mêmes petits récits que sont
faits les journaux de Marivaux, mais aussi les contes de Diderot.
L'anecdote est ainsi un mode propre à ce type de journalisme dont le
fond dramatique éclaire la nature humaine.

Face à ces anecdotes complètement fermées puisqu'elles mettent
en scène des personnages inconnus, les anecdotes qui représentent des
personnages célèbres s'ouvrent sur d'autres nouvelles qui brossent ainsi,
de loin en loin, un portrait de ces hommes illustres, discontinu, comme
en pointillé, mais de plus en plus précis. La première anecdote,
consignée dans la lettre 3 du 10 février 1773, concerne le maréchal de
Richelieu et Mlle Raucourt. Suard, qui ne semble guère apprécier la
jeune femme et que ses démêlés avec le maréchal de Richelieu au
moment de sa première élection à l'Académie n'inclinent guère à la
compassion, revient dans plusieurs lettres sur le chapitre de cette
comédienne. Toutefois, ce ne sont plus tant ses mœurs que son jeu qui
l'intéressent. Dans la lettre du 10 mai 1773, elle n'est pas jugée 'au-
dessus de Mlle Clairon': la litote est sévère. Le 7 septembre 1773, Suard
note un refroidissement du public, quoiqu''elle intéresse toujours le
public, et [que] l'on s'occupe beaucoup de sa personne' (p. 148) – ce qui
rapporte ce jugement à la première anecdote – ; le couperet tombe dans
la lettre 26 (non datée):

> On lui a dit qu'elle avoit de beaux gestes, elle a laissé aller ses bras partout où ils
> ont voulu; elle n'a acquis que des disgrâces; son corps est toujours plié en deux;
> elle coupe chaque repos par un hoquet; son beau visage n'a aucune expression
> douce ni tendre; elle grossit sa voix comme pour faire peur aux enfans (p. 248).

Ainsi, la carrière dramatique de la comédienne est marquée par une
déchéance qui ne fait plus de doute dans cette dernière lettre. Mais cette
déchéance, qui se manifeste par un laisser-aller dans le jeu (de la

gestuelle comme de la voix), était déjà symboliquement, sourdement, annoncée dans l'anecdote – la lettre tombe du manteau du duc, et la comédienne se pâme – : l'impression défavorable se confirme. En même temps, cette première anecdote montre bien comment l'anecdote définit son espace, à la limite des *anas* et du fait divers: l'anecdote produit certes, comme en écho, une série de critiques qui portent toutes sur la même personnalité, mais aucun rebondissement, comme il en est dans le cas du fait divers. Elle ne donne pas lieu à un récit continué. À elle seule, elle pourrait figurer dans un recueil *d'anas* sur Mlle Raucourt, mais inscrite dans la correspondance, elle se dégage de ce genre de recueil; elle trouve son autonomie. En revanche, elle détermine une série possible qui touche aux personnalités des protagonistes. Plus loin, Suard revient sur le maréchal:

> Il plut dès sa grande jeunesse à des femmes du premier rang et leur commerce lui donna ces manières séduisantes (lettre 30 du 8 juin 1774, p. 278).

Ces séries permettent ainsi de donner ou de préciser, de loin en loin, un portrait discontinu, comme composé par touches fugitives mais révélatrices, des protagonistes de l'anecdote. Elles livrent une image du monde fragmentée qui en dit l'inconséquence: les victimes de ce monde le sont bien peu en vérité; quant aux bourreaux, leur éducation les justifie.

Romanesque et aventure, principes du récit anecdotique

Cette fragmentation vient du fait que, contrairement au fait divers, l'anecdote ne peut être continuée: elle n'admet aucun rebondissement. Sa structure est fermée. C'est ce qui explique que Suard ait pu en conter plusieurs successivement dans la lettre 25. Une brièveté paraît alors en préciser la structure, qui l'oppose également au fait divers. Mais ce critère moderne ne peut convenir à tous les récits: l'anecdote fort longue de la lettre 41 en apporte la preuve. Un déploiement interne du récit de l'anecdote est, en effet, possible: il permet de la distinguer des récits contenus dans les *anas*, mais en même temps, le rédacteur éprouve le sentiment d'entrer dans un domaine qui n'est plus de son ressort:

l'anecdote s'ouvre insidieusement sur le roman. La caution de vérité est par conséquent nécessaire pour se démarquer du romanesque: 'Cette avanture est très-vraie', précise Suard à la fin de l'anecdote de la lettre 41. L'anecdote peut apparaître alors comme la structure fondamentale de la nouvelle telle qu'elle sera développée au siècle suivant, mais il faut également remarquer que certains de ses traits rappellent aussi quelques-uns des caractères structurels de la nouvelle de la fin du XVIIe siècle: brièveté du récit, historicité du cadre et des personnages. C'est dire combien, sans doute, la tentation du romanesque nourrit l'écriture de ces récits.

Plus subtilement, la composition de toute la correspondance emprunte ainsi à l'anecdote sa structure et sa souplesse: les personnages mis en scène dans une anecdote initiale se retrouvent dans d'autres passages de la correspondance et le récit même des anecdotes sert de modèle latent à d'autres nouvelles qui ne sont pas présentées comme des anecdotes.

En fait, ces récits sont généralement rapportés comme des aventures. Or, l'anecdote elle-même est souvent qualifiée d'aventure:

> Cette avanture est une des choses les plus singulières (lettre 7).
> Cette aventure est très-vraie (lettre 41).
> Ces bonnes gens ont conté à tout le monde cette étrange avanture (lettre 42).

Ce terme caractérise en somme l'inédit propre au récit de l'anecdote: il en désigne le fond romanesque. On remarque, d'ailleurs, que les premières anecdotes contées par Suard débouchent sur un récit qu'il donne pour une 'aventure':

> Cela rappelle l'aventure d'un officier françois qui faisant sa cour à l'Electeur [...] (lettre 3).

De toutes façons, l'aventure dit presque toujours la singularité, et le terme vaut pour nombre d'autres récits de la correspondance que Suard ne donne pas explicitement pour des anecdotes. Ainsi de ce récit annoncé de la sorte:

> Il se passe dans les grandes villes mille petits événemens qui échappent à la curiosité et qui méritent cependant d'être recueillis, parce qu'ils peignent ou les mœurs générales ou des caractères singuliers (lettre 4, p. 45),

qui porte sur le maréchal de Löwendahl. Tous les critères de l'anecdote sont réunis: inédit, personnage célèbre, signification morale, vérité du fait.

> Le maréchal de Löwendahl, rapporte Suard, vient d'avoir un fils et au lieu de prendre quelque parrain dans une grande famille, il a été chercher à l'hôtel des Invalides un soldat qui a été blessé à côté de lui.
> Ce soldat s'est trouvé un homme d'esprit. Il a reçu avec beaucoup de dignité l'honneur qu'on lui faisoit. Etant à table avec toute la famille, on lui a demandé s'il savoit à quoi il s'engageoit en tenant cet enfant au baptême. *Sans doute*, a-t-il répondu, *Je sais que si son père est tué dans la première guerre, c'est à moi à en avoir soin et à lui rappeller la gloire et les talens de son grand-père.*

Sans doute, cette image du maréchal s'oppose à celle du duc de Richelieu. Mais, au fond, ces deux récits ne contribuent-ils pas également à stigmatiser la frivolité d'un monde où l'on s'ennuie? Quelle curiosité qu'un simple soldat parrain du fils d'un maréchal et quel amusement que celui que procure un mot d'esprit! D'ailleurs, la correspondance est pleine de ces récits qui s'achèvent par un mot d'esprit, forme minimale de l'aventure réduite à un effet de surprise: nul héroïsme, partant nulle grandeur.

*   *   *

En vérité, l'on comprend les théoriciens: la légèreté de l'anecdote reflète celle du monde même. La satire qui s'y donne quelquefois cours en déprécie encore plus la valeur. Mais en même temps, ce mode d'écriture se plie extraordinairement bien à l'ordre sinueux de la correspondance à la main. Si l'on excepte les articles de critique littéraire, tous les articles confinent à l'anecdote. Ils y puisent leur véracité et leur couleur romanesque, en somme leur charme. Mais ils peignent aussi une nature humaine sans fond qui se complaît au pur jeu de mots, avatar du bel esprit. Le monde, même peint dans des couleurs qui le rehaussent, s'abîme dans cette écriture anecdotique. Voire, il ennuie. C'est peut-être ce qui, au fond, explique le plus sérieusement le dénouement abrupt de cette correspondance, abandonnée non point parce que les récits n'y étaient pas agréables, mais parce que, bien trop souvent, l'agrément était tout ce qui faisait les récits...

MARIE-EMMANUELLE PLAGNOL-DIÉVAL

Anecdotes et Bons Mots dans le *Journal* de Collé

L'activité littéraire de Charles Collé (1709-1783) se concentre autour de trois pôles distincts, qui recouvrent des genres différents mais dont les interférences ne manquent pas d'intérêt. Collé est d'abord connu comme chansonnier et comme auteur dramatique. Il aborde la littérature par la chanson selon un goût qu'il partage avec ses amis, Pannard et Piron. Avec ces derniers, il fonde le Caveau,[1] dont Crébillon fils, Fuzelier, Saurin, Sallé et parfois Crébillon père partagent les activités ludiques. L'essentiel des écrits de Collé consiste alors en chansons, refrains, couplets, épigrammes divers jusqu'à la dissolution du premier Caveau en 1739. Collé s'illustre ensuite dans le théâtre de société, pratique originale de la scène privée au XVIIIe siècle, d'abord au service de plusieurs amis et commanditaires, puis plus exclusivement auprès du duc d'Orléans pour qui il compose pendant une vingtaine d'années des parades, des divertissements, des comédies, des opéras-comiques témoins de son attirance pour la musique,[2] des fêtes dans le goût comique, léger, parfois licencieux qu'autorise l'absence de censure officielle. Lui qui avait raillé le genre noble en composant une tragédie amphigourique intitulée *Cocatrix*, s'oriente également vers les théâtres publics et la comédie sérieuse, genre en faveur avec, entre autres, une

---

1   Pour un historique complet, on se reportera à l'article de Brigitte Level 'Les Avatars du Caveau, société bachique et chantante du XVIIe siècle au XXe siècle', in *L'Imaginaire du vin*, actes du colloque de Dijon du 15-17 octobre 1981, Faculté des lettres de Dijon, éd. Max Milner et Martine Châtelain, Marseille, J. Laffitte, 1983, pp. 315-326.

2   Voir M.-E. Plagnol-Diéval, 'Collé, chroniqueur musical dans son *Journal*' communication pour le colloque 'Théories et Philosophies de la musique: le tournant du XVIIIe siècle', colloque organisé par l'Équipe de recherche en Philosophie de l'Université de Paris XII-Val de Marne (EA 431) et le Cerphi (ENS de Fontenay / Saint-Cloud) par F. de Buzon et A. Charrak, les 19 et 20 juin 1998, actes à paraître.

pièce tirée des *Illustres Françaises* de Robert Challe,[3] intitulée *Dupuis et Desronais*,[4] puis enfin *La Partie de chasse de Henri IV*, proche de l'esthétique du drame bourgeois, longtemps interdite par la censure royale. Au cœur de l'activité théâtrale, qu'il s'agisse des scènes privées ou officielles et de la société par ses relations diverses avec les hommes de lettres, les académiciens ou ses commanditaires, Collé est un témoin irremplaçable de l'actualité littéraire, musicale, sociale de son temps. Ce témoignage nous est heureusement restitué sous la forme d'un journal littéraire, qui couvre les années 1748 à 1772 (moins 1752-1753), correspondant à une période d'intense activité. Ce *Journal historique ou Mémoires critiques littéraires*, publié une première fois en 1807 par Barbier, d'après les neuf volumes autographes déposés à la Bibliothèque du Louvre fut republié en 1868 par Honoré Bonhomme.[5] La réception de ce texte au XIXe siècle témoigna d'un même sentiment de surprise: critiques et éditeurs s'étonnèrent du ton amer des pages qui, selon eux, contrastait avec la réputation d'amabilité de l'homme et le ton enjoué de ses productions. Confusion toute banale pour l'époque, dira-t-on, entre moi social et moi littéraire ... mais qui s'explique. En effet parmi les multiples entrées qu'offre le *Journal* (chroniques et théories théâtrales, musicales, poétique personnelle et témoignages sur la genèse de ses œuvres, critique des philosophes et particulièrement de Voltaire...), l'anecdote et le bon mot aux dépens d'autrui occupent une place non négligeable.

---

3   Ce même roman lui inspire également une comédie intitulée *La Veuve philosophe*, jouée en 1757 chez madame de Meaux, devenue *La Veuve*, publiée en 1764, représentée à Bordeaux en 1767, puis à Paris en 1770.

4   Jouée chez madame de Meaux en 1759, représentée et publiée au Théâtre français en 1763.

5   Deux volumes autographes ont été perdus, correspondant aux années 1752-1753, 1761-1762. Ces deux dernières années ont été retrouvées et publiées par Adolphe Van Bever. Nos éditions de références sont celles de H. Bonhomme (*Journal et Mémoires de Charles Collé*, Paris, Firmin Didot, 1868) et d'A. Van Bever (*Journal historique inédit pour les années 1761 et 1762, publié sur le manuscrit original et annoté par Ad. Van Bever, avec la collaboration de G. Boissy*, Paris, Mercure de Franco, 1911). Les pages sont données dans l'édition H. Bonhomme, le chiffre romain pour le tome, le chiffre arabe pour la page, sans autres précisions (ex. II, 124 = tome II, p. 124), à la différence de l'édition Van Bever, dont les références sont précédées de VB).

Comment et pourquoi insérer des textes, courts, anecdotiques, spirituels, dénués de rapports directs avec le scripteur-diariste? Ainsi, en juin 1750, Collé écrit: 'Fuzelier, que je rencontrai hier, me fit part de deux anecdotes qu'il a vues se passer sous ses yeux, et que je ne veux point perdre'. Suit une anecdote concernant Lesage. En retard pour une lecture de son *Turcaret* chez la duchesse de Bouillon qui lui reproche de lui avoir fait perdre une heure, il réplique fièrement: 'Eh bien, [...] je vais vous faire gagner deux heures' (I, 187) et part. Le récit est suivi d'une appréciation enthousiaste de Collé qui loue cette trop rare fierté d'homme de lettres. Sans rapport apparent, l'anecdote suivante met en scène une conversation au cours d'un dîner. Les deux courts récits sont encadrés de considérations sur la validité de la source. Taxinomie (Collé appelle ces deux textes 'anecdotes'), insertion au sein d'une autre actualité, juxtaposition sans effet de série, insistance sur la déontologie du témoignage rapporté, présence ou absence d'un commentaire qui donne un sens plus large à l'anecdote: toute la problématique est là.

En effet, l'établissement d'un corpus, sinon exhaustif, du moins très fourni, soulève le problème de la définition de l'anecdote et du mot, comme de la terminologie employée par Collé et de la typologie qu'elle peut suggérer, sachant par exemple que la plupart des anecdotes comporte un bon mot. Une étude des modes d'insertion ainsi que de la forme rendra compte du fonctionnement de ces textes brefs. Enfin, les modalités du témoignage et les commentaires de Collé permettront de suggérer une interprétation de ces instantanés.

Un corpus problématique

Une taxinomie hésitante: anecdote ou bon mot?

L'édition de 1868 résout le problème de l'identification par un artifice typographique qui consiste à transcrire les bons mots en italique, pratique qui permettrait une lecture anthologique et s'accorde avec celle

de ces florilèges de 'traits' en faveur auprès du public.[6] Un second
critère d'identification, interne celui-ci, est celui de la concision, de la
densité de la pensée. Nous nous rallierons dans un premier temps aux
définitions proposées par A. Montandon et D. Hadjadj,[7] qui inscrivent
l'anecdote dans un réseau de notions telles que le moment narratif, la
facticité, l'inédit, la singularité, la représentativité, la brièveté, l'effet qui
donne à penser, l'écriture de la pointe et du renversement. Autant de
caractéristiques que résume cette première définition: 'Aussi l'anecdote
reste-t-elle limitée à sa fonction de relation d'un fait court, saillant,
authentique, remarquable, souvent paradoxal, renonçant à toute
amplification et à tout développement littéraires'.[8] Éléments qui nous
autorisent à éliminer de notre corpus les épigrammes et les formes
assimilées qui obéissent à un autre code stylistique, de même que les
formes plus étendues. Ainsi à propos de la candidature de Piron au
fauteuil de l'abbé Terrasson, les propos rapportés de la Chaussée,
adversaire de Piron, et la défense de Duclos (I, 199) ne peuvent
s'apparenter à un bon mot en raison de leur longueur (plus d'une dizaine
de lignes) et de leur système argumentatif qui les font échapper à la
stratégie ironique et allusive.

Les termes utilisés par Collé pour introduire ces textes varient. Du
plus narratif au plus théâtral, on trouve 'anecdote', rehaussée par
'plaisante' (II, 340), associé au verbe 'conter' et à son synonyme 'qu'on
ne veut point perdre' (I, 186; I, 236), 'aventures' dont la suite pourrait
constituer une 'histoire' (I, 241) mais qui ne sera pas écrite ou qui, si elle
l'est, échappe au code de l'anecdote parce que trop longue, 'conte' pris
comme synonyme d''histoire', souvent précédé de 'petit' (II, 347):
'voici une histoire, ou, si, l'on aime mieux, un petit conte que l'on m'a
donné pour mes étrennes' (I, 269), 'plaisanterie' utilisée seule ou avec

6   Une note en bas de page de Honoré Bonhomme signale une plaquette intitulée
     Maranza-Kintana ou les pensées ingénieuses et naïves du sieur Maranzac,
     recueillies et imprimées par la duchesse de Bourbon-Condé et l'abbé de
     Grécourt (I, 317).
7   Alain Montandon, *L'Anecdote*, actes du colloque de Clermont-Ferrand (1988),
     Clermont-Ferrand, Faculté des Lettres et Sciences humaines de l'Université
     Blaise-Pascal, 1990, A. Montandon, *Préface*, pp. V-VI; Dany Hadjadj
     '*L'anecdote au péril des dictionnaires*', pp. 1-20.
8   A. Montadon, ouvr. cité, préface, p. VI.

un adjectif laudatif comme 'fine' (II, 324) ou 'bonne' (I, 210), dont l'effet est renforcé par l'expression qui 'a pris' (I, 268), 'mot' associé avec des qualificatifs mélioratifs comme 'bon' ou légèrement péjoratifs comme 'gros' (II, 324), 'trait' parfois associé à 'bien singulier' (III, 47). Collé se sert de ces termes, liés à sa subjectivité et à sa conception de l'anecdote et du mot, pour créer des oppositions et introduire une hiérarchie: 'je puis joindre à cette fine plaisanterie, pour faire contraste, le gros bon mot du comédien Bouret, qui fait les rôles de niais, et même assez bien. Mlle Luzy sa camarade, qui n'a pas le sens d'une oie, disait assez haut pour qu'il l'entendit, qu'il jouait fort bien les rôles bêtes... Oui, mademoiselle, reprit Bouret, et votre suffrage sur cela est bien flatteur; vous devez vous y connaître, monsieur votre père en faisait' (II, 324). Tous ces terme renvoient à une même poétique fondée sur la libre résurrection par l'écriture des faits et des personnes selon les caprices de la mémoire, au risque d'encourir le reproche de radoter: 'Mon *Journal* est composé en partie dans cette idée-là et j'y veux rassembler tout ce que ma mémoire me rappellera de singulier, à mesure que l'occasion s'en présentera' (I, 313) [...] Quand on devrait me prendre pour une vieille qui conte, et à qui une histoire rappelle le souvenir de dix autres' (I, 316).

De notions qui se recouvrent: anecdotes avec ou sans mot

En fait, anecdotes et mots recouvrent des réalités assez proches, témoin le titre donné à l'ouvrage auquel collabore Collé, *Anecdotes dramatiques*, publiées par Clément et l'abbé de La Porte,[9] qui mêle des petits faits concernant les représentations, des critiques, des rumeurs et des pointes spirituelles. Dans le *Journal*, l'anecdote se caractérise par un contenu narratif plus fourni: les circonstances, certaines attitudes des protagonistes, un ton, une gestuelle, voire une information sur les mouvements psychologiques des acteurs sont spécifiés, qui assimilent ce

---

9   *Anecdotes dramatiques*, publiées par Clément et l'abbé de La Porte en 1775, auxquelles Collé fait allusion en octobre-novembre 1770: 'J'ai passé le mois d'octobre à la campagne; j'y ai travaillé à rassembler des anecdotes de théâtre, que j'ai recueillies dans les volumes du présent Journal' (III, 275).

petit texte à une ébauche de nouvelle. Ainsi toujours à propos de l'anecdote avec mot de Lesage, l'attitude de la duchesse de Bouillon est précisée par 'un air d'impatience et de hauteur', 'un ton aigre' et du côté de Lesage, par l'adverbe 'froidement'. En revanche, les développements narratifs ou descriptifs attendus dans une nouvelle sont coupés, témoins ces indéfinis qui justifient la situation sans donner de détails et laissent le mot en relief: 'quelques affaires [...] quelque chose qu'on fît, et quoiqu'on courût après lui sur l'escalier...'. Dans le mot, l'échange verbal l'emporte sur le récit, ce que souligne l'appréciation esthétique qui glisse vers le théâtre: 'Le mercredi, à Bagnolet, l'on me conta un trait de financier qui se placerait très bien dans une comédie' (II, 305). Cependant, cette division bi-polaire qui placerait l'anecdote du côté du narratif et le bon mot du côté du théâtral doit être nuancée. Dans le *Journal* en effet, la plupart des anecdotes s'achèvent sur un mot, pointe spirituelle et conclusion du texte. La structure la plus fréquente est donc la suivante: annonce de l'anecdote qui va suivre, noms des personnages mis en cause, relation rapide des circonstances, récit bref des événements dans leur déroulement chronologique, insertion de l'échange verbal. On relève très peu d'anecdotes dépourvues de mots. L'esthétique adoptée par Collé est celle de la résurrection par le souvenir des instants passés, caractérisés par l'afflux de propos rapportés et spirituels caractéristiques du XVIIIe siècle. Les critères d'identification sont la longueur des répliques, leur teneur informative, leur qualité d'échanges. Ainsi, quand Collé rapporte que Voltaire se lève au milieu d'une représentation houleuse de *Nanine* et s'écrie: 'arrêtez, barbares, arrêtez' (I, 83), il s'agit plus d'une anecdote que d'un mot. De même, le feuilleton à rebondissements des dissensions entre monsieur et madame de La Popelinière ressort du narratif pur (I, 379). Et 'l'histoire' du duel entre Dangé et Périgny (I, 46-47) penchera du côté de l'anecdote sans mot, à cause de l'extension que prend le récit des circonstances, de la chronologie du récit, de la place centrale et non conclusive qu'occupe un échange de répliques qu'on ne peut assimiler à un mot. Inversement, certains textes ne sont conçus qu'en fonction du mot vers lequel ils tirent une information réduite au minimum. Par exemple, le rappel des amours de madame du Châtelet et de sa dernière grossesse ne sert qu'à amener un mot cruel: 'Mais quelle diable d'envie a donc pris à madame du Châtelet de coucher avec son mari? –Vous verrez, répondit-on, que c'est une envie de femme grosse' (I, 69). Toutefois, les formes mixtes sont fréquentes. De l'anecdote au mot rapporté, il semble qu'il y ait plus souvent une question de proportion que de réelle différence de nature, que le badinage ou le persiflage10 du siècle tend à effacer. Ainsi, la première représentation de *Catilina* de Crébillon père donne lieu à une suite d'informations parfois difficiles à classer: un mot du maréchal de Saxe à propos des comédiens jugés mauvais: 'Voilà un triomphe, monsieur, et, en vérité, il faut être un grand capitaine pour gagner une bataille avec de pareils soldats', quelques précisions sur des vers retirés et une 'plaisanterie' ou un 'badinage' de la part de Collé. Celui-ci commence par complimenter Crébillon en le comparant à Corneille, à Racine, à l'abbé Pellegrin, puis à lui-même en citant quelques vers amphigouriques dignes de *Cocatrix* avant un dernier mot critique. On applique à l'épître dédicatoire à madame de Pompadour un vers de *Catilina*: 'Il sera toujours grand, s'il est impénétrable' (I, 40-42).

Vers une typologie des anecdotes et des mots

Une fois ces questions de dénomination éclaircies, on peut esquisser une typologie des anecdotes et des mots en fonction de leur contenu. La majeure partie des anecdotes concerne, comme on peut s'en douter, la vie littéraire, et plus précisément l'actualité théâtrale parisienne dont Collé donne un compte-rendu événementiel en accord avec le genre du journal littéraire. Les représentations et les reprises donnent lieu à de brefs récits qui mettent en scène les différents partis: désaccord de Roi et de l'abbé Chauvelin à propos de la reprise du *Mahomet* de Voltaire (I, 352), réactions diverses à la représentation de *Catilina* de Crébillon (I, 40-42), du *Guillaume Tell* de Lemierre, du *Siège de Calais* de Du Belloy. La liste des pièces à propos desquelles existent des anecdotes dignes d'être conservées par Collé éclaire pour un lecteur du XXe siècle les phénomènes de réception et les débats esthétiques contemporains. Les campagnes d'élection à l'Académie française se taillent également une belle part dans cette histoire ponctuelle de la vie littéraire (comme la

10   Voir à ce sujet E. Bourguinat, *Le Siècle du persiflage, 1734-1789*, Perspectives Littéraires, Paris, PUF, 1998.

candidature du maréchal de Belle-Isle, I, 78-80). La deuxième catégorie
la plus présente est celle des anecdotes à caractère social et particulièrement tout ce qui concerne la disconvenance. L'infraction à un
code, le contraste entre deux corps sociaux, entre deux sociolectes
donnent matière à une histoire plaisante, assortie ou non d'un mot. Duel
entre un fermier général et un maître des requêtes (I, 46-47) qualifiée
d'"autre histoire plus ridicule', épilation intempestive d'une provinciale
naïve (I, 269), vengeance ourdie par deux femmes contre une rivale à
qui elles font accroire l'existence d'une certaine madame Janua qui n'est
autre qu'elle-même (I, 73-75), vente forcée du château de madame de
Pompadour à monsieur Roussel, (I, 175), effroi du médecin Sénac que le
maréchal de Saxe entraîne sur un champ de bataille (I, 209). Un
troisième ensemble regroupe les anecdotes à caractère sexuel: adultère
(la plaque de cheminée permettant au duc de Richelieu de s'introduire
chez madame de La Popelinière, I, 25-26), démêlés conjugaux (le
mémoire des frais d'une petite maison apporté par erreur au mari
trompé, I, 31), souvenir paradoxalement heureux d'un viol qui se
conclut par ces mots 'Ah, charmant voleur! ah! voleur charmant!' (I,
241). Deux autres groupes peuvent être distingués, avec un nombre
d'occurrences nettement inférieur, celui des anecdotes personnelles qui
concernent Collé et ses commanditaires (Collé lors de la lecture faite au
duc de Chartres du *Duc d'Avranches*, première version de *La Vérité
dans le vin*, s'assoit avant d'en avoir été prié, I, 17-18) ou ses difficultés
à faire représenter *La Partie de chasse de Henri IV* ainsi que quelques
anecdotes de cour à résonance politique (autour de la maladie de
madame de Pompadour (III, 347-348).

De son côté, la typologie des mots d'esprit contribue à l'étude de
ces manifestations d'esprit si nombreuses et diversifiées au XVIIIe
siècle dont des ouvrages comme le *Journal* de Collé garde la trace, alors

que leur statut de parole les destinait à disparaître. Parmi les catégories les plus fréquentes, notons celle du mot du mourant, assez attendues dans un Journal qui garde la mémoire des êtres et pratique la notice nécrologique. Ces dernières paroles[11] peignent des mourants, impénitents au sens large du terme, qui refusent de plier devant la convention sociale ou religieuse. Cette caractéristique commune permet à Collé de les rassembler en séries constituée en un sous-genre possédant ses règles de fonctionnement, (mort du Marquis de Prie, du chevalier de Kinsonnat et extrême-onction du chevalier de Grille, I, 315-316, mort de M. de Vintimille, I, 88-89; de Roselly ou de Crébillon père, I, 78), fierté d'un officier au champ d'honneur qui refuse la grâce que lui accorde trop tard le roi, I, 249). Une deuxième catégorie, assez représentée, est celle de l'injure déguisée sous un trait d'esprit, appelée 'rosserie' ou 'botte', que Collé relève fréquemment dans le monde des acteurs dont il se plaît à épingler les querelles d'amour-propre. Là encore, des similitudes sont à l'origine de séries: on trouve trois traits décochés contre les comédiens reprenant les accusations habituelles d'inconduite (deux bons mots contiennent des allusions à la prostitution) ou de bêtise (I, 197-199, II, 340 sur les fautes d'orthographe de la Clairon). L'attaque ironique est évidemment fréquente dans le monde artistique. Le talent des hommes de lettres (Poinsinet: 'cet auteur qui n'a vu le monde qu'à la porte' II, 377), des librettistes (particulièrement Cahusac, I, 23), des prétendants à l'Académie française, des comédiens (I, 40; II, 99) est alors mis en doute, balayé d'un jeu de mots qui, s'il n'émane pas de Collé, sert sa critique. Un troisième groupe concerne les jeux de mots autour des interdits sexuels. Si la chose est consommée et connue, reste à la désigner de manière allusive et spirituelle: système de répliques avec variation autour du terme de 'cocu' entre le prince et la princesse de Conti[12] (I, 23), retour diplomatique de monsieur du Châtelet (I, 69), prétendue vérole de d'Argenson (I, 40), accusations de pédérastie contre les Jésuites (I, 28).... Les disfonctionnements politiques engendrent

---

11   Ce mot du mourant est sans doute à rapprocher de l'épitaphe, quand elle peint le défunt sous ses véritables traits, sans le louer à l'excès.

12   'En partant pour l'Isle-Adam, où elle n'allait pas avec lui, il lui dit en badinant: "Ah, ça, madame, ne me faites point cocu pendant que je n'y serai pas! –Allez, monsieur, lui dit-elle, partez tanquillle; je n'ai jamais envie de vous faire cocu que quand je vous vois"' (I, 23).

également des traits qui courent dans Paris: après le simulacre de mise aux enchère des sous-fermes, le contrôleur-général se rend à l'opéra entendre *Zoroastre*, ce qui fait dire à un 'mauvais plaisant que ce ministre était bien petit-maître d'aller à l'Opéra en sortant de la comédie' (I, 111). De même, les changements ministériels occasionnés par l'exil de Maurepas donnent lieu à l'échange suivant: 'A qui donnera-t-on la marine? De mauvais plaisants répondaient qu'elle était donnée aux Anglais' (I, 71). A propos des incarcérations arbitraires, Collé rapporte que M. de Lauraguais arrêté par lettre de cachet, à qui l'exempt raconte que le roi a manqué trois cerfs, s'écrie: 'Eh, que ne les faisait-il arrêter par lettre de cachet?' (II, 317). Les institutions sont brocardées, le Parlement (II, 335), l'Académie (II, 324)... A l'inverse du mot d'esprit qui place le locuteur et l'interlocuteur dans une position de supériorité, il faut mentionner la bêtise, sorte de gaffe, qui renverse la perspective du bon mot puisque le locuteur retombe en position d'infériorité et que le rire se déplace. Collé définit ainsi cet usage de l'esprit à rebours chez le librettiste Balot qu'il déteste: 'Ce Balot est un personnage ridicule, qui ne dit pas un mot sans faire une comparaison, ordinairement basse, mais toujours déplacée' (I, 23). Les préjugés de Collé les lui font trouver encore chez les comédiens professionnels, ignorants en matière de religion (Beaubourg qui croit que le pape a condamné l'Ancien Testament dans la bulle Unigenitus, la Champmeslé qui s'informe auprès de Racine de l'existence de l'Ancien et du Nouveau Testament I, 114) ou les faux spirituels comme cette Mme Préandeau, 'une des plus belles, mais des plus bêtes créatures que Dieu fit' qui aurait dit à propos de l'écartèlement de Damien: 'Ah, Jésus, les pauvres chevaux, que je les plains!' (II, 86).

Le fonctionnement

Les modalités d'insertion du mot et de l'anecdote

L'adjectif 'historique' accolé au titre du *Journal* souligne sa vocation à s'ouvrir au monde extérieur, à l'inverse du mouvement narcissique également possible dans ce genre autobiographique. Cependant, le texte ne saurait se réduire à un journal littéraire, comme ceux du XIXe siècle. Une actualité variée, comme l'a montré l'approche typologique y apparaît. Parallèlement, l'entité de ces textes brefs, qu'ils s'apparentent à la nouvelle dans le cas de l'anecdote ou au théâtre dans le cas du mot oblige à s'interroger sur leur insertion dans le tissu du *Journal*. Quelle sont les marges du mot et de l'anecdote, comment sont-ils appelés au fil d'un texte dont le plan est chronologique, sont-ils juxtaposés sans lien ou constitués en ensembles dont il faudra trouver la logique?

La première justification est chronologique, en accord avec le principe extérieur de composition de l'ouvrage. Par exemple, en novembre 1748, à une heure que précise le texte, Collé reçoit un mot de M. de Montauban qui lui a fait obtenir de lire sa pièce (alors intitulée *L'évêque d'Avranches*, qui deviendra *La Vérité dans le Vin*) au duc de Chartres et se place alors l'anecdote déjà évoquée: Collé s'assoit avant d'en avoir été prié (I, 18). L'anecdote est encadrée par le récit des manœuvres de M. de Montauban et, plus largement, par un compte-rendu de l'actualité théâtrale. La chronique théâtrale des premières et des reprises accueille ainsi anecdotes et bons mots. Le 12 janvier 1758, Collé signale la première d'*Oreste* de Voltaire, les manifestations de mécontentement du public, les retouches apportées dès la seconde représentation et la modification du vers d'Horace imprimé par Voltaire sur le billet ('Omne Tulit Punctum Qui Miscit Utile Duci' en 'Oreste, Tragédie Pitoyable que Monsieur Voltaire Donne' (I, 122-123). La chronologie se justifie également pour les anecdotes à rebondissements, qui s'apparenteraient à un feuilleton, comme les campagnes à l'Académie ou les démêlés conjugaux du couple de la Popelinière et du duc de Richelieu. La première occurrence est introduite par 'le 28 (dans le chapitre de novembre 1748), M. le maréchal de Saxe fit faire, dans la plaine des Sablons, la revue des uhlans; pendant ce temps-là M. de la Popelinière faisait faire chez lui la recherche d'une ouverture que l'on avait pratiquée dans le mur mitoyen de sa maison [...]'. Le lien entre la revue et la découverte n'est pas fortuit, puisque Mme de la Popelinière assiste à la revue et qu'elle demande au maréchal de Saxe d'intervenir en sa faveur auprès de son époux... (I, 25-26). Le couple revient à l'actualité du *Journal* le mois suivant, avec les détails financiers des travaux, à la suite d'un autre scandale conjugal auquel il s'apparente thématiquement (I, 31). La chronologie immédiate peut être bouleversée quand l'anecdote vient d'une tierce personne et non de Collé ou d'un de ses proches: elle est alors rapportée au temps de sa relation et non à celui de son actualité. Ainsi, le mois de mai 1749 commence par 'Mme de Marville et Mme de Luxembourg [...] ont joué, il y a quelques mois, un tour bien sanglant [...]' et l'insertion du récit à cette date est justifiée par les précisions sur les sources (I, 73-74). Collé se fait alors le scripteur des histoires des autres, selon un processus toujours similaire, du type de celui-ci: 'M. Legrand, prévôt de Saint-Germain, me contait, ces jours-ci, une histoire dont il m'a fort assuré la vérité; la voici [...]. (I, 106). Ce schéma se retrouve notamment dans les récits de soirées. Après une ou deux représentations de pièces de société, un souper, la conversation roule sur des 'histoires' racontées par les participants: 'Le 6 octobre, je fus à Berny [...] M. de Rongoll, dont je viens de parler, nous conta, à propos de quelque chose qui se disait dans la conversation, une anecdote qu'il nous assura véritable' (I, 236).

La similitude des situations ou la présence des mêmes personnages permettent de disposer les anecdotes les unes à la suite des autres. Ainsi l'épître de Voltaire au président Hénault, datée du 18 décembre 1748, est rapportée et critiquée ce même mois. Deux vers ('Près d'un grand roi sans courtisans / Près de Boufflers et d'Émilie') introduisent le commentaire scandalisé de Collé ('quelle impertinence outrée de se mettre en partie carrée avec le roi Stanislas!') et une anecdote avec mot entre Mme de Boufflers et ses deux amants, le roi et le chancelier de La Galaisière (I, 37). Dans ces suites, le lien peut être souligné par Collé ('je me souviens à ce sujet d'une aventure' I, 285, 'cette aventure me rappelle' I, 241). L'intérêt peut être rehaussé par des intensifs, qui orientent la juxtaposition vers une progression, du type 'une autre histoire plus ridicule est celle de' (I, 46).

Les modalité d'insertion du mot sont en partie comparables: prééminence de la chronologie soit par le témoignage direct de Collé, soit par un témoin ('L'on me conta', 'L'on vient de me conter' II, 304-305), soit par la rumeur ('On débitait ces jours-ci', II, 124). L'actualité politique est peu présente (maladie de Madame de Pompadour, exécution de Lally-Tollendal (II, 347-348; III, 96). A l'inverse, l'actualité théâtrale justifie une grande partie des mots. Ainsi, après la première de *Sémiramis*, le 26 août 1748, Dutartre rencontre Voltaire au foyer 'qui se débattait avec le prince de Wirtemberg pour ne pas aller dîner chez lui quelques jours après à Versailles', et lui explique qu'il en use de même avec le roi à qui il aurait dit: 'Sire, quand votre Majesté voudra de moi, elle aura la bonté de me donner ses ordres' (I, 3). La rencontre avec le donneur de 'mot' ('On m'a conté ces jours derniers...) justifie l'autonomie du mot et l'absence de liens avec ce qui l'encadre. Ainsi, Collé commence le mois de mars 1749 en évoquant son séjour à Étioles, son affaire des sous-fermes, puis une plaisanterie faite au dernier carnaval qui vient de lui être rapportée, et enfin la dernière représentation de *L'École de la jeunesse* de La Chaussée, selon un éclectisme de ton et de sujet typique de la libre écriture pratiquée dans son *Journal* (I, 58). Plus fréquemment encore que l'anecdote, le mot est prononcé ou rapporté lors de soupers, de rencontres dans les foyers, dans tous les lieux de la sociabilité. Il renforce généralement la cohésion du groupe souvent en excluant l'élément étranger extérieur aux normes tacites. Il ouvre également le lieu clos du salon à l'actualité immédiate extérieure. Le schéma type est celui d'un visiteur qui apporte la dernière rumeur de Paris, de Versailles ou d'ailleurs: 'Avant ces lectures, M. de duc de Luxembourg vint faire une visite à Orry; il arrivait de Fontainebleau; il nous dit que... (I, 14), 'Un abbé qui arrive de Rome contait hier une pasquinade qu'on y a faite nouvellement contre les jésuites' II, 319. On dresserait à cet égard une liste des pourvoyeurs les plus sollicités par Collé: Crébillon père (I, 28), Fontenelle dont plusieurs mots sont cités en série (I, 281) ou le roi de Danemark venu en France pour s'instruire et dont on cite 'mille traits sensés et spirituels' (III, 211). Parfois, au delà d'une apparente association d'idées, une trame se dessine, probablement celle qui guida consciemment ou non Collé lui-même. Ainsi, à propos des représentations des *Fêtes de l'hymen* de Rameau, Collé critique Cahusac et rapporte le mot cinglant de Dutartre: 'je serais fâché que cette source se perdît [en parlant de la musique de Rameau], mais je souhaiterais que ce ne fussent pas des cruches qui la recueillissent', critique qui touche également Balot, retoucheur des paroles de *Platée*. Suit alors une gaffe de Balot, qui achève de déconsidérer le personnage, sur les cancers du sein chez les femmes et par association, un mot de la princesse de Conti qui 'a pensé mourir au commencement de ce mois-ci'. Mais son mot porte sur l'adultère, preuve de la liberté d'organisation du texte, souvent introduit par 'à propos' comme dans cet exemple où Collé rapporte l'arrivée de Garrick à Paris, puis cite un mot tendre d'un autre Anglais (I, 234). Le lien thématique est parfois très lâche. Une mauvaise interprétation d' *Iphigénie en Tauride* par Le Kain et Belcourt amène par exemple un mot de Piron sur la troupe qui a massacré son *Fernand Cortez*: 'De pareils comédiens feraient tomber l'Évangile, s'ils le jouaient; et pourtant il y a dix-sept cents ans que cette pièce se soutient' (II, 99). La fantaisie de la mémoire est revendiquée: à la suite du mot du médecin de Molé, Colle écrit: 'Cela me rappelle une gentillesse de M. le comte d'Artois quoiqu'elle n'ait aucun rapport au bon mot de M. Bouvart' (III, 116).

La forme du mot

La forme la plus fréquente est celle de la réplique puisque le mot s'inscrit dans le cadre d'une conversation, d'un échange dont il assure la pointe spirituelle et dont il ne peut se séparer car il en constitue une figure d'extension par divers moyens rhétoriques (sens propre, sens littéral, métaphore, métonymies) selon le tour d'esprit et l'habileté de l'auteur de mot. Un tour fréquent consiste à jouer sur un couple de termes ordinairement associés, mais en les déplaçant dans un contexte qui leur est étranger, ce qui a pour conséquence de rompre les habitudes de pensées et de mettre en valeur le locuteur spirituel. Ainsi, Fontenelle demande à Ninon sur quoi s'est fondé son refus d'aller demeurer à Versailles, elle réplique: 'Comment, moi qui, lorsque j'étais jeune et belle, n'ai jamais voulu vendre mon corps, vous croyez qu'à quatre-vingts ans j'irais leur vendre mon âme?' (II, 5) avec cette double opposition des âges et du couple 'âme-corps', particulièrement motivée par la personnalité de Ninon. L'échange entre le chevalier de Boufflers et sa mère qui ne peut devenir dévote: 'je n'aimerai jamais Dieu. –Ne répondez de rien [....] si Dieu se faisait homme une seconde fois, vous l'aimeriez sûrement' (II, 304) s'appuie sur l'opposition 'Dieu/homme' démultipliée par le verbe 'aimer' religieux et profane. La situation réelle peut ainsi être retournée à l'avantage du locuteur, comme dans cette annonce faite par le comédien Le Grand qui vient d'être sifflé: 'Je souhaite, messieurs, de vous faire autant rire dans la comédie que je vous ai fait rire dans la tragédie'. (II, 275), dans une assimilation qui modifie l'opposition habituelle des deux registres.

Le jeu de mot est un cas particulier de ces ruptures de la convention. Un même terme est pris au sens propre et au sens figuré comme dans le mot de Dutartre à propos des mauvais librettistes de Rameau ('je souhaiterais que ce ne fussent pas des cruches qui la recueillissent') ou celui du duc d'Ayen (au roi qui lui reproche de ne pas être bon Français puisqu'il n'aime pas la tragédie du *Siège de Calais*, celui-ci répond: 'Ma foi, Sire, je voudrais que les vers de cette pièce fussent d'aussi bons français que moi' (III, 21). Le proverbe sert de point d'appui à certains mots, au premier comme au second degré. Ainsi, Rouillé, las des différents portefeuilles ministériels que lui impose le roi, refuse une dernière proposition en arguant que 'tant va la cruche à l'eau qu'à la fin elle se brise'. Ce à quoi Collé ajoute: 'Comme M. Rouillé est un peu bête, et même plus qu'il n'est nécessaire, cette réponse factice allait très bien dans sa bouche et je suis de cet avis' (II, 68). Mais le proverbe peut être retourné au gré d'une gymnastique d'esprit plus élaborée à la fois pour le locuteur et l'auditoire. Après la septième et dernière représentation du *Guillaume Tell* de Lemierre, un acteur déclare 'que le proverbe 'point d'argent, point de suisses', ne pouvait être appliqué aux représentations de *Guillaume Tell*, attendu qu'on contraire on y trouvait beaucoup de Suisses et peu d'argent' (III, 119). Ce travail sur les formes figées peut toucher les expressions. Ainsi à propos de l'affaire du duc de Fitz-James et des parlements, M. Portail croit clore la discussion qu'il a avec 'une femme de beaucoup d'esprit' en disant 'il n'y a de si bon cheval qui ne bronche. Mais la dame lui répliqua vivement: pour un cheval passe, mais toute une écurie, ma foi, cela est trop fort!' (II, 335). Le mot d'esprit cultive en effet les rapprochements inattendus. Il peut en cela être servi par les événements: ainsi, la même nuit, Marie-Antoinette accouche d'un prince et le feu prend aux écuries, ce qui fait dire: 'Nous devons tout espérer de ce prince-ci, en naissant, il réforme déjà l'écurie' (I, 347). Mais, les mots savent se passer des coïncidences. Piron assimile la religion à une pièce de théâtre (II, 99), le roi de Prusse applique à Dieu, désormais seul allié des Anglais selon leur ambassadeur, un raisonnement de militaire victorieux ce qui donne ce dialogue: '–Eh bien, que va faire à présent le roi d'Angleterre? –Tout ce qu'il pourra, Sire, il remet tout entre les mains de Dieu. –Je ne connaissais pas cet allié-là! –C'est pourtant l'allié la plus solide, et le seul auquel nous ne payons pas de subsides. –Aussi, vous voyez comme il vous sert' (II, 125). Dans le cas de la bêtise, l'impropriété est involontaire et engendre le rire des autres contre le diseur, comme pour ce valet qui parle d'une 'dysenterie du nez' (III, 118). Mais généralement, le public est tellement rompu à ces jeux d'esprit que les glissements de sens peuvent rester allusifs, par exemple pour sauvegarder la décence: 'il s'arrêta là au moment que la reine elle-même l'arrêtait en éclatant de rire, aussi bien que tout ce qui était présent' (III, 55-56). Prolonger, c'est risquer l'outrance, l'absurdité comme ce mot de la duchesse d'Orléans 'qui ne saisissait les objets que du côté plaisant' et qui, à propos d'un fœtus pétrifié, dit que 'si pareille aventure lui était arrivée, pour ne point laisser son enfant sans éducation, elle n'aurait point manqué d'avaler un précepteur' (II, 317).

La valeur au sein du *Journal*

Qui parle, à qui et de quoi?

A la différence d'un recueil d'anecdotes et de bons mots détachés de leur contexte, comme le veut la publication spécialisée, le *Journal* de Collé précise les modalités par lesquelles les information lui sont parvenues. On note trois cas de figure. L'anecdote et le bon mot émanent de Collé, soit parce qu'il en est le témoin direct ou l'auteur, cas possible mais assez rare sur l'ensemble du corpus.[13] Deuxième cas, de loin le plus fréquent, l'anecdote et le bon mot sont rapportés à Collé par un témoin dont l'identité est connue. Les informateurs de Collé appartiennent au monde qu'il côtoie, en premier lieu tous ceux qui touchent au théâtre et aux arts en général, en second lieu ceux qui touchent à la Cour et au monde politique que Collé ne fréquente guère, même par l'intermédiaire de ses commanditaires. Enfin, en dernier lieu, Collé rapporte des rumeurs ou des plaisanteries sans en préciser la

---

13   Il se juge en ces termes: 'J'ai trouvé dans ma vie tant de gens d'esprit, vis-à-vis et en comparaison desquels je me suis vu et reconnu réellement comme une bête que je ne serais point surpris singulièrement si l'on me démontrait que je le suis' VB 15.

source, soit que l'identité du 'bon' ou 'mauvais plaisant' soit dénuée d'intérêt, soit qu'il préfère la taire (mais le texte ne précise pas pourquoi), soit qu'il s'agisse d'un bruit d'origine indéfinie. On note une convergence entre l'identité des témoins ou rapporteurs et la teneur de leurs propos. La plupart des anecdotes et bons mots littéraires sont dus à des gens de lettres, tandis que les nobles et le personnel politique sont en charge de l'actualité politique, économique et sociale. Une nuance doit être apportée en ce qui concerne les propos de salons, faits-divers et potins pour lesquels il n'existe pas de distinction. La rumeur, ('on dit, on débite, il court, on prétend une rumeur, un mauvais plaisant') colportée par les on-dit, concerne les affaires conjugales et extra-conjugales, les mots contre les hommes politiques, les mouvements de société comme ces émeutes autour d'enfants soi-disant enlevés pour libertinage (I, 170-172). Outre des scandales de toute sorte, elle se complaît dans les histoires extravagantes. Collé en évoque trois à la suite (I, 119-120), de moins en moins crédibles. C'est d'abord l'histoire 'véritable' d'une jeune fille qui se fait passer pour une enfant sauvage, privée de toute éducation, dans le but d'apitoyer et de recevoir l'aumône (I, 117), puis celle d'un fils de famille qui détrousse les gens dans Paris, 'que [Collé] ne garantit pas [...] quoique bien des gens l'assurent' et enfin 'un conte encore moins vraisemblable que le précédent' sur une fille à marier dont le visage de mort est caché par un masque d'argent... Ce dernier fragment est intéressant, car Collé, qui lui dénie toute vraisemblance, s'autorise à rêver sur ce motif de la la fille difficile à marier et en tire un conte érotique et anticlérical dans la veine de certaines de ses chansons ('j'ai brodé cette histoire d'une autre manière et je mettais un *mais* plus agréable', I, 119).

Il est en tout cas frappant que Collé précise toujours par quel biais anecdotes et bons mots arrivent dans le *Journal* et qu'il précise leur degré d'authenticité. Un véritable pacte est passé avec le lecteur et explicité dès janvier 1750 (le *Journal* commence en septembre 1748): 'Dans la suite de ce journal, je n'appuierai plus sur la vérité des faits que j'avancerai. Dès que je ne les donnerai pas pour douteux, ce sera un signe certain qu'ils seront de la dernière certitude ou qu'ils seront de notoriété publique'. Il n'hésite pas à questionner ses témoins, demandant ainsi deux fois à Laplace si la sortie de Voltaire pendant une représentation de *Nanine* (en juillet 1749) est vraie, ce qui l'autorise à confirmer l'anecdote dans une note de 1780. Il insiste sur la proximité du témoin avec l'auteur du bon mot et sur la fraîcheur de la nouvelle. L'exactitude des termes lui semble ainsi garantie et lui permet de rapporter le mot au style direct, preuve selon Collé de son exactitude... Toutefois, il l'accompagne de qualificatifs assimilables à des indications scéniques ou à des remarques psychologiques omniscientes dans lesquelles on ne peut méconnaître l'intervention de l'écrivain, preuve que ces textes se situent sur une frontière étroite entre le fait journalistique et l'écriture théâtrale ou romanesque. En cas de doute, un commentaire de Collé met en garde le lecteur. Le terme de 'conte' est généralement appliqué à un récit suspect d'embellissement. Ainsi, à propos du mot du père Jésuite et de son interprétation pédérastique, Collé adjoint au nom du rapporteur (Crébillon père) les termes suivants: 'toujours gaillard',[14] 'une histoire ou un conte qu'il assurait bien marquer la simplicité du père', 'il prétend' (I, 28). Toutefois, après ces précautions d'usage, Collé maintient les anecdotes et les mots, séduit sans aucun doute par leur pouvoir théâtral ou leur vertu narrative. Ainsi, Collé rapporte le mot du comédien Roselly à son confesseur qui l'exhorte à renoncer au théâtre: 'N'abusez point Probus de l'état où je suis', et il commente: 'Si cela n'est pas vrai, comme il y a à parier, cela n'est pas mal imaginé du moins' (I, 78). De même, à propos d'une série de scandales en cascade autour de bénéfices ecclésiastiques et d'enfants d'abbesse et d'abbé, Collé précise sa source (M. Legrand, prévôt de St-Germain), ne se porte pas garant de l'anecdote ('la voici, l'on en croira ce qu'on voudra'), mais la met en scène avec tout le sel dont il est capable et soigne la chute après la révélation de ces inconduites: 'Le Mirepoix, malgré tout son esprit, resta pétrifié' (I, 106).

Les jugements de Collé

La présence de Collé ne saurait se limiter à ces remarques liminaires, à ces fragments de pacte autobiographique, si intéressants soient-ils dans le cadre d'un *Journal* et de manière générale sur les marges entre réel et écriture. Collé dans l'ensemble des activités qu'il enregistre, est plus

---

14   C'est lui qui raconte l'histoire sur les mœurs pédérastiques des Jésuites.

qu'un chroniqueur. C'est un critique littéraire et un moraliste, deux rôles qui expliquent les commentaires qui accompagnent très souvent anecdotes et mots. Les interventions de Collé se répartissent en deux grands groupes, sachant que nous laissons de côté ceux qui s'attachent à la véracité des propos et qui peuvent constituer le seul commentaire de Collé, pour nous intéresser à ceux qui concernent directement le propos. Le premier groupe constitue une sorte de métatexte autour de l'anecdote et surtout du mot d'esprit. Il en apprécie le fonctionnement avec des élargissements sur le locuteur. Le plus souvent laudatif quand le mot est spirituel, il peut être péjoratif quand il s'agit d'une bêtise ou d'une gaffe. En rassemblant les remarques laudatives, on tire un portrait du bon diseur de mot dont la qualité première est la 'présence d'esprit' (notée par exemple pour d'Argenson importuné par un solliciteur, I, 39). Celle-ci doit cependant rester dans les limites des normes sociales, particulièrement si le donneur de mots est d'un rang social inférieur. Ainsi, Crébillon père rapporte que Dancourt, 'plein de saillies',[15] fut menacé d'une bastonnade par le comte de Livry, jaloux de ces succès (I, 294). Inversement, Collé pourfend celui qui ne sait pas répondre à une réplique spirituelle, qui casse l'échange en le ramenant à la réalité des faits et au sens littéral, témoin cette plate réplique de Dangé qui recule devant un duel en proposant des accommodements: 'Tenez, monsieur, nous ne sommes pas faits pour nous battre, arrangeons tous (sic) cela', alors que son adversaire, 'qui a de l'esprit, lui', avait lancé: 'Voilà le premier trait de prudence que j'aie vu faire à Dangé, il vient avec son confesseur' (I, 46-47). Dans ce dernier cas, le commentaire entre dans une stratégie de dénigrement du locuteur dont on montre au lecteur l'incapacité par de mauvais mots ou des gaffes, qui s'intègrent eux-mêmes dans un ensemble plus vaste (la critique généralisée des librettistes de Rameau, des comédiens professionnels) et qui participent ainsi aux lignes de force du *Journal* et de l'univers de Collé. Collé a également ses haines, dont Voltaire, qu'il doit mentionner par respect de l'actualité littéraire et sociale, mais dont il ne manque pas de souligner les écarts: fatuité, flatterie, invraisemblance, impertinence vis-à-vis des

---

15   Collé signale entre autre ce mot de Dancourt à un jésuite qui lui reprochait son
      état: 'c'est presque le vôtre: toute la différence que j'y trouve, c'est que vous
      êtes comédien du pape, et que je suis comédien du roi' (I, 295).

grands sont le principaux reproches non littéraires qu'il lui décoche régulièrement.[16] Collé, dont le public du XIXe siècle attendait sans doute l'indulgence en égard à ses productions libertines, se montre par ailleurs un moraliste sévère. Il condamne l'adultère de madame de La Popelinière, plaint le mari trompé qu'il lave de toutes les accusations dont l'accable sa femme et charge au contraire celle-ci en raison de son passé (I, 25-27), quitte dans un autre scandale conjugal à se moquer du 'bon époux' qui paie (I, 31). Mais sa critique redouble quand elle conjugue morale et littérature avec la grossesse fatale de Mme du Châtelet. Il brocade les parvenus et qualifie de 'bonne plaisanterie' la question d'un masque à un second Arnolphe-monsieur de La Souche: 'Oserais-je demander à M. de Rieux s'il a appris de M. de Saint-Faire comment se porte M. de Boulainvilliers?' (I, 58). Il s'élève contre l'emploi des termes 'malpropres', 'orduriers' (II, 275), s'étonne parfois du tour d'esprit de certains diseurs de bons mots, ce qui prouve l'existence d'un code social et esthétique du mot et de l'anecdote. Ainsi la familiarité dont use Voltaire dans un lieu public (un foyer de théâtre) pour parler du roi ne paraît 'pas vraisemblable' à Collé, qui ne comprend pas l'esprit de Voltaire, comme le marque l'exclamation qui clôt l'anecdote: 'Peut-on être bête avec autant d'esprit!' (I, 3). Collé reste en revanche d'une extrême prudence dans le domaine politique et, s'il rapporte quelques mots touchant à l'actualité ou aux hommes en place, c'est en qualifiant leurs auteurs de 'mauvais plaisants' (I, 71). Ménage-t-il ainsi ses intérêts vis-à-vis de ses mécènes?

D'une longueur et d'une teneur variable, le commentaire peut être réduit à presque rien, mais la mise en valeur de la chute ou la jubilation à graduer les anecdotes et les mots témoignent à eux seuls du plaisir de Collé.

Essai d'interprétation

La présence des anecdotes et des mots peut s'interpréter à plusieurs niveaux. Ces textes brefs participent à une écriture du souvenir, à une

---

16   On en trouve un exemple assez complet dans l'analyse de l'Épître au président Hénault (I, 35).

fonction testimoniale que Collé entend assurer par le biais du *Journal*. Les anecdotes littéraires et théâtrales de Collé témoignent de la vie de la république des lettres, de son impact auprès du public contemporain, loin du regard plus désincarné que nous pourrions en avoir. Ses anecdotes sociales révèlent les fêlures des groupes sociaux, ce mélange de liberté et de conventions qui caractérise le milieu dans lequel évolue Collé, d'autant plus intéressant si l'on considère sa situation de chansonnier, de secrétaire du duc d'Orléans et de fournisseur de divertissements théâtraux...Au delà, le petit fait vrai, d'actes ou de paroles, plus qu'une longue analyse selon Collé, restitue la vérité des choses et des êtres. Pour un écrivain de théâtre, de poèmes et de chansons, de textes limités dans le temps, le passage vers la brève narration est plus aisé. Ainsi Collé élabore un véritable portrait de Fontenelle à partir d'anecdotes le concernant et de mots dont il est l'auteur. En une page, il juxtapose un échange de répliques entre 'cet honnête Nestor' et un Anglais, une analyse psychologique qui se fonde à la fois sur la rumeur ('à ce qu'on prétend [...] on y ajoute [...] on assure [...], sur un mot de Fontenelle 'J'ai boutonné ma culotte à cinquante ans' et sur une 'épigramme qu'on a faite contre lui à propos du parfait amour qu'il a toujours eu pour lui-même' (I, 281-282), dont il donne l'esprit, sinon la lettre. De même, anecdotes et mots étaient la critique artistique d'un auteur qui ne se livre pas une poétique en règle, mais la distille au cours de commentaires sur les pièces de ses confrères et parfois sur les siennes. Ainsi à propos de la pièce de Poinsinet, *La Soirée à la mode ou le cercle*, Collé commence par préciser qu'il a vu et lu la pièce, puis se livre à une analyse détaillée qui suit le déroulement habituel de ses chroniques-critiques (évaluation de l'intrigue, des idées, de l'invention, nécessité des scènes, dénouement). Enfin, il s'appuie en guise de chute sur le mot de Mme la comtesse de Rochefort qu'il approuve ('cet auteur n'a vu le monde qu'à la porte' II, 377) le faisant accéder de la raillerie sociale à l'appréciation critique. Outre la fonction utilitaire, l'anecdote et le mot, si brefs soient-ils, participent d'un plaisir de l'écriture brève, qui n'est pas le fragment, peut-être une ébauche, mais qui reposent en tout cas sur la délectation des surprises de la vie, de l'insolite et du singulier: 'Que cela soit ou non un conte fait à plaisir, cela fait toujours une bien bonne naïveté' (I, 269).

L'anecdote et le mot accompagnent l'actualité. Il semble à lire le *Journal* de Collé qui les rassemble année après année que le plus petit fait qui saille hors du quotidien, social, moral, politique ou littéraire, suscite une dépense d'esprit, qui en rend compte à la manière du diseur, insolemment, plaisamment, ou plus gravement, mais qui a le mérite de le signaler aux oreilles de tous, quitte à en masquer ou à en altérer la signification profonde, par un effet de nivellement où l'on s'amuse de tout. Ainsi peut-on lire le mot d'humour noir des gentilshommes comparant les différentes peines de mort à l'occasion de l'exécution de Lally-Tollendal, exécution qui suscite à la même époque d'autres réactions et d'autres types de texte plus engagés... (III, 96). Les anecdotes et bons mot du *Journal* de Collé offrent un témoignage de l'esprit du XVIIIe siècle, de la circulation et de l'appréciation des nouvelles, grandes et petites, de la tentation d'une écriture narrative chez un auteur qui ne la pratique guère par ailleurs avec cette part d'imagination laissée au lecteur, sur laquelle cependant il ne faut pas se méprendre puisqu'elle différait très certainement entre le contemporain averti et le lecteur profane que nous restons...

KATHERINE ASTBURY

Les Contes de Jean-François Bastide

Jean-François Bastide est connu aujourd'hui principalement pour son travail comme rédacteur de la *Bibliothèque universelle des romans*, mais avant de faire carrière en rédigeant des résumés des œuvres littéraires d'autres, il fut écrivain lui-même.[1] En fait, pendant les années 1750 et 1760, il fut un auteur prolifique: il contribua au *Mercure de France*, produisit ses propres journaux, et publia quatre volumes de *Contes de M. de Bastide* en 1763. Son œuvre lui apporta pourtant peu de gloire. Il se fit mal voir de ses contemporains littéraires, sans que l'on sache aujourd'hui pourquoi il était si peu considéré. Ce mépris se perpétue: même aujourd'hui on le voit comme une 'sublime incarnation du médiocre'.[2] Au 19ème siècle, Hoefer fit observer qu' 'entraîné par le torrent et encouragé par des amis complaisants, il se jeta sans réflexion dans le genre qui donnait des acheteurs, sans trop s'inquiéter s'il donnait aussi la réputation'.[3] Barbier, dans l'*Examen critique*, lui reprocha 'd'avoir trop sacrifié à la mode dans ses premiers travaux, et d'avoir écrit quelquefois d'une manière peu naturelle, et surtout d'avoir trop écrit'.[4] Pourtant, c'est justement parce qu'il a répondu aux goûts populaires, parce qu'il a écrit pour plaire à son public qu'il est intéressant dans l'histoire de la fiction courte au 18ème siècle.

---

1 Sur son travail pour la *Bibliothèque universelle des romans* voir Angus Martin, *La Bibliothèque universelle des romans (1775-1789): présentation, table analytique, et index*, Studies on Voltaire and the Eighteenth Century, 231 (1985).

2 'Note de l'éditeur', Jean-François de Bastide, *La Petite Maison*, éd. Patrick Mauriès, Paris, Le Promeneur, 1993, p. 10.

3 Ferdinand Hoefer, *Nouvelle Biographie générale depuis les temps les plus reculés jusqu'à 1850-1860*, 46 vols, Paris, Firmin Didot, 1852-1866; repr. Copenhagen, Rosenkilde and Bagger, 1964, IV, 772.

4 [Antoine-Alexandre Barbier] *Examen critique et complément des dictionnaires historiques les plus répandus par l'auteur du Dictionnaire des ouvrages anonymes et pseudonymes*, 2 vols, Paris, Ray & Gravier, 1820, I, 88.

Cette communication passera en revue les contes de Bastide afin
de les situer dans le contexte de la fiction courte des années 1750 et
1760. Ces deux décennies sont des périodes clés pour le développement
du genre court, pour, comme le disait René Godenne, 'le renouvellement
d'une technique'.[5] Bastide était au premier rang de ceux qui essayaient
de donner au conte un nouvel élan. Angus Martin a montré que Bastide
était 'un écrivain professionnel aux prises avec les exigences d'un
marché littéraire nouveau et d'une nouvelle conception de la carrière de
l'homme de lettres'.[6] J'espère esquisser dans cette communication les
innovations de Bastide, les thèmes qui lui furent chers, pour montrer que,
même s'il fut éclipsé par d'autres, Bastide resta représentatif de son
époque, devança même son époque et qu'il finit par remanier la forme du
conte pour y traiter des problèmes moraux complexes et inattendus dans
un conte moral.

Ses deux premiers contes servent d'exemples pour mettre le talent
de Bastide en contexte. 'Le Faux Oracle' et 'L'Illusion d'un instant'
furent publiés en 1752 et sont tous deux des histoires de libertins.[7] Dans
le premier conte, le libertin se repent et trouve du bonheur dans le grand
amour; dans le deuxième, les deux libertins sont démasqués par les
vertueux pour prouver que seuls les honnêtes hommes connaissent le
bonheur. Le style est gauche, mais les deux contes démontrent malgré
tout que Marmontel ne fut pas le seul dans les années 1750 à écrire des
contes moraux sur le libertinage, le grand amour et le bonheur. Ces deux
contes de Bastide précédèrent 'Le Moi' de Marmontel de 3 ans, et 'Les
Deux Infortunées', le premier conte de Marmontel à être appelé un conte
moral, de 5 ans. Ceci ne sera pas la seule fois où Bastide disputera
l'originalité à Marmontel: ils continueront de se rivaliser jusqu'au début
des années 1760.

Boissy, en prenant la position de rédacteur du *Mercure de France*,
fit appel aux écrivains pour qu'ils enrichissent le *Mercure* 'de morceaux

---

5   Titre d'une section dans René Godenne, *Histoire de la nouvelle française aux XVIIe
    et XVIIIe siècles*, Publications romanes et françaises, 108, Genève, Droz, 1970, p.
    173.

6   Angus Martin, *Anthologie du conte en France 1750-1799: Philosophes et cœurs
    sensibles*, Paris, U.G.E., 10/18, 1981, p. 156.

7   [Jean-François Bastide] *Le Faux Oracle et L'Illusion d'un instant, anecdotes*,
    Amsterdam, [n. pub], 1752.

qui puissent le faire lire'.[8] La réponse de Marmontel est célèbre, mais il ne fut pas le seul à offrir des contributions. Bastide fit partie d'un bon nombre d'auteurs qui répondirent à l'appel. Il commença à livrer des contes, des anecdotes, des poésies en abondance. Entre avril 1756 et mai 1757, il publia 8 contes dans le *Mercure*, deux fois plus que Marmontel, qui publia son premier conte en mars 1756 et son quatrième ('Les Quatre Flacons') en juillet 1757. Les pièces fugitives de cette période firent donc plus de place à Bastide qu'à Marmontel, détail facile à oublier devant l'hégémonie de Marmontel qui avait des alliés plus puissants que ceux de Bastide.

Les premiers contes de Bastide dans le *Mercure* furent plutôt conventionnels, mais son talent s'améliora au fur et à mesure qu'il écrivit (comme Marmontel d'ailleurs). 'Le Beau Plaisir' (avril 1756) est un conte de fées qui s'attaque à la fatuité, continuant ainsi les thèmes que Bastide avait abordé en 1752. Les contes qui suivent se situent dans la société contemporaine, en contraste avec les deux premiers contes de Marmontel. Dans 'Les Faveurs' (août 1756) et 'Les Conditions inutiles' (septembre 1756), Bastide examine si une femme doit accorder des faveurs à son amant. C'est avec de tels contes que l'on peut voir le plus facilement, comment ce qui était en train de devenir le conte moral se distinguait du conte philosophique. Ces contes de Bastide sont fermement attachés aux problèmes réels et quotidiens et n'offrent pas de vérités philosophiques. La morale n'en est pourtant pas aussi stricte que l'on pourrait attendre d'un conte moral. Dans 'Les Conditions inutiles', Emilie est sur le point de perdre son amant à cause d''un excès de vertu', en refusant d'abord de lui accorder des faveurs.[9] Ce n'est qu'après lui avoir cédé, qu'elle s'assure de son amour et qu'elle devient heureuse. Ce genre de morale est typique non seulement des premiers contes de Bastide, mais de toute l'époque où il écrit, et montre combien les auteurs visaient un auditoire dans les salons sophistiqués plutôt que des lecteurs.

Les thèmes choisis par Bastide se reflètent dans d'autres contes de l'époque. Sous l'influence des auteurs anglais, les écrivains français commencèrent peu à peu à valoriser la vertu au lieu de se concentrer sur

---

8   *Mercure de France*, Paris, Cailleau, 1755; repr. Genève, Slatkine, 1970, janvier 1755, p. v.

9   *Contes de M. de Bastide*, 4 vols, Paris, Cellot, 1763, III (intitulé II, premiere partie), p. 139. D'autres références suivront les citations dans le texte de l'article.

le repentir des libertins. 'L'Amant anonyme' de Bastide (janvier I & II 1757) est le premier de ses contes à fixer l'attention sur un personnage vertueux. Mme de Régur refuse d'écouter son cœur et l'amant qui l'adore parce qu'elle est mariée. Elle se dit: 'j'ai contracté des devoirs éternels; l'infidélité d'un mari ne peut donner que le droit de se plaindre' (*Contes*, IV, 7). Elle est enfin récompensée de sa vertu lorsque son mari infidèle est tué à l'armée et elle est libre de se marier avec l'homme qu'elle aime. Les contes de Bastide montrent aussi un goût pour la sensibilité des années 1760 puisqu'il réaffirma à plusieurs reprises 'la supériorité du sentiment' (*Contes*, I, 90) dans des contes tels que 'L'Avantage du sentiment' (avril I 1757) et 'Le Moyen infaillible' (mai 1757). Encore une fois, il se montre en accord avec le goût de son époque.

Sous Boissy, Bastide avait écrit non seulement des contes, mais aussi des répliques à des lettres fictives censées être écrites par des jeunes femmes infortunées. Après la mort de Boissy, c'était un développement naturel pour Bastide de passer du *Mercure de France* à son propre journal, surtout parce que Marmontel, conteur rival, devint rédacteur du *Mercure*. Ainsi commença son activité journalistique, mais Bastide sembla destiné à être malchanceux et à ne jamais réussir. Le brevet du *Mercure* était tout puissant et Bastide était toujours en butte à son pouvoir. C'était une lutte continuelle pour lui et il avait toujours des ennuis financiers. Il produisit 3 journaux en tout, mais tous les 3 ont souffert le même destin.

Pourtant au début, l'avenir était prometteur. Il remplit les pages du premier journal, *Le Nouveau Spectateur* (1758-60) de lettres fictives, de contributions censées être venues de collaborateurs, et aussi de la plupart des contes qui remplissent le recueil de contes qui parut en 1763. Il fait l'écho des mots du *Spectateur* anglais d'Addison et de Steele, lorsqu'il justifie l'inclusion des contes en se déclarant 'persuadé que les exemples sont les leçons les plus utiles qu'on puisse offrir aux hommes'.[10] Les contes du journal sont toujours précédés et suivis de commentaires de Bastide et il exploite bien la forme du journal. Il publia souvent en feuilleton et il utilise aussi la technique de ne révéler que petit à petit les

---

10   [Jean-François Bastide] *Le Nouveau Spectateur*, 8 vols, Amsterdam; Paris, Rollin & Bauche, 1758-60, III (1759), 6. D'autres références suivront les citations dans le texte de l'article.

événements et leur contexte, comme Prévost l'a souvent fait dans le *Pour et Contre*. On y voit aussi un changement dans la présentation de la morale, qui devient plus complexe et s'éloigne de plus en plus d'un monde en noir et blanc.

Le premier conte du *Nouveau Spectateur* traite encore une fois d'un libertin qui se lasse de la vie mondaine et trouve l'amour en Allemagne. La conclusion est loin des réconciliations prévisibles des contes dans le *Mercure*, parce que l'amante meurt et Bastide conclut que 'les hommes sont nés pour souffrir' (*Nouveau Specateur*, I, 153). On voit ici qu'il commence à être influencé par la vogue anglaise, rendue célèbre par les écrits de Hawkesworth et de Johnson, vogue qui met l'accent sur la souffrance dans cette vie et la promesse d'un bonheur éternel. Les contes qui suivent dans le journal offrent un tableau des problèmes contemporains: 'L'Ecole des mères' (tome I) aborde le problème des parents qui abusent de leur position d'autorité, devançant d'un an l'*Ecole des pères et des mères* de Sabatier de Castres.[11] 'Le Piège bien caché' (tome I) révèle l'influence de Richardson, puisqu'une jeune fille qui résiste à son amant est récompensée quand il est démasqué comme étant un libertin qui n'a aucune intention de l'épouser. 'Le Sage' (tome II) préfigure le culte de la campagne – avant Marmontel et 'La Femme comme il y en a peu', avant Rousseau et *La Nouvelle Héloïse*. Le conte s'ouvre avec une conversation réaliste suivie par des réflexions du narrateur, ce qui montre l'habilité croissante de Bastide comme conteur. Un ami à la campagne essaie de convaincre le narrateur des plaisirs de la vie champêtre: 'des plaisirs simples, des vues simples, sont la vraie philosophie, et tout cela se trouve loin du monde, parmi des amis simples' (*Contes*, I, 177). L'ami lui montre quelques-uns de ces plaisirs simples, y compris une journée où la maison est ouverte aux villageois pour une danse, scène évocatrice de celle de *La Nouvelle Héloïse* deux ans plus tard. Le philosophe rejette la possibilite de rester dans 'ce séjour enchanteur' (*Contes*, I, 188) et revient à Paris, et la leçon morale est par conséquent réduite parce que même en admettant que le bonheur ne se trouve qu'à la campagne, le narrateur est incapable d'y rester pour en jouir.

---

11   [Abbé Antoine Sabatier, dit Sabatier de Castres] *Ecole des pères et des mères, ou les trois infortunées*, 2 vols en 1, Amsterdam; Paris, De Hansy, 1767.

On voit bien que Bastide exploita des thèmes courants de la littérature de l'époque, et devança leur utilisation par d'autres conteurs moraux qui eurent plus de gloire que lui. Il refusa de se soumettre à une seule morale conséquente et ne cessa jamais de varier la manière de communiquer son message. Il se montra soucieux aussi de la forme de ses contes et les retoucha régulièrement. Il y en a deux exemples clés qui reflètent l'effort de Bastide de ne pas se conformer à une morale banale, et qui soulignent ses efforts pour améliorer son style.

Le conte 'Les Riens' fut publié d'abord dans le *Mercure de France* en novembre 1756. C'est un conte typique de cette période de la décennie, et rappelle 'Le Scrupule' de Marmontel publié quatre mois auparavant. L'héroïne, Bélise, refuse l'amour parce que la société trouve l'amour ridicule. Elle en est guérie par Moncade et 'il n'est pas nécessaire de dire qu'ils s'aimèrent constamment. Ces sortes d'engagements ne peuvent être que solides' (*Contes*, I, 173). Cet original ne manque pas d'ironie, mais, trois ans plus tard, il met à jour l'histoire dans son *Nouveau Spectateur*, détruisant avec cynisme la morale de la première version et émettant des doutes sur la capacité des gens à se repentir et à s'améliorer. Moncade et Bélise ne s'aiment plus 'constamment' en 1759, leur attachement n'est plus 'solide':

> Moncade est à l'Armée, et y fut blessé il n'y a pas deux ans. Bélise, remariée depuis, est aujourd'hui dans les Terres de son mari, ou elle y passe du moins neuf mois de l'année; contrainte affreuse pour elle, et devenue nécessaire par une suite de la facilité qu'ont les gens du monde à se ruiner par air. (*Nouveau Spectateur*, VII (1759), pp. 27-28)

Peut-être Bastide se permet-il trop de libertés avec le public en se moquant des fins heureuses et attendues de la tradition du conte moral. La majorité des contes devenait de plus en plus ferme sur la morale à une époque où Bastide se distancie de plus en plus des conventions et des conclusions banales.

On voit des retouches aussi à 'La Petite Maison', seul conte de Bastide qu'on lise toujours. Dans la première version, le libertin marquis de Trémicour et la vertueuse Mélite font un pari pour voir si Mélite succombera aux séductions de la petite maison de Trémicour. Il s'efforce de la persuader qu'il n'est pas insensible, et que cela est vrai pour la plupart des petits-maîtres:

[...] notre jargon, nos amis, nos maisons, notre train nous donnent un air de
légèreté et de perfidie, et une femme raisonnable nous juge sur ce dehors; nous
contribuons nous-mêmes volontairement à cette réputation, parce que le préjugé
général ayant attaché à notre état cet air d'inconstance et de coquetterie, il faut
que nous le prenions; mais croyez-moi, la frivolité et le plaisir même ne nous
emportent pas toujours: il est des objets faits pour nous arrêter et pour nous
ramener au vrai; et quand nous venons à les rencontrer, nous sommes plus
amoureux, et plus constans que d'autres... (*Contes*, III, 67-68)

Mélite réussit à résister et part pour ses terres pour éviter Trémicour, qui
par conséquent tombe amoureux d'elle. Dans la version définitive
publiée dans le recueil de contes de Bastide, Mélite succombe et les
promesses de fidélité de Trémicour semblent sincères, mais on ne peut
être certain. Cette modification de la fin sert à la fois à changer l'unité du
conte mais aussi la morale. Comme le montre Michel Delon, la
deuxième version maintient une unité de récit qui ne se trouve pas dans
la première.[12] La conclusion est désormais ouverte à plusieurs
intérpretations. Ce n'est plus simplement 'l'histoire d'un libertin converti
et pris à son propre piège' (Delon, p. 31) mais une histoire qui 'laisse la
place aux interprétations, aux nuances, aux variations', surtout quand on
la lit à haute voix à un auditoire (Delon, p. 26). Cette technique d'une fin
ouverte sera utilisée par Marmontel dans 'La Bonne Mère' en 1761.
Bastide réussit ici le ton d'ironie et de détachement d'un Marmontel pour
décrire la défaite de Mélite et c'est précisément ce ton d'ironie qui laisse
le lecteur (auditeur) incertain de la sincérité de Trémicour. Marmontel
lui-même avait dû voir la première version comme plutôt libertine
puisqu'il copia l'idée pour 'L'Heureux Divorce' (*Mercure de France*,
juin/juillet 1759) pour montrer qu'une femme véritablement vertueuse
serait tout-à-fait indifférente aux raffinements d'un petit-maître. Il est
tout-à-fait possible que Bastide ait changé la fin de son conte en réponse
au conte de Marmontel, pour s'en moquer en montrant que la vertu et le
vice sont tous deux susceptibles de faiblesse.

Dans l'ensemble, les contes du *Nouveau Spectateur* suggèrent
toujours que la vertu est plus forte que le vice; les contes de 'L'Homme
sans caractère' (tome III) et du 'Pouvoir de la vertu' (tome III) en font
preuve. 'L'Héroïsme de la vertu' (tome IV) est un conte qui explique

---

12 'Préface', Vivant Denon, *Point de lendemain* suivi de Jean-François Bastide, *La
Petite Maison*, éd. Michel Delon, Paris, Gallimard, 1995, p. 31.

bien clairement la gloire de la vertu et 'combien les cœurs vicieux
doivent être petits devant les génies sublimes qui se dévouent à la vertu!'
(*Nouveau Spectateur*, IV, 218-19) Si ici Bastide veut offrir des exemples
d' 'un esprit armé contre l'infortune, que la philosophie et l'honneur ont
élevé à la sphère des idées sublimes, et qui est incapable de plier devant
les idoles de la vanité humaine' ('Le Pouvoir de la vertu', *Contes*, IV,
84), il n'abandonne pas ses contes plus mondains, loin des hauteurs
enivrantes de la vertu. Dans 'La Force du naturel', une jeune fille que
l'on veut convertir à la dévotion, quand elle a une vocation naturelle
pour l'amour, est sauvée par le narrateur philanthrope,

> [...] et depuis, quoique séparé d'elle par des événemens inévitables, j'ai su
> qu'elle n'avoit jamois varié dans ses nouveaux principes, et qu'en cessant
> d'aimer, à cause de l'âge qui est venu, elle avoit vécu dans l'exercice d'une vertu
> raisonnable, également éloignée de la férocité des hypocrites, et de l'indécence
> des coquettes. (*Contes*, IV, 97)

Ici on voit un des traits caractéristiques du conte moral: l'invocation d'un
juste milieu, loin des extrêmes.

Dans *Le Nouveau Spectateur*, Bastide se montre de plus en plus
assuré de son talent de conteur. Le cadre élaboré de 'L'Héroïsme de la
vertu' par exemple, rend l'histoire beaucoup plus intéressante. Bastide
dit dans une feuille qu'il a trouvé un portefeuille de lettres. Il obtient la
permission de les publier, et le lecteur apprend peu à peu l'histoire
qu'elles contiennent. Il a su éviter le danger des morceaux épistolaires
qui donnent de l'information aux lecteurs d'une manière peu vraisemblable. Il utilise une technique semblable quand il laisse 'L'Homme
blasé' incomplet dans le journal, en disant qu'il a reçu une lettre 'par
laquelle on m'apprend que je ne dois point espérer de recevoir la suite de
cette histoire' (*Nouveau Spectateur*, V, 136), bien qu'il la publie
intégralement dans son recueil.

Il commence aussi à écrire des contes qui vont plus loin que les
fins heureuses de la plupart des contes des années 1750. Désormais, ses
contes ne résolvent pas toujours les problèmes qui y sont exposés. Dans
'L'Aveu singulier', une femme se repent d'avoir été coquette et de ne
pas avoir aimé son mari. Elle veut le retrouver pour le lui dire, mais il est
parti 'au bout de l'Univers' (*Contes*, III, 196) afin de fuir son ingratitude
et elle ne peut pas jouir de la réconciliation attendue. 'Le Bonhomme' ne

trouve pas le bonheur non plus, et 'La Scélératesse raisonnée' meurt dans la tristesse à cause de son 'malheureux amour de l'esprit' (*Contes*, II, 217), ayant refusé l'amitié du narrateur qui aurait pu la sauver de l'abîme.

Il est possible que cette conception négative du monde dans les contes correspond aux difficultés personnelles de Bastide. Des lettres témoignent de ses douleurs privées. Après le premier volume du *Nouveau Spectateur* en 1760, il en cesse la publication, mais il recommence tout de suite avec un nouveau projet de journal, *Le Monde comme il est*, qui paraît entre mars et août 1760.[13] Il semble que l'inspiration littéraire commence à lui manquer parce qu'il publie plusieurs de ses contes qui avaient déjà paru dans le *Mercure de France* et même son 'Illusion d'un instant' qu'il fait passer pour le conte d'un autre. Il ne rencontre pas de succès, annonçant en décembre 1760 qu'il va recommencer encore une fois avec *Le Monde*, cette fois-ci 'en m'associant plusieurs des meilleures plumes de la Nation dans bien des genres, je me suis flatté de pouvoir offrir à cette même Nation un livre digne tout à la fois de sa curiosité et son attention'.[14] Il s'adresse à Rousseau pour le manuscrit de *La Nouvelle Héloïse* et celui d'*Emile*; il demande à Voltaire de lui fournir des contributions aussi.[15] Se fait-il des illusions sur sa propre importance? En tout cas, le seul auteur à contribuer à ce nouveau journal est Madame Riccoboni avec ses propres feuilles périodiques, *L'Abeille*. Bastide reste le contributeur principal du journal qui ne survit par conséquent que six mois entre décembre 1760 et mi-1761.

En ce qui concerne les contes de Bastide dans ces deux nouveaux journaux, on voit une continuation de sa philosphie négative et de l'invocation d'un juste milieu qui avaient caractérisé le *Nouveau Spectateur*. Les premiers contes du *Monde comme il est* sont courts, ce qui tient à la parution du journal trois fois par semaine, et renvoient à

---

13 [Jean-François Bastide], *Le Monde comme it est, par l'auteur du Nouveau Spectateur*, suivi par *Le* Monde (1761) 4 vols, Amsterdam; Paris, Bauche, Duchesne et Rollin, 1760-61.

14 'Avis', *Mercure de France*, décembre 1760, p. 114.

15 Voir *Correspondance complète de Rousseau*, éd. R. A. Leigh, 50 vols, Oxford, The Voltaire Foundation, 1991, 1965-98, VII, lettres 992, 994, et 1179, et *The Complete Works of Voltaire*, 135 vols, Oxford, The Voltaire Foundation, 1970-77, CV: *Correspondence and related documents XXII*, éd. Theodore Bestermann, D.9449.

Voisenon ('Tort et Raison' rappelle 'Il eut raison' (*Mercure*, février 1755) et 'Il eut tort' (*Mercure*, juillet 1755) de Voisenon). Bastide exploite ensuite les possibilitiés de la publication en feuilleton avec 'Les Trois Infortunés' qui dure treize feuilles. Le conte a peu en commun avec 'Les Deux Infortunées' de Marmontel. Il veut peut-être montrer à Marmontel que ceux qui sont véritablement malheureux ne trouvent pas toujours de consolation dans la religion, ce qui s'accorde avec sa conception négative de l'homme à l'époque. Des lettres à Malesherbes des années 1750 montrent combien il est malheureux, combien il manque d'argent, comment il a désespérément besoin de secours, de gloire, de succès.[16]

Son dernier conte pour *Le Monde*, 'L'Origine des libelles contre les femmes' est à la fois typique des thèmes qui lui sont chers, de sa négativité et des progrès qu'il a faits dans le genre au fil des années. Il attaque la société contemporaine qui n'approuve pas la constance en amour et c'est la société, et non pas l'individu, qui est responsable de la fin malheureuse. Marmontel aussi progresse vers une conception où la société et non pas l'individu est responsable des malheurs, surtout dans ses *Nouveaux Contes moraux* de 1765. Bastide condamne une société où 'tout y tend à la corruption, la morale y paraît radotage, et il n'y a plus moyen de se faire lire en frondant des vices et des excès qu'on adore sous le nom d'usage' (*Contes*, III, 235). Euphémie quitte Mélidor tout simplement parce que 'le monde, hélas! ne souffre point d'amour dans un objet aimable' (*Contes*, III, 199). Il part pour ses terres où sa solitude est interrompue par la spirituelle Marquise de Florival. Bastide intervient à ce point, détruisant l'illusion du conte en montrant combien il est à l'aise avec le genre, pour dire: 'cette Marquise jouera un rôle dans cette histoire; il ne faut pas qu'on se prévienne contr'elle: elle est brusque et opiniâtre, mais elle a des vertus et des charmes' (*Contes*, III, 206-7). Elle rejette Mélidor, elle aussi, parce qu'elle n'écoute que la raison et non pas le sentiment. Mélidor commence à concevoir une mauvaise opinion des femmes, exacerbée par une tentative de réunion avec Euphémie qui est gâchée par un de ses soupirants. Le narrateur intervient encore une fois pour reprocher au soupirant d'avoir mal choisi son moment: 'laisse

---

16 Paris, Bibliothèque Nationale, fonds Anisson-Dupesson, 87: Lettres et mémoires relatifs à la librairie sous l'administration de Malesherbes, fr. 22147, lettres 12, 14, et 16.

Euphémie t'oublier dans un doux délire; ce moment va peut-être changer son cœur, mille vertus l'attendent après qu'elle aura appris à rougir... mais tu ne m'écoutes point' (*Contes*, III, 233). La coquette n'est donc point guérie, Mélidor retourne à ses terres pour écrire des libelles contre les femmes et le lecteur se voit obligé de réfléchir aux possibilités d'une fin heureuse si le hasard n'était pas intervenu.

Bastide souffre tant de la mauvaise opinion que l'on a de lui qu'il écrit des *Mémoires apologétiques* en 1766 avant de passer en Hollande pendant quelques années.[17] Quand il retourne en France il offre de nouveau des contes au *Mercure de France* mais ceux-ci ne sont que de fades copies de ses contes des années 1750. Il semble démoralisé par l'exil et il écrit pour subsister, ce qui affecte la qualité de son travail. Ainsi, il écrit un conte pour flatter la nouvelle reine en novembre 1774 ('La Présomption, anecdote tirée de l'histoire'). Il ne reste plus trace de l'esprit et de l'ironie des contes précédents. Il se tourne plutôt vers l'adaptation des œuvres d'autres pour la *Bibliothèque universelle des romans*.

On peut voir que pendant la période la plus féconde des années 1750 et du début des années 1760, Bastide fait des progrès comme conteur. Au début il se contente de relater des mœurs simples, peintes en noir et blanc, des histoires où les personnes malavisées sont corrompues et la vertu récompensée. Petit-à-petit ce monde devient plus complexe, un monde où les vertueux souffrent et les vicieux ne sont pas toujours punis, un monde où les ridicules ne sont pas toujours guéris. Il espère plaire en écrivant des histoires 'dont les unes instruisent sans paroître trop sévères, et les autres amusent sans être trop frivoles' (*Le Monde*, III, 7). Maintes et maintes fois il utilise des thèmes courants à l'époque et c'est peut-être parce qu'il est 'le reflet d'aspects du goût tellement évidents à ses contemporains que ceux-ci [et les critiques modernes] ont bien souvent omis d'en témoigner'.[18] Aujourd'hui, comme à l'époque, il reste dans l'obscurité. Il est vrai qu'il est de temps en temps maladroit dans son style, mais il n'est pas plus médiocre que d'autres conteurs qui ont eu beaucoup plus de succès à l'époque. Est-ce parce qu'il manque de

---

17   *Mémoires apologétiques de M. de Bastide: ouvrage fait en cinq jours, par la nécessité des circonstances,* s. l., 1766.

18   'Le Théâtre des cinq sens', postface de Bruno Pons, Jean-François de Bastide, *La Petite Maison,* éd. Patrick Mauriès, Paris, Le Promeneur, 1993, p. 71.

vivacité, parce que son spleen est souvent évident, qu'il déplaisait? Est-ce qu'il était simplement malchanceux et rebutait ses confrères littéraires? Qu'importe, il est temps que Bastide sorte de l'oubli parce que, comme j'espère l'avoir montré, il devança ses contemporains à plusieurs reprises; il ouvrit la voie à des problèmes moraux plus complexes où les vertueux souffrent ou sont récompensés au hasard; il rendit possible un conte moral plus varié et plus réaliste; il mit l'œuvre de Marmontel en contexte, et si tout cela était insuffisant, il incarna les espoirs et les craintes de toute une époque.

MICHAEL O'DEA

Qu'il est facile de faire des contes!
Idéologie et jeux formels chez Diderot

Si Diderot est, comme on le dit souvent, l'homme du dialogue, il est aussi (comme on le dit moins souvent) l'homme de l'anecdote, du conte, du récit sous toutes ses formes. On peut penser que la forme dicte la nature du contenu, que si le dialogue est l'occasion d'un échange, il sert surtout à un échange d'histoires entre les interlocuteurs. On peut même aller plus loin, au risque de déplaire aux philosophes, pour dire que c'est l'abondance d'histoires à raconter qui dicte le choix du dialogue, seule forme apte à les accueillir en si grand nombre. Dans ce cas-là le récit est primordial, et la forme dialoguée aurait un statut secondaire. Diderot serait-il l'homme de l'anecdote avant d'être l'homme du dialogue? Il vaut certainement mieux éviter une prise de position aussi nette, mais on peut noter qu'entre la forme dialoguée et la volonté de raconter des histoires il y a en tout cas une profonde complicité. Le dialogue n'est pas uniquement le lieu d'une dialectique abstraite.

Si mon point de départ est l'abondance des récits dans les textes dialogués de Diderot, c'est l'évocation réitérée à l'intérieur de ces récits d'autres récits possibles qui m'intéresse surtout, que ceux-ci soient envisagés un instant pour être ensuite abandonnés, ou bien qu'ils soient développés et dotés d'une solidité, d'une consistance qui obligent le lecteur à en tenir compte. On pourrait évoquer ici au passage le concept des deux axes du langage avancé naguère par Roman Jakobson, car dans certains cas il s'agira non pas de l'enchaînement des récits, donc de l'axe de la succession, mais d'un entassement d'histoires possibles sur un axe horizontal. C'est à dire que dans ces cas deux ou plusieurs récits se superposent, ayant en commun leur point de départ, mais étant incompatibles par leur manière d'évoluer, mettant en scène des événements différents, par exemple, faisant intervenir des personnages différents, aboutissant à des conclusions différentes, et donnant lieu à des interprétations morales divergentes ou contradictoires.

Le cas le plus net est certainement celui de *Jacques le Fataliste,* texte où le récit déborde de toutes parts, où d'ailleurs les récits encadrés par le dialogue de Jacques avec son maître ont longtemps semblé plus intéressants parce que plus cohérents, plus classiques, que leur encadrement. Le roman est en tout cas tissé de récits. L'histoire annoncée au départ, celle des amours de Jacques, est différée à la fois par les aventures qui arrivent aux deux voyageurs en cours de route, racontées par le narrateur, et par les autres anecdotes relatées par Jacques, par son maître, ou par ceux qu'ils rencontrent à l'auberge et ailleurs. Ces récits qu'on découvre au fur et à mesure qu'on avance dans le texte sont situés sur l'axe horizontal, celui de la succession. L'autre catégorie de récit est cependant présente, de façon insistante même, dès le début du roman. Le narrateur se vante de sa propre liberté et de notre impuissance, voués à la passivité comme nous le sommes par notre statut de lecteurs:

> Vous voyez, Lecteur, que je suis en beau chemin, et qu'il ne tiendrait qu'à moi de vous faire attendre un an, deux ans, trois ans le récit des amours de Jaques, en le séparant de son maitre et en leur faisant courir à chacun tous les hazards qu'il me plairait. Qu'est-ce qui m'empêcherait de marier le maitre et de le faire cocu? d'embarquer Jaques pour les Isles? d'y conduire son maitre? de les ramener tous les deux en France sur le même vaisseau? Qu'il est facile de faire des contes![1]

On trouve un procédé analogue deux pages plus loin; cette fois le narrateur fait semblant de donner un choix au lecteur, l'apostrophant ainsi: 'Vous ne voulez donc pas que Jaques continue le récit de ses amours? Une bonne fois pour toutes expliquez-vous: cela vous fera-t-il, cela ne vous fera-t-il pas plaisir?'[2]

Le but, semble-t-il, est de déranger le lecteur, de le bousculer dans ses habitudes, sans doute aussi de l'amener à plus long terme à une nouvelle réflexion sur les conventions romanesques et sur leur rapport au réel. La critique des années 1970 a beaucoup insisté sur cet aspect du

1   Diderot, *Jacques le Fataliste et son maitre.* Edition de S. Lecointre et J. Le Galliot, Paris-Genève, Droz, 1977, p. 5.
2   *Jacques le Fataliste,* pp. 7-8. Autre exemple: 'Eh bien, Lecteur, à quoi tient-il que je n'élève une violente querelle entre ces trois personnages?' (etc.), p. 135.

roman de Diderot. Ainsi, Simone Lecointre et Jean Le Galliot dans leur excellente édition du texte: 'En ne cessant de rappeler que dans *Jacques le Fataliste* la réalité n'est que l'objet d'un point de vue et d'un langage, Diderot retire inévitablement à l'objet littéraire son statut de pure représentation'.[3] Ce commentaire me paraît très juste, puisqu'il relie la question de l'appréhension du réel à celui du statut de l'œuvre. A d'autres moments, cependant, S. Lecointre et J. Le Galliot semblent limiter la portée des interrogations menées par Diderot au seul genre romanesque; le but de l'auteur, selon eux, serait de 'dénoncer', de 'méditer' et de 'dévoiler' le roman.[4] Le propos de l'œuvre serait donc purement littéraire, *Jacques le Fataliste* étant fait pour ne pas ressembler au roman de l'époque, ou pour lui ressembler uniquement sur le mode de la parodie. Il constituerait donc pour l'essentiel une interrogation et une remise en question du genre auquel il appartient.

Pareille lecture du roman ne tient pas toujours compte du fait que *Jacques le Fataliste* est aussi, à première vue, l'œuvre où Diderot semble interroger des convictions qui sont au cœur de son propre univers philosophique. Etre athée, comme il l'a été presque toute sa vie, signifiait au XVIIIe siècle nécessairement adhérer à une doctrine qui affirmait que tout était matière, et que la matière, quelles que soient les formes qu'elle revêtait, était éternelle. C'est seulement ainsi qu'on échappait à ce postulat d'une Cause Première qui menait inéluctablement à la croyance en un être suprême. On le voit chez Voltaire qui, parfaitement indifférent à la religion, se sent contraint par la logique d'admettre l'idée d'un créateur.[5] Or, une des difficultés auxquelles le matérialisme de l'époque devait faire face, c'est que les lois de la matière, cette matière qui se transforme et se renouvelle de toute éternité, ne pouvaient être celles de l'homme, que l'homme était réduit à un statut tout à fait contingent, et que le sentiment qu'il avait de sa propre liberté ne pouvait être qu'une illusion.

---

3   Introduction de l'édition citée, p. lxxxvii.
4   Introduction, p. cxxx.
5   Voir l'échange de lettres entre Voltaire et Diderot au sujet du matérialisme (lettre de Voltaire, 9 juin 1749, de Diderot, 11 juin 1749) dans Diderot, *Correspondance,* édition de Georges Roth, (Paris, Minuit, 16 tomes, 1955-1970), I, pp. 74-80

Dans *Jacques,* les paradoxes et ambiguïtés qu'entraîne tout refus de la liberté humaine sont bien sûr très présents. Son capitaine a appris à Jacques que tout ce qui arrive ici-bas est écrit 'là-haut' sur un grand rouleau. En bon élève, Jacques ne cesse de répéter les paroles de son capitaine tout au long du roman, sans toutefois beaucoup les approfondir la plupart du temps. Les lecteurs pour qui ce roman ne saurait avoir un réel contenu idéologique ont beau jeu: tout cela est dérisoire, disent-ils, on ne peut pas assimiler les croyances naïves de Jacques, fortement empreintes d'ailleurs de souvenirs théologiques, à une quelconque réflexion sérieuse sur le sentiment de la liberté et l'ordre secret de l'univers. Des critiques d'une autre école, plus traditionnelle, sont à peu près du même avis: pour eux, Diderot est las des interminables contradictions qu'entraîne son refus d'accorder sa liberté à l'homme, et il prend désormais ses distances par rapport à des convictions qui sont constamment remises en question par les données de la conscience.

Ces opinions ne font pourtant pas l'unanimité. Pour la pensée marxiste, le matérialisme des Lumières est bien entendu un champ d'étude de prédilection, et Diderot est de loin le représentant le plus important de ce courant de pensée. Nombreux sont donc les critiques qui s'opposent résolument à toute lecture purement ludique de *Jacques,* encore plus à l'idée que Diderot aurait abandonné ses croyances matérialistes. Certains des arguments avancés (par des lecteurs marxistes et par d'autres) pour défendre l'idée que *Jacques le Fataliste* traite sérieusement d'une vision dans laquelle l'homme se conforme sans le savoir à un ordre universel, méritent qu'on s'y attarde. C'est ainsi que l'on a repéré dans la bouche de Jacques des phrases entières reprises d'œuvres où incontestablement Diderot défend des convictions matérialistes. Le cas le plus frappant est celui d'un passage où l'on retrouve presque mot à mot dans la bouche de Jacques une partie de la grande lettre à Landois de 1756, qui, de l'avis de tous, constitue une des expressions classiques du matérialisme de Diderot et de son refus d'admettre que l'homme soit un être libre.[6]

---

6   Lettre de Diderot à Paul Landois, [29 juin 1756], *Correspondance,* I, pp. 209-217. Le texte parut dans la *Correspondance littéraire* du 1er juillet 1756. Sur les échos de cette lettre dans *Jacques le Fataliste,* voir Aram Vartanian, '*Jacques le Fataliste:* Journey into the Ramifications of a Dilemma', *Essays on Diderot and the Enlightenment in Honor of Otis Fellows,* études recueillies par John Pappas,

La difficulté, c'est qu'en faisant de *Jacques* une défense et illustration du déterminisme matérialiste, on risque de ne laisser dans le meilleur des cas qu'une place très réduite à la dimension ludique du texte. On voit se dessiner ainsi une double impasse qu'il faut à tout prix éviter. En reconnaissant pleinement que ce texte est foncièrement ludique, d'une part, ne va-t-on pas en évacuer tout le contenu idéologique? Et d'autre part, si l'on met en valeur le contenu idéologique du roman, peut-on éviter de minimiser abusivement la part du jeu? Dans un article publié il y a une quinzaine d'années, j'ai essayé d'échapper au dilemme à travers la notion d'illusion, en tirant des parallèles entre les illusions du récit et celles de la liberté.[7] Cette approche me paraît toujours valable, même si ma façon de la présenter alors me semble aujourd'hui trop schématique pour un texte si divers, si rusé, si joyeux. D'ailleurs, si *Jacques le Fataliste* demeure un cas à part à certains égards, on trouve beaucoup plus de parallèles dans d'autres textes de Diderot que je ne le pensais à l'époque.

Quand on commence à regarder ailleurs chez Diderot, on retombe souvent en effet sur des cas où la progression du récit est interrompue ou sa conclusion en quelque sorte suspendue, comme dans *Jacques,* pour laisser la place à l'évocation d'une autre possibilité narrative. Certes, les contextes sont très divers, la valeur à attribuer aux rebondissements et aux dénouements qui sont ainsi esquissés, sans être en définitive retenus, varie beaucoup aussi selon les cas. La démarche est cependant semblable: il s'agit dans chaque cas de ce qui aurait pu être, que cette autre possibilité soit placée au niveau de la narration elle-même, comme c'est généralement le cas dans *Jacques le Fataliste,* ou bien que la valeur à attribuer aux faits et gestes des personnages (donc *l'ordre* du récit) soit censée être en cause, ce qui peut déclencher une réflexion qui serait apparemment d'ordre plutôt moral ou psychologique.

Genève, Droz, 1974, pp. 325-347. Pourtant, A. Vartanian, ayant montré que le fatalisme de Jacques fait écho aux convictions de l'auteur, conclut que le roman, loin de corroborer la philosophie de Diderot, la remet en question d'une manière fondamentale. Le paradoxe est digne de Diderot lui-même, ce qui est une bonne raison de le garder présent à l'esprit, même si on n'est pas *a priori* d'accord avec le critique américain.

7   Michael O'Dea, 'Freedom, Illusion and Fate in Diderot's *Jacques le Fataliste*', *Symposium,* t. 39 (1985), no. 1, pp. 38-48.

Le recueil de *Quatre contes* fait par Jacques Proust en 1964 est exemplaire à cet égard.[8] Parmi eux, je retiens plus particulièrement *Ceci n'est pas un conte,* et *Madame de la Carlière,* qui datent de 1772-73, donc d'à peu près la même période que *Jacques le Fataliste.* Il s'agit dans les deux cas d'histoires d'amour malheureux. Pour Jacques Proust, l'intention morale de ces contes est 'transparente à la lecture',[9] mais ce ne sont pas pour autant des récits innocents. Au niveau de l'intrigue, *Madame de la Carlière* fait penser à l'histoire de Mme de la Pommeraye dans *Jacques le Fataliste.* Dans le conte comme dans le roman, on nous raconte le sort d'une femme qui fait souscrire à un homme les engagements les plus solennels avant de se donner à lui, sans que celui-ci ne les respecte longtemps. Il y a aussi quelques parallèles formels entre les deux textes, la narration, attribué à une seule personne, étant fréquemment interrompue et commentée. Dans l'histoire de Mme de la Pommeraye, l'effet est frappant: la surface lisse d'un récit extrêmement bien ordonné est brisée par de multiples et diverses interventions provenant non seulement des auditeurs mais aussi des employés de l'auberge, qui demandent à la narratrice, leur maîtresse, des renseignements ou des consignes.

Dans le cas de *Madame de la Carlière,* les interruptions sont moins variées, puisqu'il s'agit d'un dialogue à deux voix, où il y a d'ailleurs complicité entre les interlocuteurs. La narration est censée se dérouler pendant la promenade de deux amis. Ils sont anonymes; appelons le narrateur A et son ami B. Le dialogue commence d'une manière tout à fait classique: B. demande à A. qui est 'le personnage sec, long et mélancolique' qu'ils ont vu avant de partir se promener ensemble: il s'agit, selon son ami, d'un homme remarquable qui est aussi un mari infidèle et malheureux, le chevalier Desroches. A., qui connaît son histoire, va donc la raconter à B. qui ne la connaît pas; celui-ci commentera les événements au fur et à mesure que le récit se déroule. Ce commentaire est, en gros, d'ordre social et psychologique; il confirme les jugements du narrateur plus souvent qu'il ne les conteste; et

---

8   Denis Diderot, *Quatre contes,* édition de Jacques Proust, Genève, Droz, 1964. Il s'agit de *Mystification,* des *Deux Amis de Bourbonne,* de *Ceci n'est pas un conte,* et de *Madame de la Carlière.*

9   *Quatre contes,* Préface, p. viii.

il ne contient rien qui puisse nuire à l'effet de réel du récit. Si la narration est problématisée par le recours à la forme dialoguée, ce n'est apparemment que dans la mesure où toute intervention d'une deuxième voix risque de faire du narrateur un homme comme les autres, vivant dans un milieu précis, portant avec lui le poids de son propre passé, donc faillible comme tout le monde.

A la fin du conte, pourtant, il se trouve un détail curieux qui peut retenir l'attention. Quand A. évoque la condamnation universelle dont le mari infidèle est l'objet, B. intervient pour suggérer un autre dénouement à l'histoire. La fin qu'on lui a racontée est tragique: Mme de la Carlière chasse son mari, elle perd son unique enfant, elle meurt bientôt elle-même dans la plus grande misère. A qui la faute? Au mari volage, dit-on partout, mais A. s'élève contre le jugement général, et B., qui, absent au moment des faits, s'était laissé influencer par l'opinion, se laisse convaincre sans difficulté par son ami. Il propose donc une autre suite à l'infidélité de Desroches 'Je change la thèse, en supposant un procédé plus ordinaire à Mme de la Carlière', avance-t-il: les choses alors se passent comme c'est selon lui généralement le cas. L'épouse lésée boude quelque temps, le mari repentant renouvelle ses serments, elle lui pardonne, plus tard il cède à nouveau à la tentation, 'et ainsi de suite pendant une trentaine d'années'.[10] Dans cette version du dénouement, Mme de la Carlière, d'héroïne outragée qu'elle est pour l'opinion publique, est transformée en femme têtue et vindicative, et devient, en partie du moins, l'auteur de tous les malheurs qu'elle subit. Le mari, en revanche, de trompeur éhonté, devient un homme comme les autres, ni meilleur ni pire. Comme l'a montré Jacques Proust, le conte est étroitement lié à ce grand plaidoyer en faveur de la liberté sexuelle qu'est le *Supplément au voyage de Bougainville*. Ainsi, le double dénouement sert à mettre en relief tout ce que le jugement populaire, déjà systématiquement mis en cause par A. tout au long du dialogue, a d'arbitraire et d'irréfléchi. L'issue esquissée par B., qui, contrairement à une opinion populaire volontiers moralisatrice, regarde en face la puissance et la mobilité du désir, renforce et cristallise les propos du narrateur à cet égard.

---

10   Diderot, *Quatre contes*, p. 132.

La cohérence du conte est assurée par cette convergence d'attitudes entre les deux amis. Le lien très précis avec le *Supplément* est là pour fournir, si besoin en est, une garantie extérieure de cette cohérence. On peut cependant s'attarder un instant sur la dimension narrative du double dénouement. *Mme de la Carlière* a l'air d'être un conte historique, pour reprendre la terminologie de Diderot lui-même, c'est à dire un conte se proposant comme représentation du réel (en l'occurrence sous forme dialoguée).[11] Pourtant, il se passe quelque chose d'étrange quand le deuxième dénouement est esquissé, au présent de l'indicatif, par B. Si bref qu'il soit, cet autre dénouement semble avoir un poids comparable à celui du premier, autorisant une lecture différente, de *type* différent, de l'histoire qu'on vient de parcourir. Malgré tout ce que ce récit a de circonstancié, avec Desroches, personnage naguère en vue à Paris, et l'héroïne elle-même, célèbre par ses malheurs, le lecteur risque d'hésiter. Il n'y a pas seulement deux jugements possibles, mais deux histoires, différentes et d'une cohérence égale. Le texte qu'on a entre les mains a-t-il donc pour objet de présenter 'du réel', ou bien les événements racontés n'ont-ils en eux-mêmes que valeur de parabole? La question est d'autant plus pertinente que le discours du narrateur porte autant ou plus sur le jugement public que sur les événements qui en font l'objet. Ce jugement part des mêmes faits pour condamner Desroches aujourd'hui, comme il condamnait Mme de la Carlière hier et comme il la condamnera peut-être demain à nouveau: le public est à la recherche d'un ordre, d'un sens, mais peu importe lequel, semble-t-il. L'histoire de cette dame est-elle donc finalement autre chose qu'un prétexte, autour duquel va se tisser une certaine histoire, autour duquel peut aussi bien se tisser une autre histoire, toute différente? Et dans ce cas-là, en lisant *Madame de la Carlière,* le lecteur est-il introduit dans le domaine de la morale, qui juge l'action des hommes, ou dans celui d'une réflexion anthropologique consacrée à la fonction sociale des divers récits qui à tel ou tel moment circulent, se transforment, se réinventent dans les circuits mondains? Où est la vérité, cette vérité qui doit sous-tendre la représentation du réel? On pourrait facilement conclure qu'il n'y a que des contes, des récits, comportant des jugements contradictoires, mais d'une valeur égale parce que toute

---

11   Voir la fin des *Deux amis de Bourbonne* dans *Quatre contes*, pp. 65-67.

relative, et à ce moment-là le lecteur n'est plus très loin du monde de *Jacques le Fataliste.* Certes, tout est étiqueté ici: voilà la 'vraie' histoire, voici l'hypothèse qui aurait pu s'y substituer. Voilà comment il faut comprendre le comportement de Mme de la Carlière, voici ce qu'on en dit dans les salons. L'incertitude radicale qui caractérise *Jacques le Fataliste* est absente (ou si elle est présente, elle est bien moins flagrante que dans le roman); il n'en reste pas moins vrai que les différentes interprétations s'opposent radicalement. Tout est en mouvement, et si la fin prévoit une évolution ultérieure de l'opinion publique, qui va revenir sur sa condamnation de Desroches, rien ne permet d'affirmer que ce mouvement-là sera le dernier.

Le rapport entre *Madame de la Carlière* et *Ceci n'est pas un conte* soulève de nouvelles questions. Dans *Ceci n'est pas un conte,* texte au titre emblématique, nous lisons l'histoire (vraie, disent tous les éditeurs) d'un certain Gardeil, qui abandonna sa maîtresse, la savante et admirable Mlle de la Chaux, malgré les grands sacrifices qu'elle avait faits pour faire avancer ses travaux scientifiques. Comme Mme de la Carlière, elle va mourir dans la pauvreté. S'agit-il alors encore une fois d'une réflexion sur l'opinion publique, d'un exercice qui montrera que les jugements moraux se succèdent et se contredisent? Le narrateur ne tient pas ce type de discours: pour lui, Gardeil est un salaud, Mlle de la Chaux est une sainte et martyre. Dans une autre histoire d'amour infidèle qui précède le récit principal, une femme légère est condamnée, un homme fidèle est sa victime. Hommes et femmes se valent, donc, mais la perspective morale est apparemment stable. A la lecture d'un simple résumé, on imagine que le titre soit l'expression d'une grande indignation: ce que je vais raconter semble impossible, un comportement aussi cruel ne devrait pas exister, et pourtant... ceci n'est pas un conte.

C'est effectivement là le sens, ou le premier sens, du titre de ce conte qui n'en est pas un. Tout est cependant relativisé d'entrée de jeu par des préliminaires où les conventions du réalisme sont traitées avec une légèreté qui rend impossible une lecture naïve de ce qui va suivre. Il s'agit encore une fois dans ce conte d'un dialogue, mais les circonstances de l'échange sont réduites à leur forme la plus sommaire. Ainsi, l'interlocuteur est présenté comme une invention du narrateur, puisque, dit-il, 'lorsqu'on fait un conte, c'est à quelqu'un qui l'écoute';[12] il faut donc 'un personnage qui fasse à peu près le rôle du lecteur'.[13] Le conte n'en est pas un (ou bien, dit le narrateur, c'est un mauvais conte), mais il doit fonctionner comme un conte. Ensuite, dans le dialogue entre ceux que nous appellerons à nouveau A. et B., le narrateur annonce le début de l'histoire ('je commence') mais nous plonge *in medias res,* de sorte que le lecteur saisit mal d'abord de quoi parlent les deux interlocuteurs. Ils évoquent, semble-t-il, une soirée entre amis consacrée à la lecture d'un ouvrage (une histoire d'infidélité, sans doute), puis à l'écoute de ce que B. appelle des 'historiettes usées... qui ne disaient qu'une chose connue de toute éternité, c'est que l'homme et la femme sont deux bêtes très malfaisantes'.[14] A. le prévient que l''historiette' qu'il va lui-même raconter est du même type: 'elle ne prouve pas plus que celles qui vous ont excédé'.[15] Le drame de Mlle de la Chaux est donc relativisé d'avance: ce sera encore une 'historiette' qui ne nous apprendra rien: les interventions de B. dans le conte iront systé-matiquement d'ailleurs dans ce sens. Tout est dans la règle de la mauvaise conduite des hommes envers les femmes, des femmes envers les hommes; alors il ne faut ni s'étonner ni s'indigner. Face à cette attitude désabusée (qui, disons-le en passant, pourrait aussi être une attitude déterministe), A. doit défendre son droit de formuler un jugement moral. On retrouve donc l'aspect double de *Madame de la Carlière*, mais sous une autre forme, éventuellement plus radicale, car ici toute notion de condamnation ou de blâme semble être contestée, et avec elle l'ordre du récit tout entier, puisque le récit est fabriqué, semble-t-il, pour innocenter celle-ci, pour accabler celui-là (ou vice versa, peu importe). C'est à dire qu'on n'est pas loin des paradoxes de Jacques à propos du grand rouleau, et des difficultés de Diderot lui-

---

12   *Quatre contes*, p. 73.

13   Ce personnage fantoche prend pourtant une certaine épaisseur: on apprend par exemple qu'il est l'un des nombreux ex-amants de Mme Reymer, la courtisane égoïste de la première partie du conte, ce qui lui a valu de 'déranger ses affaires', ce qui motive aussi sans doute (mais cela n'est pas dit) son attitude cynique et désabusée à l'égard des infidélités amoureuses. En face de lui est, semble-t-il, Diderot, ou en tout cas l'auteur de la *Lettre sur les sourds et muets*.

14   *Quatre contes*, p. 74.

15   *Quatre contes*, pp. 74-75.

même concernant les rapports entre la nécessité et la morale: dans le discours de B., la méchanceté des deux bêtes malfaisantes est une réalité incontestable, et sans doute irréformable aussi. D'ailleurs, quand on pense à l'utilisation du thème de l'amour trahi chez notre auteur, on se demande si les réflexions préliminaires sur les historiettes ne contiennent pas une pointe ironique contre lui-même, tant cela a été un de ses sujets de prédilection.

Nous avons donc, en tout, dans deux contes, quatre versions différentes de ce qui est à peu de choses près la même situation de base, celle du couple d'amants où la fidélité de l'un sera trompée par l'égoïsme ou la légèreté de l'autre. Que vaut alors un récit, et qu'est-ce qu'un fait réel? Partout, plus explicitement sans doute dans *Jacques le Fataliste* qu'ailleurs, mais partout, on retrouve la question des liens entre le récit et le réel. Y a-t-il pour Diderot un noyau irréductible de 'réel' au cœur du récit, quel que soit le développement qu'on lui donne? Rien n'est moins sûr. Les liens entre le réel et le récit sont incertains, aléatoires, parfois totalement arbitraires. Tout est donc dans la façon dont l'histoire sera narrée; le choix du mot le plus insignifiant a son poids, il apporte quelque chose à l'élaboration d'une vision du comportement humain. Les données du départ – je vous ai aimé(e), vous êtes parti(e), par exemple – sont comme inertes: moralement, psychologiquement, on découvre vite qu'elles ne véhiculent aucune interprétation unique ou contraignante. C'est la narration qui donne le sens, qui crée l'ordre. Mais la narration est le fait d'une voix, d'un esprit: son ordre et son sens sont individuels et n'ont rien de privilégié. Voilà pourquoi il faut toujours qu'il y ait dialogue, contestation, élaboration d'autres possibilités, d'une autre psychologie, d'autres visions morales, bref d'autres mondes. Et derrière les échanges et les débats du dialogue, se dessine une autre possibilité: que tout cela soit parfaitement vain, qu'il n'ait aucune prise sur la réalité profonde du comportement humain.

Si je passe momentanément maintenant des formes du récit à l'ensemble remarquable constitué par *Le Fils naturel* et les *Entretiens sur le Fils naturel*, le changement de domaine est moins radical qu'il ne semble à première vue. *Le Fils naturel* est une de ces œuvres dont on parle dans les histoires de la littérature mais qu'on ne lit plus guère. Tout ce qu'on retient, dans la plupart des cas, ce sont les termes de drame bourgeois et de comédie larmoyante, qu'on applique à cette pièce et au

Père de famille, qui date de la même époque (1757 et 1758). Rien, dans ces dénominations, ne nous parle aujourd'hui. Les pièces ne sont presque jamais jouées, et on sait que même à l'époque où elles bénéficiaient de l'intérêt de la nouveauté et de la notoriété de leur auteur, elles n'ont pas connu un franc succès. On les laisse donc aux spécialistes, mais on a peut-être tort.

Avant de les abandonner à la poussière des bibliothèques, il faudrait en tout cas se poser la question de savoir comment il conviendrait de les lire. Je me borne au cas du *Fils naturel.* Diderot l'avait publié avant sa première représentation, accompagné des trois entretiens sur la pièce. Or, on s'aperçoit vite que ces entretiens participent de la fiction de la pièce elle-même, tout en la modifiant. On ne peut pas comprendre les entretiens sans connaître la pièce, et le lecteur est rapidement amené à sentir que l'inverse est en partie vrai aussi: la pièce n'a qu'une autonomie relative par rapport aux entretiens. La clef de l'énigme (mais c'est une clef dont on ne s'est pas assez servi) est livrée par Diderot lui-même dans un texte ultérieur quand il affirme que l'ensemble constitue 'une espèce de roman'.[16]

Les *Entretiens* se déroulent entre MOI, qui est relié par plusieurs notations biographiques précises à Diderot, et Dorval, le personnage principal de la pièce. Dans un préambule qui situe la pièce et les entretiens, et où apparemment Diderot parle en sa propre personne, le lecteur apprend qu'en se retirant à la campagne, l'auteur y avait fait la connaissance de Dorval et avait assisté à la première représentation de la pièce, qui, loin d'être une fiction, correspondait dans tous ses détails à un événement vrai. Dorval est le fils naturel du titre, et son père avait demandé que les circonstances dans lesquelles ils s'étaient retrouvés après une longue séparation soient représentées une fois par an par la famille, et plus tard par leurs descendants, en commémoration de l'événement. La scène est le salon de leur maison; tous les parents et amis jouent leur propre personnage, sauf le père lui-même, mort entre-temps. Diderot est le seul spectateur, caché dans un coin, introduit par Dorval à l'insu des autres acteurs. Et la représentation n'ira pas jusqu'à

---

16   Voir le *Discours sur la poésie dramatique,* édition de Jacques et Anne-Marie Chouillet, *Œuvres complètes,* tome 10 (*Le Drame bourgeois, Fiction II*), Paris, Hermann, 1980, p. 364.

son terme, puisque, quand celui qui interprète le rôle du père mort entre en scène, tout le monde fond en larmes.

La pièce n'est donc pas une pièce dans le sens habituel du terme; à travers les *Entretiens,* elle devient une des parties constituantes d'un ensemble plus vaste, qui se donne pour vrai, et qui, s'il n'est pas vrai, est effectivement 'une espèce de roman'. A l'intérieur des données de ce roman, le rapport au vrai (plus précisément, au censé-être-vrai) est complexe. Face à certaines critiques de Diderot dans les *Entretiens,* Dorval affirmera simplement que le fait est authentique: ce qu'il montre dans sa pièce correspond à ce qui s'est passé réellement. Quand Diderot, qui objecte que la pièce change d'intérêt à la fin du troisième acte, propose des modifications qu'il faudrait y apporter, Dorval répond: 'Je vous entends. Mais ce n'est plus là notre histoire. Et mon père, qu'aurait-il dit?'[17] Pourtant, il reconnaît d'emblée s'être écarté dans sa pièce de la vérité absolue: ainsi, par exemple, il respecte les trois unités, alors que les événements dépeints se déroulèrent sur une quinzaine de jours et dans des lieux différents.

On apprend plus loin que ces événements ont en fait donné lieu à trois œuvres dramatiques dans des genres différents. La pièce que Diderot a vu jouer appartient au nouveau genre sérieux créé par Dorval. De son côté, Clairville, l'ami de Dorval et un des principaux personnages de la pièce, qui est heureux en amour et a donc une vision moins sombre de la situation des personnages, a parodié en comédie le troisième acte de Dorval. Celui-ci, dépité, a répliqué en donnant une version tragique des trois derniers actes. Il confie un brouillon de cette tragédie à Diderot. Si le lecteur s'attend à découvrir comment un dénouement rempli d'effusions de larmes sentimentales et de transports de joie peut donner lieu à une interprétation tragique, il est vite détrompé. En fait ce ne sont pas les mêmes événements: dans la version tragique, Dorval s'isole de ses amis et finit par se suicider. Le retour du père n'a tout simplement pas lieu. Nous avons donc affaire ici, en 1757, à un phénomène qui semble déjà annoncer ce qui se passe dans les contes de 1772: au théâtre, autant que dans le récit, tout est provisoire,

---

17   *Le Fils naturel (Deuxième entretien),* édition de Jacques et Anne-Marie Chouillet, *Œuvres complètes,* tome 10 (*Le Drame bourgeois, Fiction II*), Paris, Hermann, 1980, p. 127.

les faits n'ont aucune solidité, demeurant toujours sujets à contestation, se succédant et s'enchevêtrant. Dans l'entretien, Diderot nous donne un résumé circonstancié de la version tragique, avec des extraits du dialogue, et une mise en scène détaillée du moment où Dorval, désespéré, tombe sur son épée. Comme dans les contes, deux versions des faits se confrontent et en quelque sorte se concurrencent.

Certes, les *Entretiens* sont un magnifique laboratoire théâtral où il faut envisager toutes les façons de traiter une situation donnée, afin de mieux démontrer le caractère des trois genres dramatiques, et en particulier la spécificité du nouveau mode sentimental. Pourtant, si Diderot élabore à travers les débats de Dorval avec MOI un atelier de création et de réflexion sans pareil, sa démarche n'en reste pas moins paradoxale, puisque à côté des réflexions d'un artiste avisé et habile, pour qui telle ou telle intrigue n'est qu'une matière brute à travailler, on trouve un souci du vérisme poussé à l'extrême. Tout est vrai: la pièce n'est pas une pièce, les personnages ne sont pas des personnages, les lieux ne sont pas des décors, les émotions ne sont pas feintes, et en même temps tout cela peut être balayé, comme par un geste de la main un peu impatient, pour laisser la place à d'autres événements, d'autres émotions, à une autre issue. Il ne s'agit pas d'une incohérence, si par incohérence on entend un défaut, mais d'une étonnante volonté d'aller jusqu'à la limite du possible, en tentant de démonter les rouages de l'illusion tout en la maintenant. Et c'est là peut-être une constante de l'œuvre de Diderot: que son lecteur en même temps soit et ne soit pas dupe des procédés qui créent et qui maintiennent l'illusion dans une œuvre d'art.

* * *

Dans le *Discours sur la poésie dramatique* qui accompagne *Le Père de famille* on trouve la comparaison suivante:

> 'Le poète se joue de la raison et de l'expérience de l'homme instruit, comme une gouvernante se joue de l'imbécillité d'un enfant. Un bon poème est un conte digne d'être fait à des hommes sensés.'[18]

---

18   *Discours sur la poésie dramatique*, p. 357.

C'est dans le même passage que Diderot rappelle une vérité simple et essentielle, à savoir que l'illusion n'est pas volontaire. Ce fait pourrait être considéré comme le point de départ de toute sa pratique de romancier et de conteur, aussi bien que d'homme de théâtre. Le point de départ et non pas le point d'arrivée, car, comme on l'a vu, Diderot veut nous rappeler sans cesse (et plus ou moins ouvertement selon les cas) tout ce que l'œuvre d'art a de construit et d'humain, donc tout ce qui lui donne un sens et en même temps peut-être la prive de sens. On se joue de nous, mais le jeu se complique parce que, contrairement à la gouvernante, notre auteur veut que nous le sachions.

Comment expliquer cette propension de Diderot? On parle parfois de son inventivité, un terme qui se justifierait par ce foisonnement de récits qui se bousculent chez lui. Cette explication me semble contestable, car Diderot, précisément, n'est pas inventif au niveau de l'intrigue. L'accusation d'avoir plagié Goldoni dans *Le Fils naturel* est fondée, à un niveau superficiel. La plupart des contes reprennent des histoires connues. On connaît d'autre part la dette de Diderot à l'égard de Sterne. Si inventivité il y a, elle se situe à un autre niveau: en parler, c'est renvoyer la question plus loin plutôt que d'y répondre.

Plus substantielle est la thèse de ceux qui disent que le réel est pour Diderot si complexe que seul un art complexe, joueur, conscient de ses propres limites, peut même commencer à en rendre compte. C'est certainement vrai. On sait, par exemple, quelle fascination la découverte du polype a exercé sur quelques-uns des grands esprits des Lumières, combien Diderot lui-même a eu recours à cet animalcule pour donner l'image de la fécondité et du renouvellement constant qui caractérisent les grands génies.[19] Il faut sans doute aller plus loin, cependant, car, en soi, l'idée que le réel soit d'une complexité presque insondable est partagée par beaucoup d'auteurs. Il faut donner à l'idée de cette complexité un contenu plus précis, spécifique à Diderot, pour qu'elle devienne utile. Alors comment faire le lien entre la multiplicité des versions et des interprétations dans les œuvres de fiction, et les convictions, philosophiques et autres, de Diderot d'une façon qui ne soit

---

19   Voir May Spangler, 'Science, philosophie et littérature: le polype de Diderot', *Recherches sur Diderot et sur l'Encyclopédie*, No. 23 (octobre 1997), pp. 89-107.

pas réductrice, donc sans faire des textes de simples illustrations de telle ou telle thèse?

Rappelons que pour certains critiques, comme on l'a vu, Diderot dans sa maturité est partagé entre le refus de la liberté aux êtres humains, conséquence logique de son matérialisme, et un malaise provoqué par tout ce que cette croyance semble avoir de trop rigide, de trop absolu. Que ce soit ou non une vision entièrement juste, il est indiscutable que les personnages de ses contes et romans se trouvent souvent dans des situations où, se croyant libres, ils sont en réalité le jouet d'un autre. Cela est même trop fréquent pour être un effet du hasard (si j'ose employer ce terme). C'est le cas dans le conte *Mystification,* comme son nom le suggère déjà. *La Religieuse,* comme chacun sait, a pour origine une autre mystification. Ce qui est moins souvent remarqué est que, tout au long d'une série d'histoires racontées dans *Jacques le fataliste,* on voit un personnage pris au piège: le marquis, dans l'histoire de Madame de la Pommeraye, qui se venge de lui sans qu'il se doute de rien, le maître de Jacques dans ses rapports avec son ami l'indélicat chevalier de Saint-Ouin, les deux jeunes moines qui, au cours d'une enquête sur la sulfureuse vie privée du père Hudson, se réjouissent de retrouver son ancienne maîtresse, et d'autres encore. Dans les contes et nouvelles il y a donc incontestablement un courant de réflexion sur la liberté et la nécessité dont il faut tenir compte. On peut cependant se demander si l'image d'un Diderot qui n'arrive plus à bien défendre ses thèses déterministes, qui flotte, ébranlé dans ses croyances les plus profondes, peut se justifier. Dans *Jacques le Fataliste* en particulier, il y a chez les personnages qui sont mis en scène une telle fréquence de cas où la conviction d'agir librement et de maîtriser son propre destin se révèle illusoire, qu'on se demande si certains lecteurs n'ont pas à l'occasion confondu le recours subtil et magistral au registre du paradoxe, dans le cadre d'une conviction pleinement assumée, avec un accès de faiblesse ou de doute. Le tout est de savoir quelle est la visée du paradoxe. En tout cas, rira bien qui rira le dernier.

Deux aspects de cette réflexion sur la liberté sont impliqués à mon avis dans le caractère très particulier des fictions dialoguées de Diderot. Il y a d'abord le statut du réel. Dans un système matérialiste, le réel, dira-t-on, a l'immense prestige d'exister. Comme on le voit constamment chez Diderot, cependant, le fait d'exister a aussi quelque chose de presque arbitraire. Il y a des monstres, comme ces jumeaux siamois dont on parle dans *Le Rêve de d'Alembert*, et les monstres sont presque la même chose que nous. Il suffit de la moindre petite entorse dans l'enchaînement des causes et des effets dont nous sommes le produit pour que tout se passe autrement. Il y a, me semble-t-il, un immense effort de réflexion à ce sujet chez Diderot, qui l'amène à des positions qui ne sont pas loin des théories modernes du chaos. Si nous sommes des êtres libres, nous avons la possibilité d'exercer la raison, de faire des choix intelligents qui peuvent influencer le devenir de notre vie et de notre monde. Si nous sommes privés de ce privilège, nous évoluons dans un monde dont l'ordre n'est en aucun degré déterminé par des besoins humains, et où nous saisissons mal l'enchaînement des effets. On a beaucoup parlé il y a quelques années de ce battement d'ailes d'un papillon d'Amérique du Sud qui allait finir par déclencher un typhon en mer de Chine. Dans l'ordre de la Nature, le papillon peut avoir, par le concours des circonstances, un plus grand rôle à jouer que nous.

Cet argument est cependant réversible. Finalement, dans ce système, ce qui n'est pas est aussi intéressant, et à un certain niveau aussi significatif, que ce qui est. Ce qui existe ne révèle pas un ordre humain, mais plutôt un ordre à l'intérieur duquel les êtres humains se débattent en se faisant d'immenses illusions, en s'imaginant plus importants qu'un papillon, en se croyant libres. Cela est réel aussi. Le récit va donc fonctionner à plusieurs niveaux différents, il entassera les ordres humains possibles les uns sur les autres, tout en montrant qu'aucun d'entre eux n'est vraiment bien fondé. Il doit démonter l'illusion de la liberté, mais il doit aussi multiplier les interprétations, car celles-ci révèlent l'effort des hommes pour imposer un ordre humain sur le flux du monde. Leurs tentatives ne sont pas dépourvues d'intérêt, tout en étant vouées à l'échec. Surtout, elles ne permettent pas d'aboutir à une position fixe, elles vont se relayer et se contredire sans arrêt. Par conséquent, la philosophie et le jeu ont une complicité profonde.

'Le poète se joue de la raison et de l'expérience de l'homme instruit, comme une gouvernante se joue de l'imbécillité d'un enfant. Un bon poème est un conte digne d'être fait à des hommes sensés.' Se jouant ainsi de nous, le poète ne parle-t-il pas par moments à la place de la Nature? Ce faisant, il renonce, si paradoxal que cela puisse paraître, à l'emploi d'une seule voix. Car parler à la place de la Nature, ce ne sera pas *dire* la Nature, mais plutôt dire ce que, par rapport à la Nature, les discours et les entreprises humains, la raison et l'expérience de l'homme instruit, ont de fragile et d'aléatoire. La voix unique est celle de la conscience individuelle, isolée et impériale, construisant un ordre simple; seule la multiplication des voix peut rapprocher l'œuvre de cette immensité dont elle doit essayer de rendre compte, l'immensité de ce qui est, et de ce qui n'est pas.

Reposons donc cette question que suscite et renouvelle la lecture des fictions de Diderot: qu'est-ce que la vérité? Et essayons d'y répondre en disant que chez Diderot, la vérité humaine est un ordre qui suggère une certaine cohérence dans les actions des membres de cette espèce. Raconter une histoire, c'est, entre autres choses, montrer de l'ordre dans une séquence d'actions. Cet ordre n'a cependant aucun fondement stable. On peut raconter 'la même' histoire tout en y suggérant un ordre différent. Et si deux ordres se heurtent ou se contredisent, Diderot semble souvent refuser de trancher: ces ordres se concurrencent sans qu'on puisse disposer d'éléments permettant de préférer l'un à l'autre, de substituer définitivement l'un à l'autre. Pourquoi? N'est-ce pas encore une fois parce que l'ordre humain est de toute façon un ordre inventé, fictif, dont la valeur est dans le meilleur des cas provisoire? Le véritable ordre du monde est vaste, impersonnel et va son train sans que les aspirations humaines puissent l'infléchir. Lui seul est absolu. Les sciences naturelles balbutiaient encore à l'époque de Diderot, qui ne distinguait guère entre matière vivante et matière inerte, mais à certains égards ses positions sont comparables à celles de ces scientifiques modernes pour qui nous ne sommes qu'un mode de transmission pour les gènes.[20] L'essentiel, c'est que ceux-ci se reproduisent; tout le reste, toute l'activité de notre espèce et celle des autres, que ce soit l'art, la philosophie, les Pyramides d'Egypte, les ruches d'abeilles ou les nids de fourmis, n'est qu'accidentel. Dans la perspective de l'ordre de la Nature, cette activité est vaine si elle n'apporte rien à la transmission de la vie. En même temps, cette perspective-là ne peut pas être la nôtre, en tout cas nous avons du mal à l'adopter durablement: on voit mal ce que serait

---

20   Je pense en particulier à l'Anglais Richard Dawkins, grand vulgarisateur de la pensée scientifique, connu aussi pour ses prises de position antireligieuses et anti-finalistes.

une vie organisée en fonction d'elle. Et puis, qui sait ce qui peut contribuer indirectement à la transmission de la vie? L'œuvre de Diderot est caractérisée par conséquent par une double perspective, qui se manifeste dans *Le Neveu de Rameau,* où il y a affirmation et remise en question de l'ordre social, autant que dans les textes que je viens d'évoquer. L'ordre humain (quel qu'il soit) est tout, car il est le seul ordre qui nous soit propre, l'ordre humain n'est rien, car il est étranger à un ordre plus vaste qui seul régit véritablement notre vie. Diderot navigue entre ce tout et ce rien, nous emmenant avec lui dans un voyage sinueux et sans fin qui est celui de presque toute son œuvre.

Brion de la Tour, frontispiece to *Histoire d'Ernestine*, O. C. de Madame Riccoboni,
Paris, Volland, 1796, vol. 5

JOAN HINDE STEWART

Ernestine, romanet

Je propose une réflexion sur une sorte de roman en miniature, c'est-à-dire un texte qui, souvent qualifié de roman, n'en a pourtant pas la longueur habituelle, et où il s'agit d'un peintre qui est justement miniaturiste. D'ailleurs, le peintre en question est une jeune fille qui maîtrise son métier avant l'âge de seize ans. Ernestine – c'est ainsi qu'elle s'appelle – est donc une des rares femmes professionnelles dans la fiction non-pornographique du dix-huitième siècle, et elle est certainement parmi les plus jeunes.

En mai 1765, Denis Humblot, l'éditeur principal de Marie Riccoboni, a publié un volume de 303 pages intitulé *Recueil de pièces détachées.* Signé du nom de Riccoboni, il contenait une demi-douzaine de morceaux différents, dont la plupart avaient déjà paru, y compris sa célèbre *Suite de Marianne.* Mais c'est le récit le plus long, et le seul qui soit neuf, *Histoire d'Ernestine,* qui attire l'attention. Dans les *Mémoires secrets* du 5 juin de cette même année, Bachaumont fait paraître une notice qui dit en partie:

> Madame Riccoboni ne cesse de semer de fleurs la carrière littéraire, elle vient de répandre dans le public un *Recueil de pièces détachées* aussi agréable que piquant. [...] la pièce la plus curieuse est un *Romanet*, qui a pour titre *Ernestine*. Il nous paraît d'un goût exquis; les caractères y sont vrais, quoique singuliers, et les incidents neufs, sans être romanesques.[1]

Un romanet? Le mot semble être de l'invention de Bachaumont, jolie façon de désigner un ouvrage qui est plus qu'une nouvelle, sans atteindre les dimensions ordinaires d'un roman.

Bachaumont n'est pas seul à l'admirer. Selon la *Correspondance Littéraire,* c'est 'un petit roman plein d'intérêt et d'agrément.'[2] 'Conte

---

1   *Mémoires secrets*, t. II, 5 juin 1765, p. 229.
2   Grimm, Friedrich Melchior, et al., *Correspondance littéraire, philosophique et critique*, vol. 4 (mai 1765), Paris, Longchamps, 1813, p. 435.

charmant,' dit la *Gazette Littéraire de l'Europe*;[3] 'tout ce que l'esprit et les grâces peuvent ajouter de charme à la tendresse et à la vertu,' dit Choderlos de Laclos.[4] Pour Jean-François de La Harpe, il semble que la perfection d'*Ernestine* réside dans ses proportions: 'quoique ce soit la moindre production de l'auteur pour l'étendue, c'est peut-être la première pour l'intérêt et les grâces. C'est un morceau fini qui suffirait seul à un écrivain. On pourrait appeler *Ernestine* le diamant de Madame Riccoboni.'[5]

Ce 'morceau fini,' ce 'diamant' est non seulement une des plus grandes réussites de Riccoboni,[6] mais une des plus durables: dans la centaine d'années qui suivent sa publication, une douzaine d'éditions paraissent, sans compter les œuvres complètes. L'ouvrage est bientôt traduit en anglais et, douze années après sa publication initiale, transformé par Laclos en opéra-comique.[7] Félicité de Genlis déclarera que 'tout le monde a lu la jolie nouvelle intitulée *Ernestine,*'[8] et même en 1841, la *Revue de Paris* marchande quelque peu ses éloges, mais avoue que dans *Ernestine* il y a 'une idée fraîche et d'une simplicité charmante.'[9]

Cette idée est vite racontée. C'est un récit à la troisième personne, fait par un narrateur qui est loin d'être entièrement neutre. Etrangère à Paris et de langue allemande, Ernestine, encore toute petite, perd sa mère, qui était brodeuse. Sans autre famille, l'enfant est recueillie par Madame Dufresnoy, une veuve charitable, qui décide de lui faire apprendre la peinture en miniature comme moyen de gagner éventuellement sa vie. A la mort de la veuve, Ernestine rentre sous la protection de son maître en peinture, l'honnête Monsieur Duménil, et de sa femme, légère et malhonnête. C'est dans l'atelier de peinture qu'Ernestine fait la connaissance du marquis de Clémengis, qui tombe amoureux de cette jeune fille de seize ans, allant jusqu'à étudier avec elle l'art de la miniature. A la mort du peintre (il faut dire que Riccoboni accumule les morts), Clémengis

---

3   Mars-mai 1765, p. 5.
4   Lettre d'avril 1782 adressée à Riccoboni; Laclos loue dans la même phrase *Lettres de Mistriss Fanni Butlerd* et *Lettres de Milady Juliette Catesby* (Choderlos de Laclos, *Œuvres complètes*, Paris, Gallimard, 1979, pp. 758-759).
5   *Cours de littérature*, Paris, Hiard, 1834, vol. 23, p. 21.
6   Avec *Lettres de Milady Juliette Catesby* (1759).
7   Intitulée *La Protégée sans le savoir,* la pièce, qui est perdue, n'a eu qu'une seule représentation défavorable.
8   *De l'influence des femmes sur la littérature française*, Paris, Maradan, 1811, p. 280.
9   Mme M., 'Mme Riccoboni,' *Revue de Paris* 35 (1841), p. 207.

transmet secrètement à Ernestine une maison de campagne et des moyens suffisants, sans vouloir lui en révéler la source ni rien demander en échange. Grâce pourtant à l'intervention d'Henriette, sœur du feu peintre, Ernestine apprend à qui elle doit son aisance et apprend aussi, hélas, qu'accepter les dons d'un homme peut la perdre de réputation. Ses rapports avec le marquis changent inévitablement et les deux en souffrent, car Clémengis, tout épris qu'il est, est encore trop sensible aux intérêts de son rang pour penser à l'épouser. Mais quand, par un revers du destin, il semble avoir tout perdu, argent et espérances, et qu'Ernestine fait preuve d'un dévouement prodigieux, il comprend son erreur. La fortune du marquis est sauvée et les deux amoureux se marient.

Étant donné que Riccoboni faisait preuve en général d'une conception plutôt pessimiste des rapports entre les hommes et les femmes, et n'affectionnait guère les conclusions heureuses, cette fin est remarquable. Ses romans, d'ailleurs, sont d'habitude longs (par exemple, *Histoire de Miss Jenny, Lettres de Sophie de Vallière*) ou assez longs (*Lettres de Mistriss Fanni Butlerd, Lettres de Milady Juliette Catesby*). L'*Histoire d'Ernestine*, par contre, est d'une remarquable brieveté. Qui plus est, Riccoboni adoptait le plus souvent la forme épistolaire: parmi ses huit œuvres principales, il n'y a que l'*Histoire de M. le marquis de Cressy* et l'*Histoire d'Ernestine* qui sont écrites à la troisième personne, et encore *Ernestine* est sensiblement la plus courte des deux.[10]

Mais *Ernestine* est le fruit d'un moment exceptionnel dans la vie de Riccoboni. Comme le note Michèle Servien, '1765 est l'année faste pour cette femme de cinquante-deux ans.'[11] Très estimée comme écrivain, elle s'est récemment liée avec deux Britanniques, dont elle apprécie beaucoup la société: David Garrick, directeur du théâtre de Drury Lane, qui est à Paris depuis 1763 avec sa femme; et Robert Liston, jeune Écossais de vingt-deux ans venu à Paris en été 1764 comme gouverneur des enfants de l'ambassadeur d'Angleterre. Une fois rentré à Londres, l'ami Garrick lui sera utile pour l'acquisition de nouveautés littéraires anglaises et pour les

---

10   *Ernestine* est de quatre-vingt-six pages dans l'Édition Volland des *Œuvres complètes* en huit volumes de 1786, contre cent seize pour *Cressy*.

11   Michèle Servien, *Madame Riccoboni, vie et œuvre*, Thèse, Université de Paris IV, 1973, vol. I, p. 133. Je suis redevable à l'inestimable thèse de Michèle Servien pour d'importants renseignements et aperçus biographiques, surtout sur la composition d'*Ernestine* et sur les relations de Marie Riccoboni avec ses amis anglais.

traductions anglaises de ses ouvrages. Pour Liston, son 'cher Bob,' ses sentiments sont d'un autre ordre, car elle tombe amoureuse de lui, et pour toujours. A son départ en 1766, elle sera désolée et entreprendra avec lui aussi une correspondance importante. Mais pour le moment, entre le thé et le poulet qu'elle lui offre dans le salon qu'elle partage avec sa compagne, Marie-Thérèse Biancolelli, et les leçons d'anglais qu'il leur donne, elle vit les journées les plus satisfaisantes qu'elle ait jamais connues. Longtemps la romancière a parlé d'amour, à présent elle le vit.[12] En même temps, cependant, elle trouve gênant de s'être éprise à son âge, et d'un homme si jeune: elle ne veut pas que ses sentiments deviennent publics. Dans la belle histoire d'amour qu'elle compose alors, il s'agit justement de l'image qu'une femme heureuse renvoie au monde.

Sans trop appuyer sur les points de ressemblance entre biographie et fiction, on peut se demander si les différences culturelles entre l'orpheline allemande et le marquis français ne figurent pas celles entre le précepteur écossais et la romancière française: dans les deux cas, il y a la nécessité d'apprendre une langue étrangère. Et est-ce que les leçons de langue données par un jeune homme à une femme d'un certain âge ne trouvent pas leur écho dans les leçons de peinture données par l'adolescente Ernestine au marquis? Dans les deux cas, le pupille, déjà mûr, trouve son compte autant dans la contemplation du professeur que dans la maîtrise de la matière: 'Lisez, Madame, lisez, ne me regardez pas,'[13] suppliait Liston dans le salon de la romancière. C'est pareillement le plaisir du regard échangé dans le cabinet du peintre – lieu de travail, lieu quasi-intime, mais, comme le salon, lieu de réception aussi – qu'on trouve dans *Ernestine* (et auquel je reviendrai).[14] Elisabeth Zawisza a sans doute raison de dire qu'Ernestine,

---

12   Comme le précise Michèle Servien: 'En aimant Liston elle concrétise ce qui a été jusqu'ici le sujet de ses œuvres. [...] Le petit roman d'*Ernestine*, écrit pendant le premier trimestre de l'année 1765, répondait alors aux préoccupations de Madame Riccoboni qui prenait conscience des nouveaux sentiments qui animaient son cœur' (p. 141).

13   *Mme Riccoboni's Letters to David Hume, David Garrick and Sir Robert Liston: 1764-1783,* édité par James C. Nicholls, Oxford, The Voltaire Foundation, 1976, p. 97.

14   Quant à la part de sublimation qu'il pourrait y avoir dans l'ouvrage, notons en passant que la mère de Riccoboni, âgée, malade, et plus tyrannique que jamais, lui pèse beaucoup autour de 1765, mais ne mourra que quatre ans plus tard. En revanche, Ernestine perd sa mère en trois phrases.

avec sa profession artistique, et ses qualités intellectuelles et morales, figure 'le cheminement personnel de l'actrice devenue auteur.'[15] Dans ce contexte, relevons surtout ceci: l'héroïne apprend un art non pas pour passer convenablement le temps, ni pour briller en société, mais pour gagner sa vie.[16] En cela, elle est effectivement presque unique dans les œuvres de Riccoboni, où les héroïnes, même démunies, se sentiraient incapables de travailler pour de l'argent. La pratique d'une profession donne à Ernestine une définition et un profil, tout en lui prêtant de l'assurance.

La miniature est, comme nous le savons, l'art de peindre en petit format, par exemple des paysages sur des petites boîtes, ou des portraits en médaillons. Selon le *Dictionnaire de Trévoux*, elle se définit ainsi: 'Sorte de peinture délicate qui se fait à petits points. [...] La *miniature* se fait de simples couleurs très fines, détrempées avec de l'eau, et de la gomme sans huile. Elle est distinguée des autres peintures, en ce qu'elle est plus délicate, qu'elle veut être regardée de près, qu'on ne la peut faire aisément qu'en petit, qu'on ne la travaille que sur du vélin, ou sur des tablettes.'[17]

Pour Jean-François Bastide, l'*Histoire d'Ernestine*, à cause de sa délicatesse même, ne peut pas être estimée à sa juste mesure lors d'une première lecture: c'est une de ces productions qui 'n'offrent pas de grands

---

15   Elisabeth Zawisza, '*Histoire d'Ernestine* de Mme Riccoboni ou l'art de la miniature,' à paraître dans les *Actes de la Xe Rencontre de la Société d'Analyse de la Topique Romanesque*. Dans cette remarquable étude sur la façon dont Riccoboni aborde 'la représentation sous ses multiples facettes,' Madame Zawisza se penche sur 'les implications socio-esthétiques de la femme peintre.'

16   Mireille Flaux nous rappelle pertinemment l'importance des revenus dans l'œuvre ricobonienne: 'La présence ou l'absence de biens est déterminante pour le sort des personnages. Ainsi, la narratrice tient les comptes d'Ernestine tout au long de cette histoire: sa protectrice dispose de trois mille livres de rentes viagères; elle-même possède huit mille livres à la mort de Mme Dufresnoy' (*Madame Riccoboni: une idée du bonheur au féminin au siècle des Lumières*, Lille, Université de Lille III, Atelier National de Reproduction des Thèses, 1991, p. 492). Comme le dit Colette Piau, 'Ernestine a un grand respect du travail,' exerçant, à la différence de nombreuses héroïnes de roman, 'une activité rémunérée' (Introduction à *Histoire d'Ernestine*, Paris, Côté-Femmes, 1991, p. 24).

17   *Dictionnaire universel français et latin* (Dictionnaire de Trévoux), 1748. Selon l'*Encyclopédie*, 'la miniature est l'art de peindre en petit sur une matière quelconque, qui soit blanche naturellement, et non blanchie'; c'est un art 'noble' et 'commode à exercer' (*Encyclopédie ou dictionnaire raisonné des sciences, des arts et des métiers*, tome X, Neuchâtel, Samuel Faulche, 1765, pp. 548, 552).

traits et dont on ne jouit bien qu'en les relisant.'[18] On peut rapprocher de ce jugement la notion même de miniature qui 'veut être regardée de près': Riccoboni nous peint son héroïne de façon sobre et discrète. Et Ernestine, tout en dessinant les autres, accessoirement se dessine elle-même: nous la voyons se débarrasser de sa timidité, mûrir, s'éclaircir les idées.

Elle se livre à son amoureux et à nous dans la pratique de son art pictural et, comme il convient aux portraits, dans un silence relatif. Ainsi, la première rencontre entre l'héroïne et le héros se produit grâce à l'art – et je pourrais presque ajouter, *pour* l'art, puisque l'artiste Brion de la Tour a choisi de représenter cette scène: elle sert de frontispice au cinquième volume des *Œuvres complètes* dans la belle édition Volland de 1786. Ernestine se trouve un jour seule dans le cabinet, où elle achève un portrait commencé par son maître, quand un client entre qu'elle reconnaît aussitôt comme son modèle. Mais sa surprise ne se traduit par aucun cri, ni par aucune gêne; au contraire: 'Elle le salua sans lui parler; une simple inclination, un signe de sa main l'invitèrent à s'asseoir.'[19] Clémengis, charmé de cette jeune ouvrière qui semble prendre d'instinct de l'autorité sur lui, tout marquis qu'il est, obéit sans dire un mot. Et, toujours sans dire un mot, Ernestine se met à le contempler, non pas encore amoureusement, mais studieusement, regardant alternativement le cavalier et son image. Ce n'est pas là la petite héroïne de roman sentimental à laquelle on aurait pu s'attendre; et si Clémengis en tombe amoureux, c'est à cause de l'aplomb d'Ernestine. C'est justement à travers un détail délicat relatif à la miniature que nous saisissons l'état d'âme du marquis: au départ, il avait l'intention d'offrir son portrait en miniature à une dame: à partir de cette rencontre, il est 'moins pressé de le donner' (p. 11).

Dans la gravure de Brion de la Tour, on voit Ernestine devant sa table de travail. Quelques crayons ou pinceaux sont visibles, avec un pot d'eau, une palette et un minuscule petit médaillon. On voit accrochés, tant bien que mal, d'autres tableaux de tous genres et de diverses dimensions: grandes, ovales, rectangulaires. Il y a aussi une statue de nu, un buste, un moulage de pied, de main. C'est le véritable atelier de peintre, dans un

---

18   *Bibliothèque universelle des romans* (février 1781), p. 183.
19   Marie Riccoboni, *Histoire d'Ernestine*, éditée par Joan Hinde Stewart et Philip Stewart, New York, Modern Language Association, 1998, p. 10. Toute référence ultérieure au roman sera mise entre parenthèses dans le texte.

désordre qui n'est qu'apparent, et au premier plan Ernestine qui fait signe au marquis de s'asseoir sur la chaise où il a dû déjà poser son chapeau.

Elle va donc le regarder de son œil d'artiste et il la contemplera en train de le regarder, dans une intimité prolongée et renouvelée: 'Pendant qu'Ernestine continuait à comparer l'original et la copie, le marquis admirait les grâces répandues sur toute sa personne' (p. 10). Et un peu plus tard:

> voulant se procurer encore la douceur de voir les yeux d'Ernestine se fixer sur les siens, il feignit de n'être pas content [du portrait], trouva des défauts de ressemblance, de dessin, de coloris; et comme il blâmait au hasard, la jeune élève de Monsieur Duménil ne put s'empêcher de rire de ses observations.
> Le marquis la pria d'examiner avec attention s'il se trompait. Elle le voulut bien. Il se plaça auprès d'elle, et après y avoir mis toute son application, Ernestine jugea la copie parfaite. (p. 11)[20]

Pour Clémengis, cette rencontre est 'une espèce d'aventure, simple mais agréable' (p. 10).

Mais en transposant sur cuivre cette 'aventure,' Brion de la Tour ne s'est pas strictement limité aux données des premières pages, car il ajoute dans le fond deux écolières. Ainsi, par un téléscopage fréquent dans l'illustration, il anticipe sur une intrigue où, si Clémengis se garde bien de faire de la jeune fille sa maîtresse en amour, il en fait sa maîtresse de dessin. Étant devenu l'écolier d'Ernestine, le brillant marquis s'attire sa riante critique: 'souvent elle riait de sa maladresse, quelquefois elle le grondait, l'accusait de peu d'intelligence, se plaignait de ses distractions, et lui montrant deux petites filles, qui dessinaient dans la même chambre, elle lui reprochait de profiter moins de ses leçons que ces enfants' (p. 13).[21] C'est

---

20 Plus tard encore, quand elle sera éprise du marquis, Ernestine verra mieux la difficulté de bien saisir l'image de ce qu'on aime: '"Voilà ses traits," disait-elle, "sa physionomie; mais où est l'âme, la vivacité de cette physionomie? où sont ces regards si doux, où l'amitié se peint? Combien d'agréments négligés! Est-ce là ce souris fin et tendre, cet air de bonté, de grandeur? Où sont tant de grâces dont j'aperçois à peine une faible esquisse?" En parlant, Ernestine repoussait tous les dessins qui étaient sur sa table, cherchait ses crayons, et, remplie de l'idée du marquis, elle se flattait d'en tracer de mémoire une image plus exacte' (p. 19).

21 Se référant à Hélène Cixous et Catherine Clément, Elisabeth Zawisza voit dans une telle scène une indication de la manière dont la profession de l'héroïne 'permet à Riccoboni de renverser, bien avant *Les liaisons dangereuses*, les rôles traditionnels de deux sexes représentés par les couples antithétiques activité et passivité,

justement la nature des relations entre Ernestine et Clémengis – professionnelles, professorales, financières, amoureuses – et la question des
apparences et des réalités dans ces relations, qui animent l'intrigue.

Considérons la longue scène qui approfondit progressivement une
réalité qui échappe à l'observation: la virginité de l'héroïne et les effets
réciproques entre virginité et sexualité. Ernestine s'est rendue tôt un matin
chez Henriette Duménil, sœur de son feu maître et auparavant une amie
dévouée, mais qui semble l'avoir abandonnée depuis la mort du peintre. Les
raisons en sont mystérieuses (en fait, toutes les deux ont été trompées par
la veuve du peintre) et Ernestine veut en avoir le cœur net. Tandis
qu'Henriette suppose naturellement que les rapports entre Ernestine et le
marquis ne sont guère innocents, la naïve Ernestine ne comprend même pas
d'abord la pensée de son amie. Au cours d'une longue entrevue, remplie de
malentendus et de phrases à double entente – douloureux pour les deux
personnages, émoustillants pour le lecteur – Henriette arrive enfin à se
rendre compte de l'innnocence d'Ernestine. Et l'orpheline finit par
découvrir non seulement les démarches généreuses mais inconsidérées du
marquis, mais surtout l'importance des apparences.

En perdant son ignorance du monde, Ernestine est confrontée à son
désir: ce 'sentiment délicieux' (p. 38) qu'elle éprouve en présence du
marquis. C'est après l'intervention d'Henriette, d'ailleurs, que les choses
se compliquent entre Ernestine et Clémengis. Ayant avoué son amour à
Henriette pour rendre compte de son comportement, le marquis se permet
dorénavant des paroles et des gestes qu'il réprimait avant et qui pourraient
les amener loin, malgré ce qu'il croit être sa résolution de ne pas séduire la
jeune fille. Il semble prêt à tomber malade, tant il la désire. Et Ernestine
réagit avec sa franchise normale: 'Ce n'est pas vous, Monsieur, c'est moi-
même que je crains. Je suis jeune, je vous dois tout; je vous aime' (p. 62).
Elle ajoute qu'elle consentira à se donner à lui, si c'est cela qu'il faut pour
le garder en vie. En proposant de se soumettre à Clémengis, Ernestine met
en jeu sa virginité, mais réussit à la garder le temps qu'il faut. Car,
bouleversé, le marquis se retire. Leur bonheur ne sera scellé que plus tard,
quand Ernestine, ne s'attendant pas à une proposition de mariage, mais
croyant Clémengis ruiné et mourant, se jette sur son lit de malade pour

intelligible et sensible, tête et sentiment.'

demander de vivre à ses côtés. Il rentre en possession de ses biens, il guérit, et il épouse Ernestine.

Cette méditation sur la valeur sociale de l'innocence physique est pourtant passée sous silence par les critiques de plusieurs générations. Suzan van Dijk a analysé les différences entre l'*Ernestine* de Riccoboni et l'intrigue telle qu'elle a été présentée et commentée par Bastide (dans un résumé appelé justement 'miniature') en 1781 dans la *Bibliothèque Universelle des Romans*. C'est dans le résumé en question que Bastide soutient qu'*Ernestine* bénéficie de la relecture (la sienne, en l'occurence). Regardant de tels résumés comme de véritables ré-écritures, Suzan van Dijk en vient à des conclusions convaincantes sur la façon dont certains contemporains masculins ont pu lire (ou ne pas lire) ce que nous autres lecteurs et lectrices du vingtième siècle appelons le 'féminisme' de Riccoboni.[22]

Pareillement, dans son *Histoire littéraire des femmes françaises,* l'abbé de La Porte donne des 'analyses raisonnées' des ouvrages de femmes, précédées de précis de leur vie. Il clôt une longue discussion de Riccoboni par une analyse d'*Ernestine*. En un peu plus de cinq pages, il raconte les débuts de l'orpheline, ses rapports avec Clémengis, sa brouille avec Henriette. Il dépose Ernestine chez son ancienne amie le jour de la visite décisive, et cite le début de leur conversation. Mais il termine abruptement la citation au moment où Ernestine s'exclame, dans une incompréhension totale de ce dont on l'accuse, 'Quoi! Mademoiselle, vous osez m'insulter si cruellement! Vous osez m'imputer des crimes!' En fait, La Porte coupe non seulement la citation, mais, très vite, son analyse: après un aparté sur une autre héroïne riccobonienne, Miss Jenny, tout ce qui reste du récit d'*Ernestine* – plus de la moitié de l'ouvrage – est résumé en une seule phrase ainsi conçue:

> Enfin, Madame, d'éclaircissements en éclaircissements, Ernestine reconnut qu'il n'était ni honnête ni décent, de profiter des bienfaits de M. de Clémengis; mais comme ce dernier n'avait que des vues légitimes, après les délais nécessaires dans

---

22   Van Dijk, Suzan, 'L'*Histoire d'Ernestine*, d'après Marie-Jeanne Riccoboni et d'après la *Bibliothèque Universelle des Romans*,' à paraître dans les *Actes de la Journée Riccoboni*, Paris, Université de la Sorbonne, 1 mars 1997.

un roman, il épouse sa chère Ernestine, avec laquelle il passe des jours heureux et tranquilles.[23]

Pour en venir aussi vite que possible au bonheur de Clémengis, La Porte réduit presque tout le dénouement à ces deux expressions imprécises: 'd'éclaircissements en éclaircissements,' et 'les délais nécessaires dans un roman.' Mais c'est dans ces 'délais' qu'éclate la supériorité d'Ernestine; c'est au cours de ces 'éclaircissements' qu'elle acquiert des vérités pénibles sur les apparences et le regard du monde. Qui plus est, c'est en 'éclaircissant' Ernestine qu'Henriette (ne sachant pas encore que Clémengis est l'exception aux règles) prononce une diatribe bien riccobonienne contre les hommes:

> 'Ô, ma chère amie, vous ne les connaissez pas,' lui disait-elle; 'ils se prétendent formés pour guider, soutenir, protéger un sexe *timide et faible*: cependant eux seuls l'attaquent, entretiennent sa timidité, et profitent de sa faiblesse; ils ont fait entre eux d'injustes conventions pour asservir les femmes, les soumettre à un dur empire; ils leur ont imposé des devoirs, ils leur donnent des lois, et par une bizarrerie révoltante, née de l'amour d'eux-mêmes, ils les pressent de les enfreindre et tendent continuellement des pièges à ce sexe *faible, timide*, dont ils osent se dire le conseil et l'appui.' (pp. 39-40).

Toute cette partie qui peut résonner si fort aujourd'hui est perdue dans la version de La Porte.

Un à-côté de l'histoire littéraire pourrrait cependant faire penser que le récit de Riccoboni a bien résonné pour une lectrice contemporaine de La Porte. Sainte-Beuve s'appuie sur un aspect de la bibliographie matérielle des livres riccoboniens, dont *Ernestine*, pour réhabiliter d'une certaine façon une autre étrangère de langue allemande à Paris, Marie-Antoinette. Il semble que Marie-Antoinette substituait un roman de Riccoboni à une autre espèce de livre souvent orné de miniatures: un livre d'heures. Je cite le passage de Sainte-Beuve en entier:

> cette reine charmante, noble et fière, aimable, sensible, élégante, n'aimait pas et ne pouvait aimer les vilaines lectures, et si elle avait de la prédilection pour quelques romans, je pourrais bien vous dire lesquels: c'était pour ceux de Mme Riccoboni; là et non ailleurs serait sa nuance; les *Lettres de Juliette Catesby* lui plaisaient, et si

---

23   *Histoire littéraire des femmes françaises*, Paris, Lacombe, 1769, vol. V, p. 77.

elle avait été condamnée à lire un peu trop longtemps par pénitence, c'est de ce joli roman ou de l'*Histoire d'Ernestine* qu'elle eût fait volontiers son livre d'*Heures*.

Et, en note en bas de page, il explique:

> Je ne plaisante pas, il existe, – ou, pour parler plus exactement, il existait encore, il y a une quinzaine d'années, – à la Bibliothèque dite alors nationale, et dans le lieu le plus réservé, appelé l'*Enfer*, un volume relié aux armes de Marie-Antoinette et lui ayant appartenu, portant le mot d'*Heures* au titre. On ouvrait, et c'était un roman de Mme Riccoboni. Evidemment, un jour que l'office lui avait paru trop long, elle avait eu l'idée de faire ainsi arranger le volume pour le prendre une autre fois et se désennuyer en le lisant.[24]

Roman ou romanet, j'ai prêté peu d'attention à *Ernestine* quand, moi-même jeune lectrice de Riccoboni, je l'ai ouvert pour la première fois. Je l'ai trouvé joli, certes, mais désuet: j'avais presque honte de le lire avec plaisir et d'en subir le charme. Je l'ai bientôt quitté, pensant sans doute mieux m'occuper avec quelque intrigue qui puisse être regardée comme plus explicitement féministe: que ce soit la trahison du déloyal Alfred dans *Lettres de Fanni Butlerd*; le suicide de l'héroïne de l'*Histoire de M. le marquis de Cressy*; 'l'égarement' sexuel de Milord d'Ossery dans *Lettres de Milady Juliette Catesby*; ou la scélératesse de Danby dans l'*Histoire de Miss Jenny*. Mais en cherchant récemment une œuvre de Riccoboni à proposer à la Modern Language Association pour une série de publications qui vise des textes étrangers de proportions relativement modestes, j'ai repensé naturellement à *Ernestine*.

Bastide avait peut-être raison: c'est un récit tout en finesse, dont on jouit surtout à la relecture. *Ernestine* met en scène une héroïne qui aime se moquer et se maquiller; qui saute dans une chaise à porteurs ou un carosse; qui se jette au cou des amis brouillés avec elle, ou aux pieds de l'homme de sa vie sans qu'il la demande auparavant en mariage; qui chérit cet homme dans toutes ses imperfections; et qui, si elle comprend le pouvoir du silence, sait au besoin très bien dire sa pensée (à la différence de nombreuses héroïnes de l'époque qui sont d'une réticence presque maladive). Ouvrage très dix-huitième, donc, mais – avec, comme l'ont signalé des critiques récents, le renversement des rôles du maître et de l'élève, et une héroïne qui sait la valeur du travail et des revenus – d'une modernité certaine; ouvrage

---

24   Sainte-Beuve, *Nouveaux Lundis*, t. VIII (1867), pp. 346-347.

gracieux, de longueur modeste, qui, malgré la simplicité apparente d'une narration linéaire, à la troisième personne, et d'une conclusion traditionnelle, apprécie la complexité des rapports homme-femme. Relevant d'une époque bénie de la vie de son auteur, *Ernestine* nous apprend que les héroïnes vertueuses ne sont pas toutes pâles et que les hommes ne sont pas toujours méchants.

On comprend que Riccoboni ait ressenti une affection particulière pour *Ernestine* et qu'elle ait envisagé un beau sort pour cette enfant de son cœur. Mais le métier d'écrivain a ses propres exigences et les choses ne se sont pas passées comme elle se l'imaginait. En 1765 Humblot la pressait de livrer un autre roman qu'elle avait commencé, *Lettres de la comtesse de Sancerre*, dont quelques extraits avaient déjà paru en périodique; mais *Sancerre* n'avançait pas, et elle a fini par lui céder le manuscrit d'*Ernestine* pour le faire patienter. Dans une lettre à son éditeur, publiée dans la première édition du *Recueil*, Riccoboni explique son sentiment: 'La petite histoire d'*Ernestine* est prête, il est vrai; je consens à vous la donner: mon dessein était de la placer ailleurs; n'importe. [...] Imprimez donc, Monsieur Humblot, passez-en votre fantaisie; voilà le manuscrit d'*Ernestine*: je le regrette un peu, je ne le destinais point à accompagner ces espèces de fragments; mais enfin je vous l'abandonne.'[25]

Sancerre n'allait voir le jour que deux ans plus tard, après avoir donné à son auteur autant de soucis que la longue et pathétique *Histoire de Miss Jenny*, que Riccoboni avait mis des années à achever, et dont la publication a précédé directement celle d'*Ernestine*. À propos de *Miss Jenny*, Riccoboni a confié à Humblot qu'elle croyait avoir mal fait d'entreprendre deux volumes. C'est beaucoup dire, mais il est certain qu'avec *Ernestine*, ouvrage dont le début est aussi condensé que la fin, ouvrage rapidement écrit et lancé dans le monde à regret entre *Miss Jenny* et *Sancerre*, elle a trouvé une formule inspirée.

Reste que l'histoire critique et matérielle de l'ouvrage semble curieusement assortie à son contenu miniaturiste: réduit par Humblot au statut d'une incertaine 'pièce détachée' et entouré de 'fragments'; peut-être

---

25   *Recueil de pièces détachées*, Paris, Humblot, 1765, pp. ii-iv. Dans l'édition séparée d'*Ernestine* qui a paru chez Humblot l'année suivante, la phrase 'je ne le destinais point à accompagner ces espèces de fragments' subit une modification, devenant: 'je ne le destinais point à aller seul.'

converti en livre d'heures par la reine;[26] 'miniaturisé' de façon tendancieuse par Bastide; banalisé par La Porte; sifflé dans l'adaptation opératique de Laclos;[27] et puis longtemps laissé de côté, sinon dévalorisé,[28] par des lecteurs modernes comme moi-même. Ouvrage qui peut déconcerter son public autant qu'il l'enthousiasme.

---

26   C'est au moins une interprétation possible du texte de Sainte-Beuve.

27   Et, au dire de René Pomeau, parodié dans *Les liaisons dangereuses* ('D'*Ernestine* aux *Liaisons dangereuses*: le dessein de Laclos' [*Revue d'Histoire littéraire de la France* 68 (1968): 618-32]). Pour René Pomeau, d'ailleurs, 'Le petit roman de Mme Riccoboni est prodigieux de mièvrerie' (p. 622).

28   Raymond Trousson, par exemple, note que La Harpe tenait *Ernestine* pour 'le diamant' de Riccoboni, mais ajoute, 'À côté d'autres romans de Mme Ricocoboni, ce diamant paraît aujourd'hui bien terne.' *Romans de femmes au XVIIIe siècle*, Paris, Laffont, 1996, p. 170.

SUZAN VAN DIJK

Les 'extraits' de la *Bibliothèque Universelle des Romans*: éléments d'un dialogue entre hommes et femmes?

Le narrateur domine et détermine sa narration, c'est ce qui a été amplement démontré dans ce colloque. Qu'il soit un journaliste réel choisissant parmi les faits divers qui se présentent à lui, ou seulement instance fictive, comme celle présidant à la narration dans *Candide*, il est primordial. Sans lui, comment comprendre la suite d'événements qui constitue le récit? Ou plutôt, comment savoir ce que l'auteur a voulu qu'un lecteur y comprenne? Grâce notamment à la perspective adoptée par le narrateur[1] sur les événements et sur les interactions humaines, le lecteur se trouve dirigé vers une interprétation: si tout va bien, il comprend et évalue le texte selon les intentions de l'auteur.

Cependant, qu'arrive-t-il lorsque – autour des personnages, hommes aussi bien que femmes généralement – les lecteurs sont aussi lectrices, les auteurs autrices, et même les narrateurs narratrices? En effet, les romanciers qui sont romancières[2] nous confrontent – comme l'avait déjà montré Susan Lanser[3] – à ce genre de questions. Une de ces questions, en apparence précise, sera discutée ici: comment leurs romans ont-ils été reçus s'ils n'étaient pas seulement des romans 'féminins', mais arboraient une perspective 'féminine' sur les événements rapportés?

---

1   Je néglige ici, pour les besoins de la comparaison que je serai amenée à faire, la distinction entre narrateur et focalisateur.

2   Nombreuses à l'époque: Fortunée Briquet en mentionnait 83 pour le XVIIIe siècle (voir son *Dictionnaire historique, littéraire et bibliographique des Françaises et des étrangères naturalisées en France*. Paris, Treuttel et Würtz, 1804, reprint Paris, Indigo & Côté-femmes, 1997).

3   Voir 'Toward a Feminist Poetics of Narrative Voice', dans *Fictions of Authority. Women writers and narrative voice*, Ithaca/Londres, Cornell University Press, 1992, pp. 3-24.

Les 'extraits' que contient la *Bibliothèque Universelle des Romans* (1775-1789)[4] permettent de discuter cette problématique. Ces récits courts, résumés de romans souvent déjà connus, jouissaient d'une popularité certaine.[5] Et les romancières figuraient elles aussi dans les pages de cette collection, dont on sait par ailleurs qu'elle eut des collaborateurs hommes et femmes. Mais ce qui m'intéresse surtout ici c'est que les narrateurs/trices fonctionnant dans ces réécritures peuvent être approché(e)s comme étant les lecteurs/trices des ouvrages qu'ils/elles sont censé(e)s rendre. Comme le signale Angus Martin, les rédacteurs ne se sont pas toujours sentis obligés de rester fidèles à leur modèle; celui-ci 'dans certains cas ne sera que le prétexte d'un *développement tout à fait personnel*' (p. 45, c'est moi qui souligne). Par conséquent le lecteur, à peine déguisé par ce vocable de 'rédacteur' qu'utilise Martin, est encore parfaitement reconnaissable dans les livraisons de la *BUR*. Cette *Bibliothèque* fournit donc un matériau superbe pour étudier la réception de la fiction narrative parue précédemment.

C'est ce qui commence à être fait: Philip Robinson a étudié l'extrait de *Manon Lescaut*, Kees Meerhoff celui d'un écrit plus ancien, *Alector* de Barthélémy Aneau.[6] Dans une étude précédente, j'avais comparé la version intégrale de *l'Histoire d'Ernestine* (1765), par Marie-Jeanne Riccoboni au résumé qu'en a publié la *BUR*.[7] Ici je poursuis mon enquête concernant le fonctionnement du 'gender' dans la communication littéraire, et je comparerai entre eux le sort que réserva la *BUR* à *Ernestine* et celui qu'elle fit à un autre roman 'féminin', *The*

---

4   Paraissant à raison de 16 volumes par an. L'ensemble a été rendu accessible par l'ouvrage d'Angus Martin, *La Bibliothèque Universelle des Romans, 1775-1789. Présentation, table analytique et index*, Oxford, Voltaire Foundation, 1985.

5   Les volumes de la *BUR* ont certainement été lus comme les recueils de nouvelles dont il est question dans la contribution de Henri Coulet.

6   Voir respectivement Philip Robinson, 'Réécriture et identité diégétique: réflexions sur Des Souches et Prévost', dans *Eighteenth-century Fiction* 6 (1994) pp. 109-120; et Kees Meerhoff, 'L'imagination en délire: un roman de Barthélémy Aneau au Siècle des Lumières', dans Yvonne Bellenger (éd.), *La littérature et ses avatars. Discrédits, déformations et réhabilitations dans l'histoire de la littérature*, Paris, Klincksieck, 1991, pp. 182-199.

7   'L'Histoire d'Ernestine, d'après Marie-Jeanne Riccoboni et d'après la *Bibliothèque Universelle des Romans*', dans Sylvain Menant (éd.), *Actes de la 'Journée-Riccoboni'* (Université Paris-IV, 1er mars 1997). A paraître.

Female Quixote (1752), par Charlotte Lennox. Sur ce point aussi, la *BUR* est de son temps: elle reflète l'intérêt croissant pour les romancières anglaises.

Il est certain que pour un roman étranger, l'écart entre résumé et roman risque d'être plus considérable que lorsqu'il s'agit d'un roman français. Je ne toucherai pas ici à ces aspects-là, considérant qu'il existe un important point commun entre ces textes: tous les deux contiennent une configuration de personnages appuyant une prise de position que l'on peut dire 'féminine', sinon 'féministe', et qui – pour cette raison-là, sans doute – n'avait pas manqué de susciter de reproches. La possibilité d'employer le terme de 'féministe', tout anachronique qu'il soit, semble en effet confirmée par les réactions qu'ont exprimées certains critiques masculins contemporains. Ils auraient consigné ainsi leur refus d'accepter certaines solutions narratives adoptées par les romancières – refus présenté sous la forme d'un reproche d''invraisemblance'.[8]

Il est vrai que la position de ces critiques différait de celle d'un rédacteur de la *BUR*. On n'aurait pas tort de décrire comme une 'discussion entre contemporains', celle entre le critique et l'auteur du roman dont il rend compte; il ne montre pas seulement aux lecteurs du périodique, mais aussi à l'auteur, les qualités et surtout les défauts de son texte, considérant que celui-ci pourrait profiter de ses remarques dans une éventuelle édition suivante. La réaction donnée dans la *BUR* est tardive par définition.[9] Mais surtout, elle est beaucoup plus implicite et même insidieuse – cachée qu'elle est à l'intérieur de la narration. C'est que le fonctionnement d'une collection comme la *BUR* est tout à fait différent. Les rédacteurs reprennent des récits souvent très vieux, eux-mêmes parfois repris de narrations précédentes, en les réduisant parfois jusqu'à en faire des 'anecdotes' commentées. Ils pourraient avoir visé

---

8   Voir mon article 'L'(in)vraisemblance d'un refus féminin: sur les objectifs de quelques romancières, reconnues ou non' (dans Olga B. Cragg et Rosena Davison (éds.), *Sexualité, mariage et famille au XVIIIe siècle*, Laval, Presses de l'Université Laval, 1998, pp. 291-306). Pour cette étude (ainsi que pour la présente) je me suis appuyée sur le travail de Claude Labrosse, 'Fonctions culturelles du périodique littéraire', dans Claude Labrosse et Pierre Rétat, *L'Instrument périodique. La fonction de la presse au XVIIIe siècle*, Lyon, P.U.L., 1985, pp. 11-136.

9   Quoique Riccoboni et Lennox soient encore en vie au moment de la publication des résumés; Riccoboni étant même collaboratrice également à la *BUR*.

une lecture collective où les divers participants (souvent des femmes)[10] ne se seraient pas fait faute de continuer à broder sur la trame événementielle, ni de commenter à leur tour les faits répétés: chacun(e) occupant également la place de narrateur/trice. On imagine bien ce qui dans pareil dialogue qui continue, peut arriver à des intrigues romanesques ou à des éléments d'intrigue. Ces derniers, intitulés 'topoi' narratifs par la SATOR,[11] jalonnent par leur réapparition sous des formes chaque fois un peu différentes le parcours des influences exercées sur d'autres romanciers aussi bien que sur de 'simples' lecteurs et lectrices.[12]

Ainsi, les deux romancières réagissaient elles-mêmes à des narrations – masculines – précédentes. Dans l'*Histoire d'Ernestine* (1765)[13] Marie-Jeanne Riccoboni reprend, en le retravaillant, un élément de *La Nouvelle Héloïse* paru quelques années plus tôt: la chasteté dans une relation amoureuse. Elle ne s'explique nulle part sur le rapport d'influence entre Rousseau et elle, contrairement à Charlotte Lennox dans *The Female Quixote* (1752).[14] Celle-ci ne donne pas seulement la réponse à Cervantès que le titre indique, mais surtout une dénonciation de l'influence néfaste exercée sur les esprit féminins par les romans héroïques dus aux 'French wits of the last century' (p. 415) – parmi

---

10   Voir Roger Poirier, *La Bibliothèque Universelle des Romans. Rédacteurs, Textes, Public*, Genève, Droz, 1977, pp. 99-122, et Anne Sauvy-Wilkinson, 'Lecteurs du XVIIIe siècle; les abonnés de la *Bibliothèque Universelle des Romans* – premières approches', dans *Australian Journal of French Studies* 223 (1986) pp. 48-60. Les postulats formulés par le premier sur les publics hypothétique et réel sont discutés par la seconde, à partir de documents d'archives jusque-là inconnus.

11   La Société pour l'Analyse de la TOpique Romanesque; voir sur sa méthode l'article de Michèle Weil, 'Un thésaurus informatisé pour la topique romanesque. Le projet de la SATOR', dans Nathalie Ferrand (éd.), *Banques de données et hypertextes pour l'étude du roman*, Paris, P.U.F., 1997, pp. 45-62.

12   Voir à ce sujet mon article 'Le topos mis au service de l'étude des réceptions. Topoi masculins vs. topoi féminins', dans Michèle Weil (éd.), *Actes du Colloque SATOR de Montpellier, juillet 1997*. (A paraître).

13   Marie-Jeanne Riccoboni, Histoire d'Ernestine; édition utilisée: Colette Piau-Gillot, Paris, Côté-femmes, 1991. Piau propose 1762 comme date de rédaction (p. 18); la première publication eut lieu en 1765 dans le *Recueil de Pièces détachées*. Voir aussi à ce sujet l'introduction à l'édition récente de l'*Histoire d'Ernestine* par Joan Hinde Stewart et Philip Stewart, New York, M.L.A., 1998, p. XXXI.

14   Charlotte Lennox, *The Female Quixote or The Advenures of Arabella*, édition utilisée: Sandra Shulman, Londres, etc., Pandora, 1986.

lesquels notamment *Clélie*, qu'elle attribue par ailleurs à Monsieur de Scudéry.[15]

Si la *BUR* choisit de publier, en 1781, des extraits de ces deux romans,[16] c'est que tous deux ont dû jouir d'une certaine notoriété. Quant à *Ernestine*, c'est dit clairement dans le paragraphe précédant l'extrait (pp. 153-154). Pour *The Female Quixote*, cela pourrait être illustré par le fait qu'une première traduction en avait paru en 1771, réimprimée en 1773 (par Isaac-Mathieu Crommelin, sous le titre *Don Quichotte femelle*), et qu'il y en aurait une autre en 1801.[17]

En comparant les versions originales aux résumés, je ne discuterai pas certains changements justifiés par la nécessité de rapetisser le volume du texte: tels l'élimination de personnages secondaires, ou de récits intercalés. Je me concentrerai sur la séquence narrative principale, en visant particulièrement deux de ses éléments significatifs, déterminant les rapports entre quelques-uns des personnages:

1. l'amant a un caractère exceptionnellement doux, et continue d'aimer, malgré les obstacles apparemment majeurs que sont, soit la pauvreté, soit la bizarrerie fondamentale de celle qu'il aime;
2. entre deux personnages féminins, il existe un conflit, qui occupe autant la narration que l'intrigue amoureuse.

Ces deux éléments se retrouvent dans chacun des romans; ils pourraient avoir été choisis en fonction d'un potentiel de subversivité féminine: présentation d'une figure masculine utopique et déplacement de l'intérêt romanesque vers un conflit féminin. Il convient, dès lors, d'étudier la façon dont ils ont été rendus dans l'extrait.

Les romans

Dans l'*Histoire d'Ernestine*, on rencontre une jeune fille pauvre, d'origine étrangère, et exceptionnelle en ce sens qu'elle arrive à prolonger assez longtemps ce qui est appelé son 'heureuse ignorance' (p.

---

15   Traduit en anglais dès 1661 sous le titre *Clelia. An excellent new romance.*
16   *BUR* février 1781, pp. 153-184.
17   D'après les renseignements que fournissent Angus Martin, Vivienne Mylne, Richard Frautschi dans leur *Bibliographie du genre romanesque français,* Londres, Mansell / Paris, France Expansion, 1977.

55). Elle est remarquée par le Marquis de Clémengis, homme d'une grande sensibilité, et très riche. A cause de l'inégalité entre leurs situations sociales, le mariage paraît impossible.[18] Ceci, tout d'abord, n'inquiète guère Ernestine, puisqu'elle ne demande pas davantage que sa simple compagnie. Lui, présenté comme exceptionnellement délicat, l'aime comme elle est, et pourvoit (en secret) à sa subsistance matérielle. Ernestine se trouve donc riche, en se trompant sur l'origine de sa richesse. Elle va être détrompée et 'clarifier' sa situation envers le marquis – puis, après quelques péripéties, elle se mariera avec lui.

Dans cette reconstruction schématique[19] il faut, à mon avis, mettre un accent sur l'importance considérable qu'ont les rapports entre personnages féminins. Dans ce roman, les femmes ne sont pas seulement plus nombreuses que les hommes, mais elles paraissent surtout très différentes entre elles,[20] et le conflit central de ce roman me semble être entre les deux femmes qui entourent directement Ernestine: Henriette, sa confidente venue remplacer sa mère morte, et la belle-sœur d'Henriette, Madame Duménil, qui essaie d'entraîner Ernestine dans 'le monde'. Si Ernestine finit par perdre son 'heureuse ignorance', c'est à cause de la querelle entre elles deux, qui a une influence décisive sur le déroulement de l'intrigue amoureuse. Précisons pour terminer que le récit est raconté par une instance narrative qui, pour être neutre, ne révèle pas moins une grande sympathie à l'égard d'Ernestine. C'est cette même voix narrative qui insiste sur l'aspect utopique de ce texte en faisant suivre le dénouement de l'intrigue d'un commentaire supplémentaire: en effet, à la fin du roman elle déclare qu'il s'agira maintenant de s'occuper 'des inquiétudes et des embarras d'une autre' (p. 120).

---

18   Le roman est donc un des (tardifs) 'enfants de *La Vie de Marianne*', analysés par Annie Rivara (*Les Sœurs de Marianne: suites, imitations, variations 1731-1761*. Oxford, Voltaire Foundation, 1991, p. 68).

19   La contribution de Joan Stewart, '*Ernestine*, romanet', rend davantage les détails de l'intrigue et les nuances dans la peinture de caractères.

20   Cette remarque ne s'applique pas seulement à ce roman. Janet Todd conclut par exemple que dans l'*Histoire du Marquis de Cressy* 'female friendship is treated with the high seriousness usually confined to love', et que plus généralement ses œuvres montrent comment 'female relationships can nudge the romantic from center stage' (Janet Todd, *Women's Friendship in Literature*, New York, Columbia University Press, 1980, pp. 356 et 358).

La problématique soulevée par Charlotte Lennox n'est évidemment pas du tout la même: chez elle il s'agit de montrer l'effet désastreux de la lecture de certains romans sur l'esprit féminin – ou tout au moins sur l'esprit d'Arabella, la Quichotte femelle.[21] Ici, ce sont les besoins de la dénonciation qui ont amené la romancière à créer des personnages sortant du commun et du 'vraisemblable'. Cela concerne tout particulièrement, encore une fois, celui qui aime et continue malgré tout d'aimer Arabella: Glanville va même s'efforcer, par amour, de ressembler aux héros de romans dont elle se croit entourée:

> as he was really passionately in love with her, he resolved to accommodate himself, as much as possible, to her taste, and endeavour to gain her heart by a behaviour most agreeable to her: he therefore *assumed an air* of great distance and respect. (p. 49, c'est moi qui souligne)

Grâce à cette tactique, entre autres, Glanville finira, comme Clémengis, par épouser sa bien-aimée.[22]

Mais Glanville a une sœur: celle-ci refuse d'accepter la véridicité des romans et pousse ainsi Arabella à bout, créant un dilemme de solidarité à son frère. De la même façon, certains des autres personnages manifestent leur désapprobation vis-à-vis de l'attitude de Glanville et traitent de 'ridicule' le comportement de l'héroïne. Et même l'instance narrative n'hésite pas à répéter qu'Arabella n'est pas 'a reasonable woman' (p. 172, par exemple). Mais cette instance narrative, qui n'est pas reconnaissable comme féminine, semble au moins comprendre Arabella et avoir pitié d'elle:

> Her books being the only amusement she had left, she applied herself to reading with more eagerness than ever; but [...] *she was very far from being happy.* (p. 75, c'est moi qui souligne)

---

21 Comme le formule Patricia Meyer Spacks: 'Lennox's novel turns on meanings of narrative plot' (*Desire and Truth. Functions of plot in eighteenth-century English novels*, Chicago/Londres, University of Chicago Press, 19XX, p. 13).

22 Sur ce mariage-dénouement, Spacks remarque: 'The novel ends as it must; but it does not leave all readers confident that this is a fine way of closing a novel' (p. 32). La lectrice qu'elle est rejoint ici le point de vue de l'instance narrative d'*Ernestine*.

Bref, l'intrigue de ces deux romans présente comme héros une figure masculine idéalisée, tandis que la différence entre des personnages féminins – qui mène à des différends entre elles – comporterait davantage de réalisme. Considérons la réaction donnée dans la *BUR*.

Ernestine, revue

Dans l'*Histoire d'Ernestine*, la *Bibliothèque Universelle* a réduit tout d'abord le nombre de personnages féminins.[23] Disparaît donc une bonne partie de la dynamique des rapports entre elles, d'amitié ou d'inimitié, de rivalité et de consolation. L'opposition entre Henriette et sa belle-sœur a perdu son importance cruciale, et au centre de l'intrigue se trouve uniquement le couple formé par Ernestine et Clémengis. A ce dernier semble être refusée la position d'élément stable, rassurant le lecteur convaincu de l'amour réciproque entre Ernestine et lui. C'est que l'on met ici en doute le dévouement du marquis et la possibilité d'un amour platonique. Cela se passe à un moment bien précis: lorsque le marquis revient de son régiment, une voix se manifeste, qui ne peut être que celle d'une *nouvelle* instance narrative, remplacement de celle de Riccoboni et réaction à elle. Cette voix se met à poser une question au personnage, dont par la même occasion elle se distancie:

> interrogeons M. de Clémengis, d'après la connaissance que nous avons de *la faiblesse de l'homme*: demandons-lui s'il pénètre dans son cœur, s'il se croit assez fort pour prévenir la surprise, pour résister à l'enchantement dont il est menacé. Hélas! sa réponse sera de bonne foi, et nous n'en définirons que mieux le pouvoir irrésistible de la beauté en le voyant *succomber*. (p. 167, c'est moi qui souligne)

L'objectif est visiblement de prouver – contre Riccoboni – qu'il est impossible, même à un Clémengis, de résister à la beauté féminine. L'intrusion dans le récit – marquée comme telle par un retour: 'reprenons notre récit où nous l'avons quitté' (p. 168) – contredit le texte de Riccoboni[24] et en enlève la tension. L'acharnement à ridiculiser la

---

23   Par exemple, en fondant deux en une, ce qui arrive à Madame Duménil et Madame de Ranci (p. 169).

24   Voici le passage correspondant:

bonne foi du marquis et les efforts qu'il fait, tendent à le ramener à son état d'homme comme les autres. C'est fait par l'énumération d'une série d'événements, qui ne correspondent nullement à ce qui se passe dans la diégèse riccobonienne, ni d'ailleurs dans celle du (reste du) résumé. Ils sont décrits au futur, comme pour indiquer qu'il s'agit d'une direction que le récit *prendra* si, par exemple, une Merteuil s'en charge:[25]

> Clémengis oubliera son devoir sans oublier son bonheur; il se souviendra des charmes répandus dans son commerce par l'innocence; il regrettera cette sincérité qu'il vient de troubler, ces hommages si doux, ces plaisirs si purs qu'il devait à sa vertu, ces regards si flatteurs que portait à chaque instant sur lui une créature innocente qui le respectait, qui respectait l'honnêteté de son cœur. (p. 168)

Ce narrateur, devenu commentateur cynique, explore ainsi les possibilités plus libertines contenues dans la situation utilisée par Riccoboni. Le conflit entre femmes n'a plus de raison d'être alors, et au lieu de l'accent mis sur les rapports entre elles, la narration insiste sur une problématique plus 'masculine'. On attribue à Clémengis un conflit qui jusque-là n'avait pas été le sien:

> [I]l ne pouvait se dissimuler que sa présence n'excitât la joie d'Ernestine; ah! comment l'en priver, quand elle était peut-être devenue nécessaire au bonheur de sa vie!
> Cette dernière considération fut si puissante sur l'esprit de M. de Clémengis, qu'elle fixa ses résolutions. *Il ne changea point de conduite envers Ernestine*; elle n'aperçut en lui qu'un ami sincère, assidu, complaisant, empressé à lui préparer des amusements, et content d'être admis à les partager. (pp. 54-55, c'est moi qui souligne)

25 Il semble bien que nous avons ici un argument supplémentaire pour l'hypothèse formulée, il y a déjà quelque temps, par René Pomeau: ce roman de Riccoboni aurait été à l'origine des *Liaisons dangereuses*. L'objectif secondaire de son article est de prouver 'que le roman de Mme Riccoboni souffrait d'une bien grande faiblesse'; aussi s'agirait-il d'une parodie. Le point faible que comporte dès lors le raisonnement est également mentionné: 'Admettons que Laclos aurait pu inventer lui-même une donnée aussi banale' (René Pomeau, 'D''Ernestine' aux 'Liaisons dangereuses'', dans la *Revue d'Histoire Littéraire de la France* 68 (1968) p. 628). Rappelons que le texte de la pièce tirée par Laclos de l'*Histoire d'Ernestine* a disparu (Colette Piau, 'L'écriture féminine? A propos de Marie-Jeanne Riccoboni', dans *Dix-huitième siècle* 16 (1984) pp. 373-374). Par contre, Joan Stewart a réussi à en fournir le titre: *La protégée sans le savoir* (voir son introduction à l'édition de 1998, p. XIX).

> La pudeur balance le désir: on se condamne, on se cherche soi-même, on rougit,
> on résiste, on a moins de vertu, on a plus de mérite; et l'*on est encore un homme*
> *bien estimable* en cédant avec autant de répugnance. (p. 167, c'est moi qui
> souligne)

Il faut supposer que, dans l'esprit du 'résumeur', cette intrusion doit
résoudre les doutes sur la vraisemblance de ce personnage, exprimés
auparavant dans divers comptes rendus contemporains du roman,[26] ou du
moins faire davantage correspondre la situation à ses propres normes en
matière de vraisemblable et de non-vraisemblable.

Les doutes ne concernent pas uniquement la sincérité des
personnages. On semble aussi s'opposer aux intentions que l'instance
narrative riccobonienne avait exprimées. Celle-ci avait tenu à ne pas
raconter les détails du bonheur du couple à la fin de son récit, voulant
épargner 'au lecteur fatigué peut-être des détails plus longs
qu'intéressants'. D'ailleurs, il pourrait 'aisément se peindre le bonheur
de deux amants si tendres', et surtout, elle n'avait 'plus rien à dire de
cette douce et sensible Ernestine' (p. 120). La *Bibliothèque Universelle*
au contraire s'exclame à ce moment-là: 'Hâtons-nous de faire jouir le
lecteur du doux spectacle qui va suivre' (p. 183)[27] – préférant finir sur un
des dénouements 'standard', le mariage de l'héroïne.

The Female Quixote devenue *Fille romanesque*

En la même année 1781, la *BUR* publie l''extrait' en français du roman
de Charlotte Lennox, sous le titre de *La Fille romanesque*; précisons que
le nom de Lennox n'est pas mentionné.[28]

Ici aussi, l'importance du conflit – mentionné plus haut – entre
Arabella et sa future belle-sœur a été réduite. Dans de nombreuses

---

26   Par exemple dans le *Journal des Dames* juillet 1765, p. 90; le journal est alors
     dirigé par Mathon de la Cour, malgré le nom de Madame de Maisonneuve sur la
     page de titre.
27   Et la lectrice? Précédemment on avait pu lire dans le résumé fourni par l'abbé
     Joseph de La Porte dans l'*Histoire littéraire des femmes françaises*: 'il épouse sa
     chère Ernestine, avec laquelle *il* passe des jours heureux et tranquilles' (Paris,
     1769, t.V, p. 77, c'est moi qui souligne), alors que le *Journal des Dames* avait
     parlé d''un mariage qui *le* rend heureux' (p. 89, *idem*).
28   *BUR* 1781 VI pp. 3-98.

scènes où Miss Glanville figurait, elle a disparu. Se trouvent au centre de la diégèse qui reste: le rapport entre Arabella et Glanville, et celui entre ce dernier et son rival Sir George, qui semblerait comprendre davantage Arabella ou du moins être plus habile à lui répondre dans son style à elle, emprunté aux romans héroïques.

Ici aussi, une nouvelle instance narrative a été 'posée par-dessus' la narration originale; cette nouvelle instance cependant n'entre pas en discussion avec la première au sujet de ce qui se passe, mais se borne à être fidèle porte-parole. Si elle se manifeste séparément c'est pour faire ressortir, en la respectant, l'altérité de l'auteur premier, ainsi que, sans doute, celle de son narrateur. Au sujet d'une tentative de fuite d'Arabella avec sa femme de chambre Lucy, le second narrateur remarque par exemple:

> Elle se sauva en effet, nous ne la suivrons point dans sa marche, que *l'Auteur borne à* deux milles. (p. 53, c'est moi qui souligne)

Ce narrateur-reproducteur se manifeste plus clairement un peu plus loin, toujours au sujet de cette fuite, où Arabella (selon le résumé)

> tomba de lassitude, se blessa la cheville du pied à la racine d'un arbre, fut rencontrée par un Chevalier inconnu à qui elle fit des instances de la conduire en lieu de sûreté, fut suivie à la trace par Sir Glanville qui ne la rencontra qu'au point du jour. (p. 53)

Il donne alors ce commentaire approbateur, montrant qu'il accepte et approuve le sens du livre:

> Toute cette charge romanesque a été ménagée avec intelligence par l'Auteur, qui fait une censure terrible de tous les anciens romans, au moyen du ridicule qu'il répand à pleines mains sur son héroïne. (pp. 53-54)

En effet, dans le résumé français c'est la critique de ces 'anciens romans' qui prévaut, au détriment – pourrait-on dire – de l'attitude compatissante envers Arabella que je signalais plus haut. Le ridicule d'Arabella est parfois renforcé par le rythme plus élevé du résumé; du coup, Glanville paraît plus isolé encore dans son amour obstiné. Néanmoins, contrairement à ce qui arrivait à Clémengis, sa sincérité n'est aucunément mise en doute, et la position peu enviable, et finalement émouvante où il se trouve, 'gémissa[n]t du cruel destin qui le forçait à aimer malgré lui' (p. 64) est complètement rendue. Le lecteur français aussi le voit éprouvant continuellement des sentiments contradictoires:

> Quelque plaisante que fut cette scène; elle causait beaucoup d'inquiétude à Glanville, [car] il ne pouvait souffrir que [l'on rie] aux dépens de Bella. (p. 71)

Tout au plus, il semblerait que nous atteignions ici certaines limites: la subtilité du personnage tel que rendu par le texte anglais disparaît à certains moments. Pour n'en donner qu'un seul exemple, où on voit son tact remplacé par une certaine négligence: une courte scène, où

> Mr Glanville came in, having purposely avoided the company, to hide the uneasiness Lady Bella's tormenting folly had given him. (p. 181)

a été rendue ainsi:

> Glanville était retourné tranquillement au Château, fatigué de chercher Bella qu'*il supposait avoir dû prendre le même chemin*. (p. 65, c'est moi qui souligne)

Ce qui est en jeu dans cet exemple précis, est aussi la difficulté due au fait que certains personnages secondaires (à savoir la compagnie que Glanville voulait éviter) avaient été éliminés: c'étaient eux, qui augmentaient par leur présence la complexité de la situation. L'exemple n'infirme donc pas vraiment notre conclusion: le nouveau narrateur tient à se situer dans le prolongement du premier, et ne refuse rien de ce qui lui a été proposé.

Il faut constater que, dans la mesure du possible, le résumé du roman de Charlotte Lennox est fidèle, et que le traducteur/résumeur s'est mis au service de ce texte. Sur les deux topoi que j'avais signalés comme étant significatifs, l'un a été visiblement sélectionné: l'extraordinaire de Glanville. Cependant, vu l'absence de désaccord entre auteur et 'résumeur', cette préférence peut être mise sur le compte des impératifs de la place disponible. Elle ne paraît guère imputable à une non-acceptation des propositions contenues dans le texte, comme c'était le cas dans le résumé d'*Ernestine*.

Masculin/féminin

Comment comprendre ces différences? Consciente de ce qu'il existe sans doute plusieurs explications plausibles, je proposerais une hypothèse, en introduisant un élément capital mais que j'avais volontairement laissé dans l'ombre jusqu'ici: la question du 'gender' se rapportant aux individus des 'résumeurs'. En effet, *Ernestine* a dû être résumé par un homme: Jean-François Bastide, tandis que *La Fille romanesque* est le travail d'une femme anonyme, présentée dans la *BUR* comme 'une femme de qualité', 'Madame la Comtesse de***'. C'est cette même femme sans doute qui a également traduit et résumé pour la *BUR*, dans la même année, des romans de Frances Brooke et de Mrs Sheridan.

   Je suggérerais que les différences que nous venons de constater ne sont pas sans rapport avec le fait qu'une narration peut être lue différemment par un homme et par une femme, surtout si le récit comporte une instance narrative qui n'est pas neutre. Celle-ci a beau se poser pour but de diriger les lecteurs vers une interprétation précise, ces derniers ne sont pas obligés de se laisser faire. Les événements présentés dans le récit – abstraction faite des intentions auctoriales – peuvent aussi les forcer à prendre leur propre parti, ce qui se révélera lorsqu'un lecteur se met à 're-narrer' l'intrigue qu'il vient de lire. Manifestant la liberté du lecteur, il domine à son tour la 're-narration' qui est la sienne. Le déplacement des préférences peut être léger et difficile à repérer, notamment lorsque le 're-narrateur' se sera posé comme objectif, quand même, de s'effacer lui-même. Ceci n'est pas le cas dans la *BUR*, Bastide en donne un exemple très clair puisqu'il ne fait pas seulement glisser la fiction, mais ajoute un discours raisonné où il utilise comme argument un appel à la réalité telle qu'il la perçoit. Par comparaison, on est frappé par l'accord – pourtant à peine formulé – entre Charlotte Lennox et la 'femme de qualité' au sujet de la façon d'interpréter les événements que contient la vie d'Arabella.

   Il y a peut-être lieu de distinguer – pour la fiction narrative – non seulement l'écriture masculine de l'écriture féminine, mais aussi les lectures faites par les hommes de celles que faisaient les femmes. Ceci d'autant plus parce que d'un côté les lectures masculines, *et* les jugements fondés sur elles, ont toujours prévalu dans l'historiographie tandis que, de l'autre, il est fréquemment remarqué que les femmes romanciers se seraient adressées préférablement à un public féminin.

Cette évidence se heurte à un obstacle pratique: comment trouver des réactions de femmes à leurs lectures? Nous constatons que la *BUR* en fournit au moins quelques-unes – pour lesquelles cependant on peut poser la question de la représentativité. Il en est de même pour les résumés dus à Bastide: quelle valeur leur attribuer, notamment, quand on sait que R. Poirier les désigne comme des 'caricatures' (p. 92)?

Même en admettant que la *BUR* n'est pas forcément la source la plus indiquée pour traiter cette problématique, elle a le mérite de l'illustrer par la présence de 're-narrateurs' *et* de 're-narratrices' faisant éventuellement changer les perspectives sur les événements rapportés. Une nouvelle question se pose ensuite: comment les lectrices de la *BUR* ont-elles accueilli la version Bastidienne d'*Ernestine*?[29] Favorablement peut-être. Certaines se contentaient sans doute du réel, qui après tout ne leur était pas toujours désavantageux.

---

29   Et, comme se le demandait à juste titre Henri Coulet: qu'est-ce que Riccoboni *elle-même*, participant à la *Bibliothèque Universelle*, connaissant Bastide, a pu penser de cette adaptation? La question reste ouverte.

MELISSA PERCIVAL

L'Anecdote dans la critique d'art du XVIIIème siècle: l'exemple des *Mémoires Secrets*

Depuis l'antiquité, l'anecdote occupe une place importante dans l'écriture sur l'art. Chez Pline l'ancien, on trouve une très grande concentration d'anecdotes sur les artistes grecs et romains et, malgré son intention avouée de fournir une histoire brève de la peinture dans le livre XXXV de son *Histoire naturelle*, l'auteur romain se montre souvent loquace en narrant les détails de la vie et de la carrière des peintres: Zeuxis qui peint des raisins si naturels que les oiseaux s'en approchent pour picorer; le coup magistral de Timanthe qui, pour évoquer sa douleur, voile le visage d'Agamemnon au sacrifice de sa fille Iphigénie; Apelle qui se cache près de ses œuvres pour écouter les opinions véritables de ses contemporains; la fille de Butade qui dessine l'ombre de son amant sur un mur, marquant ainsi les origines du portrait. Et de même pour les sculpteurs dans le livre XXXVI.

Petits récits d'un 'fait' singulier, ces anecdotes de provenance diverse ont une fonction commune.[1] Qu'elles soient légendaires ou ancrées dans la réalité, chaque historiette contient une leçon: démonstration des talents de l'artiste, illustration d'une théorie esthétique, préférence pour une technique particulière. Et par son approbation et son admiration, Pline nous donne son jugement implicite sur les artistes et leur œuvre. Son intention est ni d'écrire un traité sur l'art ni une 'histoire de l'art' à proprement parler, puisque la notion de cette discipline 'moderne' n'existait pas à l'époque, et son intérêt principal dans l'*Histoire naturelle* est celui de l'homme dans ses rapports avec la nature. Cependant, l'approche et la formule de Pline s'insérèrent dès la

---

1   Pline aurait puisé plus de 2000 sources grecques et romaines, parmi elles, les traités de peinture et de sculpture de Xenocrate de Sikyon et d'Antigoros de Karyktos. Voir Lionello Venturi, *History of Art Criticism*, 1936; réimpr. New York, Dutton and Co., 1964, p. 37.

Renaissance dans la nouvelle discipline. A cette époque, *L'Histoire naturelle* était souvent rééditée.[2] Les tropes de l'écriture ancienne furent repris par les théoriciens comme Alberti pour illustrer et valider les principes de l'art contemporain, et cette pratique continua jusqu'à l'ère classique.[3] C'est dans ce contexte que la fonction didactique de l'anecdote fut véritablement mise en évidence: on prenait les raisins de Zeuxis pour enseigner la théorie et la pratique de l'illusionnisme, le voile de Timanthe pour discuter la représentation des émotions, la légende du portrait pour réfléchir sur la création artistique. D'ailleurs, on encourageait les jeunes artistes à égaler les tours d'adresse de leurs prédécesseurs éminents. Au cours des siècles, on le voit, l'anecdote s'inscrivit profondément dans la tradition de l'écriture sur l'art.

Au seizième siècle, grâce à Vasari, la fonction théorique de l'anecdote fut mise au premier plan. Dans ses *Vite* (1550, 1568), Vasari introduit la notion d'un rapport essentiel entre la psychologie de l'artiste et son œuvre. Pour lui, la totalité de la vie de l'artiste peut donner des aperçus sur sa méthode et le caractère de son travail. Mais dans la méthode de Vasari, un détail apparemment inconséquent de la vie privée de l'artiste peut fournir un indice de sa personnalité, la clef de son génie.[4] Autrement dit, c'est dans les anecdotes que l'on trouve des vérités artistiques, d'où les nombreuses anecdotes dans les *Vite*.

Evidemment, la place de l'anecdote dans les écrits théoriques est assurée. Mais quel est son rôle dans la *critique* artistique? Ces deux domaines sont parfois difficiles à séparer, et souvent les spécialistes ne s'accordent pas sur les définitions.[5] Mais généralement, on situe les origines de la critique d'art au XVIIIème siècle à cause des conditions

---

2   Voir Jacob Isager, *Pliny on Art and Society: The Elder Pliny's Chapters on the History of Art*, London/New York, Routledge, 1991, p. 10.

3   Dans son traité *Della pittura* (1435), Alberti emprunte aussi des anecdotes de Plutarque.

4   Cette intérêt 'anecdotique' pour la vie de l'artiste redevient pertinente dans la psychanalyse, par exemple dans le travail de Freud sur Léonard de Vinci. Voir Laurie Schneider Adams, *Art and Psychoanalysis*, New York, Harper Collins, 1993, chapitre 2.

5   Venturi a tendance à appeler 'critique' tout ce qui est du domaine du théorique. Mosche Barasch a tendance à appeler 'théorie' tout ce qui est du domaine de la critique: *Theories of Art from Plato to Winckelmann*, New York/London, New York University Press, 1985.

socio-historiques particulières: des expositions régulières (surtout les Salons de l'Académie Royale de Peinture et de Sculpture), l'émergence d'un public intéressé et désireux de s'informer, une presse croissante, et l'apparition d'un individu, le critique 'professionnel' justifiant son droit d'opérer indépendamment du monde clos des artistes et des amateurs.[6] Les connaissances artistiques de cette première génération de critiques étaient extrêmement variables: certains se mettaient à écrire sans la moindre initiation dans les techniques et les traditions, se contentant de rapporter les réactions de la foule au Salon; en même temps, la critique d'art du XVIIIème siècle doit beaucoup aux écrits antérieurs: elle reprend souvent le même vocabulaire, les mêmes modes d'écriture.[7] Mais les critiques d'art, on le sait, avaient aussi une tâche nouvelle, celle de créer un nouveau langage d'art, de répondre aux besoins d'un public de plus en plus exigeant. Les salonniers de l'époque montrent beaucoup d'invention: ils animent leurs critiques par le biais de plusieurs techniques: petites scènes dramatiques, rêves, visites d'un étranger ou d'un personnage mythologique, etc.[8] Ils ont recours aussi à l'anecdote: se pourrait-il qu'ils reprennent une ancienne formule et qu'ils l'appliquent à de nouvelles circonstances? Se pourrait-il que l'ancienne fonction didactique de l'anecdote soit transformée en un jugement esthétique d'une œuvre particulière?

Malheureusement, on doit considérer l'anecdote dans la critique d'art dans un sens négatif, dans le domaine du scandale. A cette époque, les critiques mettaient bien en évidence les dangers de la tradition anecdotique de Vasari avec sa fascination pour la vie privée de l'artiste: dans ce nouveau climat critique, ne pourrait-on pas attribuer une mauvaise œuvre d'art aux mauvaises mœurs de l'artiste, et surtout si la

---

6   Voir Albert Dresdner, *Die Entstehung der Kunstkritik*, München, 1915; réimpr. München, Bruckmann, 1968; Richard Wrigley, *The Origins of French Art Criticism: From the Ancien Régime to the Restoration*, Oxford, Clarendon Press, 1993; Thomas Crow, *Painters and Public Life in Eighteenth-Century Paris*, New Haven/London, Yale University Press, 1985. La polémique sur le statut du critique fut provoquée par Font de St Yenne dans ses *Réflexions sur quelques causes de l'état présent de la peinture*, (Paris, 1747).
7   Wrigley, p. 271.
8   Voir Neil McWilliam et Vera Schuster, *A Bibliography of Salon Criticism in Paris from the Ancien Régime to the Restoration*, Cambridge, Cambridge University Press, 1991.

vente des pamphlets dépend d'une histoire piquante? Certes, au lieu de
se limiter à une analyse objective de l'œuvre d'art, les critiques de
l'époque visaient constamment le caractère et la réputation des artistes,
au désespoir de la communauté artistique. Entre 1757 et 1767, le
Secrétaire de l'Académie, Charles-Nicolas Cochin, lança plusieurs
contre-attaques, mais en vain: les abus continuèrent.[9] Même les femmes-
peintres n'étaient pas exemptes: au contraire, Elisabeth Vigée-Lebrun et
Adelaïde Labille-Guiard furent toutes les deux accusées d'adultère par
les critiques.[10]

Mais l'anecdote n'était pas liée uniquement au scandale et au
libelle. Diderot avait bien compris qu'elle peut aussi avoir un but
esthétique, et qu'elle peut bien servir la tâche multiple qu'est la critique
d'art: description, explication, analyse, jugement. Cet aspect de son
écriture n'a pas été suffisemment discuté, chose remarquable, vu les
nombreuses études consacrées aux autres 'stratégies' littéraires de
Diderot: le dialogue, le théâtre, le rêve, la promenade, le roman, la
poésie.[11] Ses conversations avec La Tour évoquent les visites de Socrate
chez le peintre Parrhasius et le sculpteur Cleiton.[12] Ces anecdotes nous
donnent une vision intime du talent de La Tour (même si Diderot lui
refuse le titre de 'génie', en qualifiant le portraitiste de 'machiniste
merveilleux').[13] Pareillement, il décrit son amitié avec Chardin, tapissier
du Salon, de façon à éclairer son caractère doux et travailleur qui
correspond parfaitement à ses tableaux. Même son récit de ses anciens

---

9   Wrigley, pp. 150-152.
10   Wrigley, pp. 148-149; Angelica Goodden, *The Sweetness of Life: A Biography of
      Elisabeth Vigée-Lebrun*, London, André Deutsch, 1997, pp. 33-37.
11   Voir Jean Starobinski, 'Diderot dans l'espace des peintres', et Jacques Chouillet,
      'Du langage pictural au langage littéraire', dans *Diderot et l'art de Boucher à
      David: Les Salons 1759-81*, Paris, Editions de la Réunion des Musées Nationaux,
      1984, pp. 21-40, 41-54; Roland Virolle, 'La Création romanesque dans les
      Salons de 1765 et 1767', dans *La Critique artistique: un genre littéraire*, éd Jean
      Gaulnier [Centre d'art, d'esthétique et littéraire de l'Université de Rouen], Paris,
      Presses Universitaire de France, 1983, pp. 151-168; J. Chouillet, 'La Promenade
      Vernet', *Recherches sur Diderot et sur l'Encyclopédie*, 2 (1987), 123-63;
      Norman Bryson, *Word and Image: French Painting of the Ancien Régime*,
      Cambridge, Cambridge University Press, 1981.
12   Xenophon, *Memorabilia*, III, 10, 1-8.
13   Diderot, *Salons*, éd. Jean Seznec, 2ème édition, 4 vols, Oxford, Clarendon Press,
      1983, III, 169.

rapports avec Madame Greuze devant le portrait de celle-ci n'est pas gratuit: au contraire, sa démarche sert à renforcer le caractère sexuel du portrait.[14] Ces petites histoires ne sont pas purement accessoires; elles sont un essai conscient de la part de l'écrivain pour recréer la totalité de l'artiste et son œuvre.

Dans cette étude, nous voulons montrer que l'anecdote joue un rôle intégral dans la critique d'art du XVIIIème siècle. Loin d'être une digression ou une simple accessoire à la critique, dont la seule fonction est d'ajouter un aspect piquant au compte-rendu, nous voudrions évoquer la possibilité qu'elle constitue en soi un jugement critique, voire esthétique. Cette étude de l'anecdote dans la critique d'art est d'autant plus significative qu'au XVIIIème siècle, l'acception du mot 'anecdote' est en pleine transition, comme l'ont très bien montré Pierre Rétat et Dany Hadjadj.[15] Ainsi, nous aurons dans notre optique une double évolution: celle de l'anecdote, et celle de la critique artistique. Longtemps employé uniquement au pluriel, 'anecdotes' voulait dire 'choses non publiées' ou bien 'secrets politiques' (voir, par exemple, la définition de *L'Encyclopédie*). Cependant, c'est au cours du XVIIIème siècle que le mot 'anecdote' prend pour la première fois une signification littéraire et s'approche de sa définition moderne. Déjà au début du XIXème siècle, les dictionnaires parlent d'un 'récit bref d'un petit fait curieux'. C'est cette dernière signification que nous allons utiliser dans notre analyse, tout en restant attentifs aux connotations qui auraient été encore très propres au XVIIIème siècle: d'abord son aspect *révélateur* (choses secrètes, rendues publiques), et deuxièmement son *rapport étroit avec la réalité* (ce qui a véritablement eu lieu; ce qui est à la fois commun et hors du commun).

* * *

---

14   *ibid.*, II, 152.
15   Pierre Rétat, 'L'Anecdote dans les "Mémoires secrets"': type d'information et mode d'écriture', dans *The 'Mémoires secrets' and the Culture of Publicity in Eighteenth-Century France*, éd. Jeremy Popkin et Bernadette Fort, Oxford, Voltaire Foundation, 1998, pp. 61-72; Dany Hadjadj, 'L'Anecdote au péril des dictionnaires', dans *L'Anecdote: Actes du colloque de Clermont-Ferrand (1988)*, éd. Alain Montandon, Clermont-Ferrand, Publications de la Faculté des Lettres et Sciences Humaines, 1990, pp. 1-20.

Vu le manque de réflexion critique sur l'anecdote chez Diderot, il serait fructueux de poursuivre notre analyse avec une recherche exhaustive des *Salons*. Cependant, au lieu de considérer un écrivain dont la réputation littéraire n'est pas en question, nous préférons mettre en lumière le travail des autres salonniers de son temps, notamment ceux qui ont contribué aux *Mémoires secrets*. Pour deux raisons, les *Mémoires secrets* sont dignes de notre attention à ce sujet: d'abord, ils ont la réputation d'être riches en anecdotes. Les auteurs signalent eux mêmes que le recueil est 'recherché pour une foule d'anecdotes & de pieces en vers & en prose que personne n'avoit encore osé révéler ou livrer à l'impression'.[16]

Deuxièmement, les *Mémoires secrets* constituent un document très important pour l'historien de l'art. A part les informations variées sur le monde artistique, et le marché de l'art, on y trouve des comptes-rendus détaillés des Salons. Toutefois, ce n'est que récemment que la critique d'art des *Mémoires secrets* a été véritablement mise en valeur.[17] Contrairement à beaucoup de critiques des salons de l'époque qui paraissaient sous forme de pamphlets anonymes, ce qui leur donne forcément une valeur plus éphémère, cette publication en série est remarquable pour son unité et sa continuité.[18] De 1767 à 1787, les comptes-rendus sont rédigés de la même façon: trois lettres, dont la première traite des tableaux d'histoire, la seconde, les autres genres, et la troisième, la sculpture et la gravure. D'ailleurs, cette conception unitaire est respectée par les éditeurs, qui rompent avec leur pratique habituelle de présenter les informations par ordre chronologique, et réunissent la

---

16 *Mémoires secrets pour servir à l'histoire de la république des lettres en France depuis MDCCLXII jusqu'à nos jours*, Londres, John Adamson, 1777-89; réimpr Farnborough, Hants, Gregg International Publishers Ltd., 1970, X, 167. Toutes références ultérieures se réfèrent à cette édition.

17 Voir le travail important de Bernadette Fort, 'The Visual Arts in a Critical Mirror', dans *Culture of Publicity*, pp. 143-174.

18 Sur la critique d'art au XVIIIème siècle, voir Wrigley; Elsa Marie Bukdahl, *Diderot, critique d'art*, 2 vols, Copenhague, Rosenkilde et Bagger, 1980, vol. 2: *Diderot, les salonniers et les esthéticiens de son temps*. Voir aussi les deux études de Hélène Zmijewska, 'La Critique des Salons en France avant Diderot', *Gazette des beaux-arts*, 76 (1970), 1-144; *La Critique des salons en France du temps de Diderot*, 1759-1789, Varsovie, Presses de l'Université de Varsovie, 1980.

plupart des critiques dans un même volume (le tome XIII de l'édition Adamson, publié en 1780). Grâce à leur publication rétrospective, les *Mémoires secrets* n'avaient pas à craindre la censure la plus extrême.[19] Ainsi, ils pouvaient éviter le ton restreint et élogieux des comptes-rendus publiés dans certains autres périodiques quasi-officiels' comme le *Mercure de France*, et se permettre des critiques sévères, souvent scandaleuses, et toujours amusantes.[20] Il est fort probable que Diderot avait lu les *Mémoires secrets*, soit en manuscrit, soit dans une publication étrangère, et qu'il en avait même 'emprunté' certaines idées et expressions.[21]

Malgré le renouveau d'intérêt pour la critique d'art des *Mémoires secrets*, il semble que les découvertes des historiens de la presse n'aient pas encore été absorbées par les historiens de l'art. Ce décalage est manifeste dans une édition critique de 1995, intitulée *Les Salons de Bachaumont*, qui réunit pour la première fois tous les commentaires sur l'art de cette œuvre.[22] Malheureusement, ce texte ne fait que perpétuer le mythe que les *Mémoires secrets* sont entièrement de la main de Bachaumont, tandis que les historiens de la presse doutent depuis assez longtemps que Bachaumont ait participé du tout à l'entreprise.[23] Il ne

---

19 Il est probable aussi que les éditeurs avaient de l'influence parmi les censeurs. Pidansat de Mairobert, que l'on soupçonne d'avoir joué un rôle dans la création des *Mémoires secrets*, était lui-même censeur royal qui, selon la notice de sa mort, 'avait la confiance de M. de Malesherbes'. Voir Jeremy Popkin, 'The *Mémoires secrets* and the Reading of the Enlightenment', in *Culture of Publicity*, pp. 9-35 (p. 13).
20 Bukdahl, II, 199-200.
21 Fort, *Culture of Publicity*, pp. 155-158; Bukdahl, II, 183-99.
22 *Les Salons de Bachaumont*, éd. Fabrice Faré, Nogent sur Seine, Jacques Laget, Librairie des Arts et Métiers, 1995.
23 Au XIXème siècle, le mythe de Bachaumont, auteur des *Mémoires secrets*, fut très répandu. Voir Eugène Hatin, *Histoire politique et littéraire de la presse en France*, 8 vols, Paris, 1859-61; réimpr. Genève: Slatkine, 1967, III, 460-83. La première étude entièrement consacrée aux *Mémoires secrets* fait foi à cette attribution douteuse: Robert S. Tate Jr., 'Petit de Bachaumont: His Circle and the Mémoires secrets', *Studies on Voltaire and the Eighteenth Century*, 65 (1968). Depuis, les chercheurs ont remis en question le rôle de Bachaumont. Voir Louis A. Olivier 'Bachaumont the Chronicler: a Doubtful Renown', *Studies on Voltaire and the Eighteenth Century*, 143 (1975), 161-79; Tawfik Mekki-Berrada, *Dictionnaire des journaux, 1600-1789*, éd. Jean Sgard, 2 vols, Paris, Universitas, 1991, II, 829-35.

faut pas oublier que Bachaumont est mort en 1771, et que sa présence aux Salons des années 70 est donc physiquement impossible! Egalement, on est loin d'identifier le rôle qu'auraient joué ses prétendus successeurs, Pidansat de Mairobert et Moufle d'Angerville. Si bien qu'il faut se contenter de l'idée que les *Mémoires secrets* sont un ouvrage collectif qui restera très probablement anonyme.[24]

La critique d'art des *Mémoires secrets* constitue donc une source importante, qu'on n'a pas encore suffisemment dépouillée. Nous allons approfondir notre connaissance de ce texte, en considérant deux exemples du rôle de l'anecdote.

* * *

Notre premier exemple est celui du compte-rendu d'un tableau de Gabriel-François Doyen exposé au Salon de 1777, tableau *ex voto* dédié à la Vierge, à Ste Geneviève et à St Denis, et commandé, selon le livret de salon de cette année, par 'un Particulier'. Peintre d'histoire très respecté, Doyen avait fait sa réputation en 1767 avec *Le Miracle des ardents* qui se trouve encore aujourd'hui à l'église St Roch à Paris. Cependant, dix ans plus tard, le tableau *ex voto* de Doyen fut, à l'opinion unanime des critiques, un échec. Le critique des *Mémoires secrets* n'en fait pas exception en annonçant son intention de ne nous en parler 'que pour vous amuser par l'excès du ridicule, ou pour faire gémir sur le sort de notre humanité, qui veut que le talent le plus sublime soit quelquefois au-dessous du plus mediocre'. Heureusement pour Doyen, dirait-on, ce tableau a disparu, mais ses traits principaux ont été conservés dans une esquisse par Gabriel de St Aubin, dont la coutume était d'enregistrer ses impressions de l'exposition par des croquis exécutés dans la marge des livrets de salon (Fig. 1). Sa reproduction du tableau de Doyen se trouve à côté de la description du livret de 1777: à gauche on aperçoit Ste Geneviève avec sa quenouille, au centre la Vierge et son enfant, et à droite St Denis. En bas, à peine reconnaissable, sont situés le 'Particulier' et son cheval.

---

24   Popkin, *Culture of Publicity*, pp. 2-3.

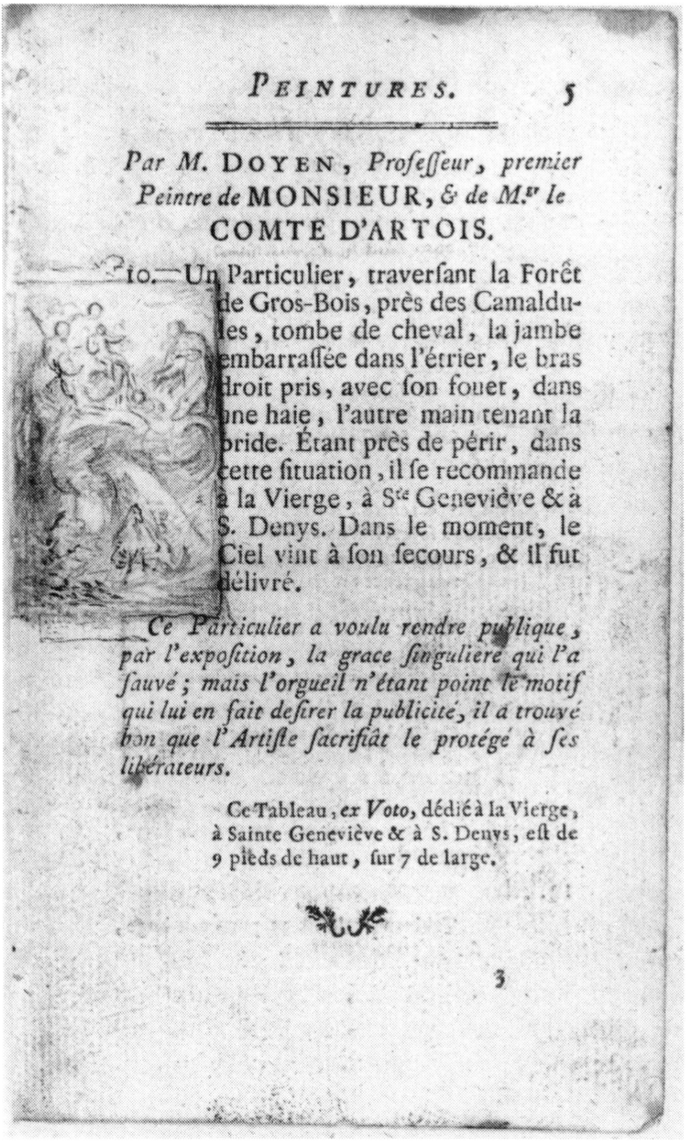

Par M. DOYEN *, Profeſſeur, premier
Peintre de* MONSIEUR*, & de M.ᵉ le*
COMTE D'ARTOIS.

10.—Un Particulier, traverſant la Forêt
de Gros-Bois, près des Camaldu-
les, tombe de cheval, la jambe
embarraſſée dans l'étrier, le bras
droit pris, avec ſon fouet, dans
une haie, l'autre main tenant la
bride. Étant près de périr, dans
cette ſituation, il ſe recommande
à la Vierge, à Sᵗᵉ Geneviève & à
S. Denys. Dans le moment, le
Ciel vint à ſon ſecours, & il fut
délivré.

Ce Particulier a voulu rendre publique,
par l'expoſition, la grace ſinguliere qui l'a
ſauvé ; mais l'orgueil n'étant point le motif
qui lui en fait deſirer la publicité, il a trouvé
bon que l'Artiſte ſacrifiât le protégé à ſes
libérateurs.

> Ce Tableau, *ex Voto*, dédié à la Vierge,
> à Sainte Geneviève & à S. Denys, eſt de
> 9 piéds de haut, ſur 7 de large.

3

Fig. 1: *Explication des peintures, sculptures et autres ouvrages
de messieurs de l'académie royale qui sont exposés dans le Salon du Louvre*
(enrichi de dessins par Gabriel de Saint Aubin), Paris, 1777, p. 5
(Bibliothèque Nationale de France)

Voici les 'faits', tels qu'ils sont annoncés par le livret:

> Un Particulier, traversant la Forêt de Gros-Bois, près des Camaldules, tombe de cheval, la jambe embarrassée dans l'étrier, le bras droit pris, avec son fouet, dans une haie, l'autre main tenant la bride. Etant près de périr, dans cette situation, il se recommande à la Vierge, à Ste Geneviève & à St Denys. Dans le moment, le Ciel vint à son secours, & il fut délivré.
> Ce Particulier a voulu rendre public, par l'exposition, la grace singuliere qui l'a sauvé; mais l'orgueil n'étant point le motif qui lui a fait desirer la publicité, il a trouvé bon que l'Artiste sacrifiât le protégé à ses libérateurs.
> Ce Tableau, ex Voto, dédié à la Vierge, à Ste Geneviève & à St Denys, est de 9 pieds de haut sur 7 de large.[25]

Cette description, d'une longueur peu habituelle pour un livret, est en soi une anecdote, puisqu'une histoire singulière est présentée comme un événement qui a réellement eu lieu, et dont l'existence du tableau fournit une sorte de preuve. Mais ne devrait-on pas se méfier dès le début de cette histoire 'véritable'? En fait, l'incident semble tirer son inspiration de la littérature comique: on pense aux malheurs ridicules du *Roman comique*, où Ragotin, petit homme et mauvais écuyer, doit lutter contre une selle mal attachée, et une carabine entre les jambes; et Roquebrune est emporté par le même cheval, traîné par terre avec un seul pied dans l'étrier, son derrière exposé au monde.[26] Pareillement chez Rabelais, le vieux François Villon et ses acteurs exercent leur vengeance sur un sacristain qui leur avait refusé le prêt d'une costume religieuse. Déguisés en diables, ils effraient son cheval, et le sacristain, incapable de détacher son pied de l'étrier, subit une mort violente.[27]

Certes, le critique des *Mémoires secrets* est trop malin pour prendre cette histoire au pied de la lettre. Au contraire, il exploite la comédie implicite et la tension entre le réel et l'irréel qui existent dans la description du livret. Sa première stratégie est de développer et d'élaborer les détails de cette anecdote, de sorte qu'il y ait un jeu intertextuel assez sophistiqué entre le livret et la critique. Il emprunte des

25   Voir *Catalogues de ventes et livrets de salon illustrés par Gabriel de St Aubin*, 6 vols, éd. Emile Dacier, Paris, 1909-54; réimpr. Paris, Jacques Laget, Librairie des Arts et Métiers, 1993.
26   Scarron, *Le Roman comique*, éd Emile Magne, Paris, Garnier, s.d., pp. 125-129.
27   Rabelais, *Quart livre*, dans *Œuvres complètes*, éd. Pierre Jourda, Paris, Garnier, 1962, II, 74-77.

phrases de l'original, mais en insérant des remarques ironiques, comme dans l'exemple suivant: 'A l'instant, dit le livret, le ciel vint à son secours & il fut délivré' (XI, 9). L'interjection 'dit le livret' met fortement en question la véracité de ces 'faits'. Egalement, il écrit: 'Dans cette extrémité il se recommande à la Vierge, &, comme si ce n'etoit pas assez de cette puissante intercession, il a recours encore à Ste. Génevieve & à St Denis'. Ce 'comme si ce n'étoit pas assez' ne fait que renforcer l'aspect ridicule de l'histoire (XI, 9). De cette façon, au sein de la narration, il y a un commentaire très pointu.

Les détails qu'ajoute le critique sont délibérément piquants. De façon dérisoire, il révèle à ses lecteurs que le 'particulier' en question n'est qu'un ancien cuisinier qui a 'l'amour propre singulier de croire que tout l'Empyrée veille à sa conservation' (XI, 9). Il raconte que le peintre a failli refuser la commission, mais que 'le particulier faisant sonner une bourse de louis qu'il offre de donner d'avance, le sujet devient plus susceptible de sa verve' (XI, 9). Il s'avère que plus tard l'ex-cuisinier menace l'artiste d'un procès car celui-ci se trouve incapable d'accomplir le travail avant le temps convenu. Selon le critique, Doyen aurait dû rendre l'argent à ce moment, et 'ne point sacrifier sa réputation à sa cupidité; mais l'argent étoit mangé' (XI, 10). Ainsi, il explique la mauvaise qualité du tableau par la rapidité de son exécution: 'Le peintre s'évertue, barbouille & termine son Tableau en 18 jours' (XI, 10). Le résultat de l'insertion de ces détails supplémentaires est un renversement de la signification de l'histoire du livret: les 'faits' du livret sont minés et remplacés très subtilement par une autre série de 'faits' qui mettent le travail de l'artiste sous une très mauvaise lumière. Pour de bonnes raisons, semble-t-il, les biographes de Doyen omettent des références à cet épisode intéressant, et l'on ne saura peut-être jamais à quel degré la version des *Mémoires secrets* correspond à la réalité.[28]

Le critique des *Mémoires secrets* exploite toutes les possibilités littéraires autour du tableau. Contrairement à la description sommaire du livret, il développe l'aspect temporel et fait dérouler toute une série d'événements: l'aventure dans la forêt, les négociations avec le peintre, les difficultés de la création, l'argument entre mécène et artiste, et

---

28   La monographie de Marc Sandoz ne contient aucune référence à cet incident bizarre: *Gabriel-François Doyen 1726-1806*, Paris, Etidart, 1975.

finalement l'exposition de l'œuvre au salon. Une impression de vitesse est créée par des phrases abruptes, ainsi que des changements de temps. Cette concentration sur l'acte de narration et surtout l'extrême facilité avec laquelle l'écrivain raconte l'histoire ne servent qu'à souligner les défauts de la peinture en question car, selon le critique, celle-ci manque entièrement de clarté narrative. Il observe que le sujet du tableau, le soi-disant 'miracle', est peu évident puisque les déités sont groupés de façon trop familiale, que leur bienfaisance 'semble ne rien coûter', et qu'un 'rayon dardé d'en haut' qui ressemblerait à un coup de foudre est loin d'évoquer l'intervention divine (p. 10). Le tableau n'exprimerait pas non plus le sujet de la délivrance, car le coursier et l'homme se trouvent dans l'ombre et ne sont pas au premier plan.

Dans toute l'anecdote, on voit un passage du sublime au ridicule: une parabole de foi religieuse est réduite à une histoire d'argent; une peinture d'histoire devient, pour le salonnier, une 'grande caricature' (XI, 11). L'aspect burlesque prédomine, et l'intention du critique est de démontrer sans relâche la chute de l'artiste, descendu rapidement de la gloire de la peinture d'histoire, et il n'oublie surtout pas de décrire la joie des rivaux de Doyen lorsqu'ils regardent ce tableau raté. Le critique est sévère à l'égard de la folie humaine: la vanité du cuisinier parvenu, qui est à peine cachée sous son voile de dévouement religeux; l'artiste qui est trop sensible à une bourse pleine de louis. Mais ce jugement moral est complété par un jugement esthétique, car le critique indique que le talent du peintre est gâté par son avarice.

Dans quelle mesure peut-on parler de 'critique d'art' dans toute cette aventure littéraire? En fait, le compte-rendu des *Mémoires secrets* remplit plusieurs critères: il contient une description assez détaillée de l'œuvre, une analyse de sa composition et de sa technique, et un jugement esthétique sans ambiguïté. Mais la critique est renforcée par le caractère anecdotique de l'écriture: d'abord on est confronté sans cesse au contraste entre une bonne histoire et un mauvais tableau. Deuxièmement l'écrivain révèle l'incongruité des 'faits' qui entourent le tableau, en substituant sa propre version des 'faits', et cette incongruité met en question toute l'entreprise artistique. Dernièrement, on est ramené constamment à la réalité par la stratégie de l'auteur qui expose non seulement le vice humain, mais aussi un tableau qui se veut plus idéal qu'il ne l'est en réalité.

* * *

Notre deuxième exemple diffère du premier en ce qu'il relève moins de l'évidence textuelle précise: il s'agit des rapports entre les *Mémoires secrets* et un seul peintre: Jean-Baptiste Le Prince. Peintre de genre, Le Prince est connu surtout pour ses représentations de la vie russe, et il inspire la louange des critiques, parmi eux Diderot, au Salon de 1765 avec son morceau de réception, le *Baptême russe*.[29] Aux années 1770, il se consacre à des scènes de genre plus traditionnelles. Son *Médecin aux urines* fait sensation au Salon de 1771. Ce tableau reprend un vieux sujet hollandais, celui de l'épreuve de grossesse. Comme le critique des *Mémoires secrets* l'indique, le tableau contient 'un petit drame très ingénieux': le médecin avec tous ses instruments, la fille 'malade', la mère qui craint la vraie cause de cette 'maladie', l'amant qui s'est glissé dans la ruelle du lit pour baiser secrètement les mains de son amante, et la suivante qui regarde tout d'un air ironique. Le critique observe que, 'On ne se lasse point [...] de détailler ce tableau piquant' (XIII, 84), et il exprime son admiration pour la diversité et la justesse des expressions.

En 1773, Le Prince représente un autre thème comique avec son *Marchand de lunettes* (Fig. 2). Dans ce tableau, le marchand profite de l'inattention d'un mari vieillard pour faire la cour à sa jeune femme. L'humour est très visuel: le vieillard est préoccupé par les instruments optiques qui facilitent la vision des choses éloignées. Il regarde par la fenêtre avec un téléscope, et semble être aveugle à la scène d'infidélité qui se déroule tout près de lui. Pourtant, le critique des *Mémoires secrets* interprète l'expression du vieillard d'une façon ingénieuse, suggérant qu'au contraire il est entièrement conscient de ce qui se passe: 'Le visage du mari est de la plus grande expression, par un sourire de malice & de bonté, comme s'il se doutait de ce qui va se passer & voulait bien ne le pas voir' (XIII, 125).

---

29   Voir *Jean-Baptiste Le Prince*, catalogue d'exposition, Metz, Musée d'Art et d'Histoire, 1 juillet-26 septembre 1988.

LE MARCHAND DE LUNETTES

Dédié à S. A. S.

Le Duc de Chartres

Gravé d'après le Tableau Original
tiré de son Cabinet

Monseigneur

Prince du Sang.

Par son très Humble et très
Obéissant Serviteur Dessous

Fig. 2: Jean-Baptiste Le Prince, *Le Marchand de lunettes*
(Bibliothèque Nationale de France)

Fig. 3: Jean-Baptiste Le Prince, *La Crainte* (Toledo Museum of Art, Ohio)

Fig. 4: Charles Le Brun, *La Crainte*. Illustration de l'édition de Bernard Picart, *Méthode pour apprendre à dessiner les passions*, Amsterdam, 1702 (Bibliothèque Nationale de France)

Malgré son admiration pour le *Baptême russe* et pour le *Médecin aux urines*, Diderot exprime certaines réservations concernant l'œuvre de Le Prince et surtout pour ses teints de chair qui sont d'une 'couleur de pain d'épice et de brique'.[30] Par contraste, les auteurs des *Mémoires secrets* (puisqu'il n'est pas certain qu'il s'agisse d'un seul auteur) sont enchantés par l'humour du peintre, par ses petites histoires amusantes, par son érotisme à peine caché. Comme Diderot avec Greuze, on pourrait dire qu'en Le Prince, les *Mémoires secrets* retrouvent leur équivalent en peinture.[31] Leur penchant pour l'action dramatique et la folie humaine, leur style malicieux, humouristique et surtout anecdotique, correspond parfaitement aux buts et aux talents de l'artiste.

D'ailleurs, le parallèle existe à un niveau plus abstrait, car l'anecdote a de fortes ressemblances avec la peinture de genre: toutes les deux racontent une petite histoire, un événement curieux ou amusant; toutes les deux ont un rapport étroit avec la réalité, voire le quotidien. Il y a une concentration sur le détail, soit les 'faits' de l'histoire, soit les indices picturaux qui servent à déchiffrer le sujet. La peinture de genre, ainsi que l'anecdote, se situe au seuil du privé et du public: très souvent ce sont des intérieurs, des scènes de la vie familiale qui sont représentés. Toutes les deux ont un côté humoristique, piquant, même salace. Finalement, la peinture de genre et l'anecdote sont souvent définis par rapport à l'histoire: elles représentent l'opposé du héroïque, de l'idéal, du sérieux.[32] Bien qu'elles soient considérées de cette façon comme

---

30   *Salons*, III, 218.

31   Sur les rapports entre Diderot et Greuze, voir *Diderot et Greuze: actes du colloque de Clermont-Ferrand (16 novembre 1984)*, éd. Antoinette et Jean Ehrard, Clermont-Ferrand, Université de Clermont-Ferrand II, Centre de Recherches Révolutionnaires et Romantiques, 1986.

32   Voir la préface des *Anecdotes sur la Comtesse du Barry* par Pidansat de Mairobert (1775) où l'auteur refuse le titre 'histoire': 'L'auteur, pour ôter [au livre] tout air de prétention, a préféré le titre modeste d'*Anecdotes*. Il s'est affranchi par-là de l'ordre, des transitions, de la gravité de stile qu'auroit exigé une annonce plus imposante. Il eut été obligé de sacrifier, ou de reléguer dans des notes, une multitude de détails indignes de la Majesté de l'Histoire, qui paraîtront peut-être minutieux à la Postérité, mais extrêmement piquants pour les contemporains'.

'inférieures', elles savent tirer profit de leur statut, et connaissent une grande popularité au XVIIIème siecle.[33]

Mais dans les *Mémoires secrets*, on trouve non seulement un goût pour la peinture 'anecdotique'; mais aussi une approche de la critique qu'on pourrait nommer 'anecdotique'. Cette approche est apparente si l'on compare le traitement de Le Prince avec le traitement du tableau de Doyen. Prenons comme exemple la discussion du tableau intitulé *La Crainte* au Salon de 1777 (Fig. 3). A en juger par le titre, cette peinture est un sujet d'expression dans la tradition de Charles Le Brun, et certainement, d'autres salonniers du temps avaient observé la ressemblance frappante avec un modèle expressif du même nom par Le Brun (Fig. 4).[34] Par contre, le critique des *Mémoires secrets* déclare que le titre n'est qu'une ruse:

> Si l'on ne connoissoit pas le mérite de cet Artiste, on seroit tenté de croire en examinant [le tableau], qu'il a fait un contresens, puisque rien ne répond au sentiment qu'il a voulu rendre; que l'expression du visage de l'héroïne, son attitude et tous les accessoires qui l'entourent, font naître des idées entierement opposées. Seroit-ce donc une énigme qu'il a proposée au Public? Il est plutôt à présumer que, craignant de scandaliser s'il eut indiqué son sujet sous le vrai titre, il l'a masqué sous un autre, pour qu'il ne fût point rejetté du Sallon (XI, 28).

Selon ce commentaire, les passions du tableau ne correspondent aucunement à son titre, mais cela n'est pas un défaut artistique. Au contraire, l'artiste aurait caché soigneusement le vrai sujet scandaleux – la consternation d'une femme dont l'amant l'a quittée trop brusquement – sous un nom inoffensif et même ennoblissant. Cette stratégie de la part de l'artiste paraît crédible dans le climat de conservatisme qui régna à l'Académie Royale aux années 1770 sous d'Angerviller, Directeur des Bâtiments, où tout tableau jugé 'immoral' fut interdit du Salon. Les indices de ce 'vrai sujet' sont partout dans le tableau: la chaise renversée,

---

33 Voir l'étude récente de la peinture de genre: *Intimate Encounters: Love and Domesticity in Eighteenth-Century France*, éd. Richard Rand, Princeton, Princeton University Press, 1997, pp. ix, 3.

34 Voir 'Exposition au Salon du Louvre des peintures, sculptures, et autres ouvrages de MM. de l'Académie royale', *Mercure de France* (octobre 1777, t. 1), p. 189. Sur Le Brun, voir Jennifer Montagu, *The Expression of the Passions: The Origin and Influence of Charles Le Brun's 'Conférence sur l'expression générale et particulière'*, New Haven/London, Yale University Press, 1994.

le désordre général, les deux tasses qui soulignent de façon ironique le départ rapide du jeune amant, et le critique n'hésite pas à les déchiffrer pour ses lecteurs.

Au lieu d'interpréter l'œuvre comme la représentation d'une passion noble qui s'approche de la peinture d'histoire dans la tradition de Le Brun, le critique des *Mémoires secrets* rabaisse le sujet, en mettant au premier plan son aspect piquant: la faiblesse humaine est bien en évidence, et on en rit. Ici on voit la même stratégie de 'réduction' qu'avec le tableau de Doyen. On voit aussi un acte de révélation similaire: un faux sujet est démasqué, et le tableau est rendu plus intéressant parce que le critique a révélé son 'secret'.

* * *

Une analyse trop brève des *Mémoires secrets* a suscité d'importantes questions concernant la fonction de l'anecdote dans la critique d'art du XVIIIème siècle. L'histoire du cuisinier est frappante pour la façon extrêmement concise dont l'anecdote fournit des explications et des jugements de toutes couleurs: explication du sujet du tableau, de la manière de sa création, détails piquants concernant la motivation du peintre, le processus de la création, description et analyse de l'œuvre même. Et n'oublions pas non plus l'amusement du lecteur. L'analyse de l'œuvre de Le Prince a montré les parallèles entre l'anecdote et la peinture de genre. Mais plus profondément, l'anecdote est utilisée par les écrivains des *Mémoires secrets* comme une stratégie critique: elle sert à révéler une 'vérité' implicite qui n'est pas toujours évidente aux yeux des spectateurs. De cette façon, les *Mémoires secrets* réunissent la tradition de la théorie de l'art, celle de l'anecdote comme leçon, avec les nouvelles exigences de la critique, celle du jugement esthétique. A certains égards, cette approche est limitée: devant des tableaux sérieux, les grands tableaux d'histoire d'une excellence indubitable, il faut admettre que la critique des *Mémoires secrets* manque parfois de sel. Toutefois, on voit dans cette œuvre la flexibilité de l'anecdote et son rôle important dans la critique d'art.

LAURETTE CELESTINE

La Chaumière Indienne de Jacques-Henri-Bernardin de St-Pierre: conte et/ou nouvelle? Variations génériques sur une gamme unitaire

'Voici un petit conte indien qui renferme plus de vérités que bien des histoires.' C'est en ces termes que Bernardin de St-Pierre présente *La Chaumière indienne* dans son *Avant-Propos*. Cet opuscule était destiné dans un premier temps à augmenter la relation d'un *Voyage à l'île de France* publiée en 1773. Puis l'auteur se ravisa et décida de la publier séparément: l'ouvrage vit alors le jour dixsept ans plus tard, en 1790.

A sa sortie, cet opuscule d'une quinzaine de pages connut, selon Bernardin de St-Pierre lui-même, trois sortes de succès:
- le premier c'est qu'après sa première publication, plusieurs contrefaçons apparurent au Palais-Royal;
- le second fut d'avoir attiré l'éloge des journalistes les plus renommés et d'avoir reçu bon nombre de lettres le félicitant et lui manifestant un certain intérêt;
- enfin, le troisième fut d'avoir 'excité l'envie'. Cela lui valut d'être attaqué par certains journalistes sur les sujets les plus divers tels ses propos sur l'éducation ou sur la religion.

Qu'avait donc ce petit ouvrage pour susciter tant d'intérêt? C'est que *La Chaumière indienne* est avant tout un opuscule de polémique quoique Bernardin de St-Pierre s'en défende. Rien ne l'éclaire autant que le *Préambule*. L'auteur maltraite un peu tout le monde: les contrefacteurs qui lui dérobent un gain légitime, ses admirateurs qui épuisent ses économies en lui adressant des correspondances non affranchies, les journalistes qu'il traite 'd'êtres méchants sans nécessité' et qu'il compare à des pies. L'ouvrage a pour but de ridiculiser toutes les associations, surtout les académies et le clergé qui ôtent à l'individu son indépendance, son droit de penser et de sentir. Il attaque également le catholicisme et toutes ses œuvres. Tantôt il exalte l'Evangile et oppose la tolérance à l'intolérance, tantôt il se moque de ceux qui croient 'qu'il n'y a dans l'univers d'autre livre que celui dans lequel on leur a appris à lire.'[1] D'un côté, il donne à son héros ignorant l'esprit du Christ, de l'autre il essaie de ruiner le dogme essentiel qui justifie la Rédemption et la Révélation et le dépouille de son côté mystérieux. Il critique les physiologistes qui prétendent qu'un oignon de tulipe renferme une tulipe toute formée ainsi qu'un emboîtement de fleurs de la même espèce. Il se refuse à croire qu'un gland enveloppe un chêne en miniature et une postérité de chênes. Contre les académies et les églises, Bernardin de St-Pierre dresse un pauvre paria qui, d'une part, ne sait ni lire ni écrire et, de l'autre, n'est d'aucune religion. Il soutient que la raison varie avec les individus et il n'a cure des critères imaginés par les philosophes, comme garants de la certitude, parce que, selon lui, 'tout livre est l'art d'un l'homme, mais la nature est l'art de Dieu'.[2]

Toutes ces raisons expliquent alors l'intérêt que suscita l'ouvrage à sa sortie. Mais quelle est l'histoire? Le point de départ est Londres: il s'y était formé une compagnie de vingt savants anglais qui avait entrepris de parcourir le monde à la recherche du savoir et du bonheur. Munis chacun d'un livre contenant de nombreuses questions, ils se rendirent aux quatre coins de la terre afin de ramener des solutions, d'acquérir des exemplaires de la Bible et de rares manuscrits. L'histoire se focalise sur le plus savant de ces docteurs, envoyé par la Société Royale, aux Indes Orientales, berceau des arts et des sciences. Avant d'arriver à destination, il dut passer par d'autres pays et visita églises et académies en Europe, en Afrique, au Proche et Moyen-Orient pour débarquer enfin sur les bords du Gange chargé de tous les livres qu'il avait recueillis et hanté par les mêmes interrogations. Il eut l'occasion de converser avec des dignitaires mais notre savant anglais était toujours en quête de la vérité. Las de chercher, il était sur le point de s'embarquer pour l'Angleterre, lorsque les brames de Benarès le conduisirent auprès d'un docteur indien qui avait la réputation de résoudre toutes les questions. Précédé d'un convoi chargé de présents, notre savant anglais lui rendit visite à Jagrenat. Après onze jours de marche, il arriva à la

---

1   Bernardin de St-Pierre, *La Chaumière indienne*, Préambule, *Œuvres Posthumes*,
     p. 571.
2   Bernardin de St-Pierre, *La Chaumière indienne*, Préambule, *Œuvres Posthumes*,
     p. 572.

pagode du docteur indien, fut introduit auprès de ce dernier, non sans avoir dû au préalable, se plier aux rites hindous. Son entrevue avec le chef des pandects fut un nouvel échec: il s'en alla, ulcéré d'apprendre que les brames étaient les seuls détenteurs de la vérité. Sur le chemin du retour, un violent ouragan s'abattit sur la contrée. Cherchant refuge, il aperçut dans un étroit vallon, caché au cœur de la forêt, une cabane: c'était celle d'un paria.

Bravant l'attitude de ses accompagnateurs indiens, il alla frapper à la porte de cet homme humble qui l'accueillit aimablement. Cet accueil l'émut et il voulut en savoir davantage sur lui. Cet indien lui expliqua quelle était la source de la vérité et comment tirer les leçons de la vie, de la nature. Notre savant comprit alors que la vérité ne résidait pas dans un esprit troublé par l'amour de la puissance et l'envie, mais dans un cœur simple, dépourvu d'égoïsme et qui se purifie au contact de la nature. De retour à Calcutta, le savant anglais s'embarqua pour l'Angleterre et lorsqu'on le questionnait sur ce qu'il avait appris de plus utile dans ses voyages, il répondait: 'Il faut chercher la vérité avec un cœur simple, on ne la trouve que dans la nature; on ne doit la dire qu'aux gens de bien.'

Bernardin de Saint-Pierre a repris ici le thème de *Paul et Virginie* avec une candeur enthousiaste. La beauté de ce récit réside surtout dans l'art avec lequel Bernardin de Saint-Pierre dépeint une nature riche en couleurs. Il développe le mythe d'une humanité régénérée par cette nature.

Si le thème se trouve si étroitement délimité, il n'en est pas de même de la nature de ce récit. S'agit-il d'un conte comme le présente son auteur, ou d'une nouvelle? Ou des deux à la fois? Mais avant tout qu'est ce qu'un conte?

Lorsque nous compulsons les dictionnaires de l'époque, (Trévoux-Furetière ...) et ceux du siècle suivant (Larousse), tous retiennent l'idée que le conte est un récit mensonger ou plaisant de choses imaginaires. Toutes les définitions insistent sur l'idée que fable, conte, roman désignent des récits qui ne sont pas vrais. Ainsi lorsqu'on parlait familièrement de conte d'enfants, de bonnes femmes, de vieilles, de grand-mères, de contes à dormir debout, on désignait des récits ridicules et mensongers. De même dans le langage populaire lorsqu'on disait: 'Conte ton conte' cela signifiait littéralement: 'Mens à ton aise, on ne te crois pas.'

Ainsi, dans la définition que nous propose Bernardin de Saint-Pierre, de *La Chaumière indienne* il y a déjà une évidente contradiction, puisque selon lui ce 'conte renferme plus de vérités ...', or, précisément le conte renvoie à un récit mensonger. Il y a donc antinomie entre la définition que donnent les dictionnaires et celle qu'utilise Bernardin de St-Pierre pour définir l'opuscule. Mais, rétorqueront certains, il est essentiellement fait mention de contes populaires! Il faut se rappeler alors que même au commencement des sociétés, les contes quoiqu'héroïques vont recueillir de plus en plus d'éléments relevant de la tradition populaire. M. Friedlander traduit par M. CH. Vogel a donné de curieux renseignements qui prouvent que les contes populaires étaient bien connus des Grecs et des Romains et jouaient à peu près le même rôle dans la littérature antique que dans les littératures modernes ou dans les littératures populaires des autres nations.

Ainsi *Les Tours de Lamia* mentionnées par Tertullien puisent des éléments relevant du populaire. De même, le célèbre conte de *L'Amour de Psyché* n'est autre qu'un récit populaire. Cependant, loin de nous la pensée de faire abstraction du génie hellénique et d'en minimiser l'importance; il n'en demeure pas moins que la source populaire est belle et bien présente.

L'époque médiévale va également populariser des contes puisant dans l'imaginaire oriental et les présenter dans des recueils tels *Le Dolopathos ou Les Historiae Latinae*.

Second élément contradictoire que nous relevons dans la définition que donne Bernardin de Saint-Pierre et qui est d'ailleurs en relation avec le précédent, c'est l'emploi du vocable 'histoire'. Il est clair que l'auteur oppose ici 'vérité' à 'histoire' quoique, étymologiquement, ce terme signifie 'information, recherche intelligente de la vérité'. Selon lui, le sens à attribuer au mot '*histoire*' se rapprocherait davantage du sens de récit mensonger ou de quelque aventure particulière. Or, si nous lisons littéralement que *La Chaumière indienne* 'contient plus de vérités' que de récits mensongers, ce n'est donc pas un conte.

Cette contradiction met en évidence la complexité existant à la fin du XVIIIème siècle entre les différentes classes du récit. Placés souvent dans la même catégorie, il est souvent difficile de les distinguer. Qu'en est-il du conte? Doit-on le limiter au '*conte philosophique?*' Ce serait sans doute plus raisonnable si l'on admettait que cette forme militante du conte est la seule qui soit véritablement propre aux Lumières. Telle qu'elle est définie par les contemporains de Bernardin de St-Pierre, l'opposition entre nouvelle, roman, et conte n'est guère pertinente, surtout en ce qui concerne la nouvelle et le roman. On trouve indifféremment 'conte galant' et 'roman galant' ou 'nouvelle galante', 'conte moral' ou 'nouvelle morale'. En revanche, quand on oppose la fable au conte, on oppose l'instruction au plaisir et l'unité à la diversité: cette opposition est la plus nettement marquée. Si les dictionnaires reconnaissent les différences, l'usage les confond fréquemment. Le conte et le roman semblent être perçus comme deux sous-classes du récit très proches l'une de l'autre au plan de l'intention: tous deux sont faits pour amuser, non pour instruire. La seule distinction possible se situerait au plan formel dans l'opposition entre récit long/bref. Quant à l'opposition entre le conte et les autres types de récit, il semblerait qu'elle soit à rechercher finalement dans leurs différences de style. On reconnait ainsi au conte quel qu'il soit, un agrément particulier qui tient à son écriture: elle est définie comme piquante, délicate, variée, faite de tours.

La nouvelle à son origine ne se différencie pas du conte. Ce furent les Italiens qui la mirent en honneur, citons au passage *Le Décameron* de Boccace. Au XVème siècle, elle désigne le court récit d'aventures que l'on raconte aux contemporains pour la première fois, puis au XVIIème siècle ce terme (à rapprocher de l'anglais 'novel': roman) désigne un roman court à caractère historique, alors que le roman est long et que le conte accentue le côté fantaisiste, merveilleux et moral. C'est surtout au XIXème siècle que ce genre connaîtra un plein épanouissement même si les œuvres s'intitulent encore souvent 'conte'.

Aujourd'hui elle tient le milieu entre le roman et le conte et se définit comme une courte étude de mœurs, de sentiments, de caractères, une simple aventure resserrée dans un cadre étroit.

Quelles différences fondamentales existent alors entre le conte et la nouvelle? La première est à rechercher d'abord au niveau de l'action: le conte comporte une très grande quantité d'aventures (il raconte toute une vie ou de longs voyages, par exemple). Il s'étend dans l'espace et le temps, alors que la nouvelle opte pour une action simple, centrée autour d'un seul événement dont on étudie les répercussions psychologiques sur les personnages.

Dans *Morphologie du conte*, (1928), Propp a montré que les contes prêtaient souvent les mêmes actions appelées 'fonctions' à des personnages différents, et qu'elles apparaissaient dans un ordre constant. Dans la nouvelle, les faits sont présentés comme vrais ou vraisemblables dans leur réalité historique, vécue, qu'elle semble extraordinaire ou non.

La seconde différence, c'est que dans le conte les personnages sont souvent nombreux et n'ont pas d'existence réelle, unique qui nous donnerait le sentiment d'une présence. Ils sont simplifiés, grossis et symbolisent un aspect de l'homme. Dans la nouvelle, ils sont peu nombreux, ils ont une réalité et une épaisseur psychologiques. Quant aux personnages secondaires, ils sont nécessaires et subordonnés au héros.

La troisième différence renvoie au caractère vraisemblable de la nouvelle. Alors que la nouvelle revendique une certaine authenticité, le conte lui, ne cherche pas sa vraisemblence dans la conformité avec ce que nous voyons dans la vie réelle. Il admet les événements extra-ordinaires et apparemment injustifiés tout en répondant à la logique de l'imagination, du rêve, ou de la sensibilité ou par rapport à un point de vue philosophique.

Il nous tarde alors de répondre à la question: *La Chaumière indienne*, est-elle un conte et/ou une nouvelle?

Lorsqu'on analyse la structure de l'opuscule, on retrouve la plupart des éléments propres au conte (surtout le conte merveilleux): les actions sont nombreuses, ainsi que les personnages, même si l'histoire se concentre autour de deux personnages dans sa phase majeure. On retrouve les références aux longs voyages entrepris par les vingt savants et notamment par le plus grand savant anglais, la recherche du savoir et de la vérité renvoient à l'interrogation et l'information présentes dans tout conte; l'absence de réponse satisfaisante renvoie aux éléments de tromperie, méfaits ou manque. Le départ, la première fonction du donateur et la réaction du héros représentent la focalisation du récit sur le plus savant des docteurs, son départ pour les bords du Gange; son déplacement dans l'espace est symbolisé surtout par la visite auprès du docteur indien à Jagrenat, outre ses nombreux voyages à travers l'Europe et l'Orient. La poursuite, le secours et l'arrivée incognito font référence à l'orage qui éclate, à l'accueil par le paria. La tâche difficile et accomplie renvoie aux solutions qu'apporte le paria. Enfin, la découverte de la tromperie et la transfiguration apparaissent à travers la découverte du bonheur qui n'est possible que dans la conformité aux lois de la nature. C'est sur une fin heureuse que s'achève le récit. Il n'y a ni punition, ni mariage, mais plutôt une réconciliation de l'homme avec la nature, une régénération de l'humanité.

On constate certes que tous les éléments structurels ne sont pas présents dans *La Chaumière indienne*. Il ne sont pas non plus placés dans le même ordre, même s'ils demeurent constants. Cependant la structure correspond bien à celle du conte en général.

S'agit-il d'un conte philosophique? Là aussi, la réponse est affirmative. En effet l'une des caractéristiques de la philosophie des Lumières est de faire confiance à la nature, qui, elle, se débarasse des préjugés de toute sorte, notamment de la religion. A cette occasion, Voltaire écrivait 'La superstition met le monde en flammes; la philosophie les éteint'.

Le savant anglais dans *La Chaumière indienne*, parti à la recherche du bonheur, le trouve finalement chez ce paria, homme simple, rejeté des autres, menant une vie quasi-érémitique, mais vivant en harmonie, en symbiose avec la nature, et tirant d'elle nourriture terrestre et céleste. Il fait partie de ces *'gens de bien'* parce que la nature est sa seule école.

Par ailleurs, lorsqu'on étudie la structure du conte philosophique, *La Chaumière indienne* répond également à cette démarche:

La première étape est celle de l'expérience du monde, de la fuite en avant: parti d'Europe, le savant anglais visite de nombreux autres pays avant d'arriver en Inde. Ces changements de lieux géographiques correspondent à des étapes spirituelles dans la quête de la vérité et du bonheur. Chaque rencontre avec d'autres savants (rabbins, ministres, docteurs, académiciens, papas, mollahs, séides...) ne faisait qu'accroître son insatisfaction et comme il le dit lui-même

> ...il s'ensuivait, au contraire, de ce qu'avait pensé son illustre président que l'obscurité d'une solution obscurcissait l'évidence d'une autre, que les vérités les plus claires étaient devenues tout à fait problématiques, et qu'il était même impossible d'en démêler aucune dans ce vaste labyrinthe de réponses et d'autorités contradictoires.

Ces étapes spirituelles devaient nécessairement aboutir à cet échec pour justifier sa visite en Inde. L'arrivée en Inde, elle, est marquée par deux autres étapes spirituelles, l'une que l'on peut assimiler à un second échec dans sa rencontre avec le chef des brames, dans la mesure où elle est axée essentiellement sur les rites et donc la culture du peuple indien et l'autre, l'ultime qui la mène au paria. Cette expérience spirituelle est l'apothéose de sa recherche.

La seconde étape est celle du retour en Angleterre et de la diffusion de sa propre expérience. De quêteur, il devient évangéliste, le mot est pris dans son sens étymologique, c'est-à-dire porteur d'une bonne nouvelle. Il est investi dès lors d'une mission: celle de faire découvrie la source de la vérité et du bonheur.

Ajoutons enfin que le caractère polémique de ce conte l'assimile aussi au conte philosophique.

En ce qui concerne la distribution des rôles des personnages, on retrouve également la plupart des personnages propres au conte:

- le héros, c'est bien évidemment le paria, il est également le donateur;
- le mandataire, c'est vraisemblablement le savant anglais;
- les auxiliaires: tous ceux qui aident le savant à trouver les réponses à ses questions;
- les antagonistes représentent tous ceux qui prétendent posséder la vérité et qui font obstacle au savant dans sa recherche de la vérité et du bonheur.

Cependant certains personnages n'apparaissent pas, et certains rôles restent énigmatiques: c'est le cas du faux-héros.

Quant aux caractères spécifiques du conte, bon nombre de rapprochements sont possibles dans *La Chaumière indienne*: on note une grande quantité d'aventures qui se greffent les unes aux autres; de nombreux voyages du savant d'abord en Europe, au Proche et Moyen-Orient, à travers l'Inde; la tempête, élément perturbateur récurrent à d'autres œuvres de Bernardin de St-Pierre (*Paul et Virginie*, les 'Fragments' de l'Amazone) est présent. Signalons par ailleurs, qu'il est également présent dans d'autres contes philosophiques, par exemple *Candide* de Voltaire. Les personnages sont nombreux et n'ont pas d'existence réelle: ils apparaissent, puis disparaissent rapidement. Seuls, les deux personnages principaux sont constamment présents.

Alors dirons-nous, *La Chaumière indienne* est bien un conte! Nous avons démontré que cet opuscule sur le plan de l'analyse structurale obéit aux règles du conte, cependant en ce qui concerne le style de son auteur, nous en sommes moins sûrs. Si l'écriture du conte est piquante, variée et faite de tours, celle de la nouvelle est surtout descriptive, expose avec précision l'extérieur des êtres et des choses et rapporte des paroles naturelles tendant vers le dialogue dramatique. Or, *La Chaumière indienne* fourmille d'éléments descriptifs à tel point que nous sommes tentés de rapprocher le style de Bernardin de Saint-Pierre de celui de la nouvelle. Ainsi, lorsque le savant anglais rend visite au chef des brames, il se fait précéder d'une série de présents que Bernardin de Saint-Pierre décrit avec précision. Il est alors question 'd'un beau téléscope et un tapis de pied de Perse… des chutes superbes et trois pièces de taffetas de la Chine rouge, blanche et jaune…'. Il en est de même du lieu dans lequel il est reçu: il est question d'un 'plancher couvert de nattes très fines, de six pieds de long sur autant de large', ou d'un 'salon installé sur une estrade, entourée d'une balustrade de bois d'ébène …'.[3] Nous ne saurions passer sous silence la description du jardin du paria, description qui rappelle certains paysages chers à Paul et à Virginie ou à Empsaël et à Zoraïde: ce serait une offense faite au botaniste. Citons un extrait pour le plaisir:

> Il apercevait seulement au dessus de leur feuillage les flancs rouges du rocher qui flanquait le vallon tout autour de lui; il en sortait une petite source qui arrosait ce jardin planté sans ordre. On y voyait pêle-mêle des mangoustans, des orangers, des cocotiers, des litchis, des durions, des manguiers, des bananiers et d'autres végétaux tous chargés de fleurs ou de fruits. Leurs troncs même en étaient couverts, le betel serpentait autour du palmier arec et le poivrier le long de la canne à sucre. L'air était embaumé de leurs parfums.[4]

Bernardin de Saint-Pierre s'attarde également sur la description de la pagode de Jagrenat et la décrit en ces termes:

> la fameuse pagode de Jagrenat, bâtie sur le bord de la mer qui semble dominer avec ses grands murs rouge et ses galeries, ses dômes et ses tourelles de marbre blanc. Elle s'élevait au centre de neuf avenues d'arbres toujours verts, qui divergent vers autant de royaumes. Chacune de ces avenues est formée d'une espèce d'arbre différente, de palmiers arecs, de tecques, de cocotiers, de manguiers, de lataniers, d'arbres de camphre, de bambous, de badamiers, d'arbres de sandal, et se dirige vers Ceylan, Galconde, l'Arasie, La Perse, le

---

3   Bernardin de St-Pierre, *La Chaumière indienne*, *Œuvres Posthumes*, p. 582.
4   *Idem*, p. 584.

Thibet, la Chine, le royaume d'Ava, celui de Siam, et les îles de la mer des Indes... Ses portes de bronze étincelaient des rayons du soleil couchant et les aigles planaient autour de son faîte, qui se perdait dans les nues. Elle était entourée de grands bassins de marbre blanc, qui réfléchissaient au fond de leurs eaux transparentes, ses dômes, ses galeries, et ses portes.

Et nous pourrions prolonger à souhait ces exemples. En fait ces descriptions nous permettent de comprendre que Bernardin de Saint-Pierre, en voulant écrire un conte, s'est en réalité servi des caractéristiques propres au style de la nouvelle. Il en est de même de la forme alternée du discours et du récit: l'écrivain mêle dialogue d'idées et récit, ce qui rend le discours plus vraisemblable; or le conte n'a cure des vraisemblances.

L'on est amené à reconnaître que *La Chaumière indienne* se présente à la fois comme un conte sur le plan structural et comme une nouvelle sur le plan stylistique. Comment expliquer un tel '*chevauchement des genres*' dans un si court récit?

D'une manière générale, cela tient évidemment à la difficulté déjà soulignée de les distinguer, mais il nous semble que la solution est à rechercher aussi et surtout dans la diversité générique des œuvres de Bernardin de St-Pierre et dans la protéïformité de l'écrivain. A ce sujet, rappelons que la production littéraire de Bernardin de Saint-Pierre est toute aussi abondante que variée. On recense pratiquement tous les genres: romans, contes, dialogues, discours, lettres, drames... Quoique la postérité ne retienne que *Paul et Virginie* ou *Voyage à l'île de France*, l'ensemble de l'œuvre est multiforme et vaste tant par la variété des domaines abordés (religion, philosophie, politique, éducation) que par leur nombre; quarante deux auraient été dénombrés. Les unes relèvent d'une adaptation à des publics nouveaux, c'est le cas du drame, les autres, d'une volonté de l'auteur de livrer un procès d'écriture, en l'occurence les dialogues ou discours, ou encore de plaire tout en instruisant, là ce sont les cas du roman ou du conte. Bernardin de Saint-Pierre, écrivain protéiforme, réunit à lui seul le romancier et le conteur, le dramaturge, le pédagogue et l'éducateur, le voyageur et le chroniqueur, le philosophe et l'esthète.

La quasi-totalité des systèmes discursifs est présente dans l'ensemble de l'œuvre bernardine. Cependant, une analyse des variations génériques de l'œuvre met en évidence la difficulté à classer les œuvres de l'auteur. Au lieu de parler de genre littéraire chez Bernardin de Saint-Pierre, il vaut mieux parler de style. Si le genre se définit comme un ensemble d'œuvres littéraires définies par la tradition sur le plan thématique et sur le plan formel en fonction de l'énoncé (prose, poème) et en fonction de l'énonciation (lyrique, épique, dramatique), le style quant à lui, se définit comme un choix personnel que fait le locuteur parmi tous les moyens que lui offre la langue de ceux qui ajoutent à la formulation la plus logique et la plus simple, l'expression de leur originalité et de leurs conceptions. Cependant, il peut prendre un sens plus large et dépasser cette définition première purement formelle en fondant forme et fond. Il est alors l'expression d'une vision du monde particulier à l'artiste et comme le dit Albert Camus dans *L'Homme révolté*, 'il est cette correction que l'artiste opère par son langage et par une redistribution d'éléments puisés dans le réel et qui donne à l'univers recréé, son unité et ses limites'.

De ses deux définitions, le sens large du mot 'style' semble convenir le mieux à l'ensemble de l'œuvre bernardine, car justement le style permet de mêler fond et forme pour laisser apparaître l'unité de l'œuvre. La difficulté à classer les œuvres montre la difficulté à définir tel ou tel genre et préfigure déjà la revendication du mélange des genres chez les Romantiques et, en ce sens, Bernardin de Saint-Pierre apparaît comme un précurseur du romantisme. Puisque la définition du genre contraignait à opérer une classification, le sens large du mot 'style' bannit cette hiérarchie et offre alors un redéploiement nouveau dans lequel fond et forme se rejoignent. Style simple, style noble, ils sont tous deux présents et d'un emploi spécialisé; il est rare que Bernardin de Saint-Pierre les utilise à la fois dans une même page. Le style simple, celui de la description se caractérise par l'accumulation de substantifs, d'adjectifs et par la succession de phrases généralement courtes qui traduisent la progression quasi-didactique du conte. Ainsi dans l'édition des *Œuvres Posthumes*[5] d'Aimé Martin, l'écrivain décrit le départ du docteur anglais pour Calcutta.

> ... Aussitôt le docteur anglais partit pour Calcutta, et s'adressa au directeur de la compagnie anglaise des Indes qui pour l'honneur de sa nation et la gloire des sciences, lui donna, pour le porter à Jagrenat, un palanquin à tendelets de soie

---

5   Aimé Martin, *Œuvres posthumes de Bernardin de Saint-Pierre*, p. 575.

cramoisie, à glands d'or, avec deux relais de vigoureux coulis, ou porteurs de quatre hommes chacun; deux portefaits; un porteur d'eau; un porteur de gargoulette, pour le rafraîchir; un porteur de pipe, un porteur d'ombrelle pour le couvrir du soleil le jour; un masalchi, ou porte-flambeau, pour la nuit; un fendeur de bois; deux cuisiniers; deux chameaux et leurs conducteurs, pour porter ses provisions et ses bagages; deux pions ou coureurs, pour l'annoncer; quatre cipayes ou réispoutes montés sur des chevaux persans, pour l'escorter; et un porte-étendard, avec son étendard aux armes d'Angleterre.

Ce style simple se retrouve dans de nombreuses autres œuvres notamment dans *Paul et Virginie*: il est alors celui de la narration et de l'analyse psychologique. Il se caractérise surtout par une accumulation de verbes. Ainsi dans le chapitre 'Le début du roman d'amour', quand Virginie est à la fontaine par une nuit ardente 'elle s'achemine'…, 'elle en aperçoit…', 'Elle se plonge (…) elle se rappelle (…) elle entrevoit (…)'. Le style noble quant à lui semble réservé aux emplois de la tragédie. Aussi Bernardin de Saint-Pierre pratique-t-il des interrogations pressantes, les apostrophes véhémentes. Ce style parvient même à une certaine poésie. Ainsi lorsque le docteur anglais rendit visite au chef des brames, leur bref échange et les réflexions personnelles de l'Anglais qui s'ensuivent, traduisent l'aisance du style noble.

Ce qui intéresse Bernardin de Saint-Pierre, c'est la manière de rendre les choses. Il échappe ainsi, grâce au style, 'au pacte qui lie l'écrivain à la société' pour paraphraser Barthes.

Toute l'œuvre de Bernardin de Saint-Pierre est une unité et c'est cette unité qui coordonne les œuvres entre elles. Toute l'œuvre de Bernardin de Saint-Pierre est le cheminement d'une philosophie esthétique résumée dans la recherche du bonheur.

L'écrivain ne pourrait souffrir que ses idées restent cantonnées à tel ou tel genre. Ses écrits comme ses idées, il les veut universels et parce qu'il les veut universels, il en varie les formes ne s'attachant à aucune et les utilisant presque toutes. Bernardin de Saint-Pierre profite de la crise que connait son siècle en ce domaine pour jouer avec la forme et la multiplier en des combinaisons intéressantes. La forme et le contenu ne forment qu'un tout au service d'une revendication essentielle.

De la variété apparente des genres, Bernardin de Saint-Pierre nous offre un mélange, qui en fait, définit la notion même du style. De la diversité générique de *La Chaumière indienne*, Bernardin de Saint-Pierre fait une unité, mêlant au passage littérature et peinture et offrant à la postérité une vraie raison d'exister et d'espérer.

L'universalité du discours de Bernardin, l'actualité de ses prises de position, tant sur le plan politique, social ou humain notamment en faveur des Noirs font de lui un écrivain original. Sa protéiformité met en évidence son don d'ubiquité et sa transcendance à travers les siècles.

GUILLEMETTE SAMSON

Si Mme de Charrière m'était contée…: petit aperçu sur des œuvres menues

A la fin du XVIIIe siècle, dans un petit village de la principauté prussienne de Neuchâtel en Suisse, une femme de lettres, hollandaise de naissance mais française de cœur et de culture, écrit des 'œuvres menues' parmi lesquelles la postérité a surtout retenu les romans épistolaires (*Lettres neuchâteloises, Lettres trouvées dans des portefeuilles d'émigrés, Lettres écrites de Lausanne, Lettres de Mistriss Henley*).[1]

Nous voudrions donc ici présenter des œuvres moins connues que Mme de Charrière qualifie de contes, d'anecdotes, de nouvelles et tenter de cerner les définitions sous-jacentes à ces termes dans l'esthétique charriériste, alors même qu'il n'y a pas de terminologie rigoureuse pour des formes narratives dont les caractéristiques sont encore floues au XVIIIe siècle. Nous ne supposons donc pas de définitions *a priori;* nous cherchons celle que Mme de Charrière donne du conte, de l'anecdote et de la nouvelle, telle que ses écrits nous permettent de la trouver. Nous nous appuierons sur l'ensemble des contes, sur l'anecdote *Henriette et Richard* et sur le recueil de nouvelles *L'Abbé de la Tour*.

A première vue, quelques constats s'imposent: Mme de Charrière ne semble pas se soucier d'une appellation stricte quand elle parle de ses œuvres; elle utilise indifféremment des termes qu'elle ne cherche pas à justifier. Nullement théoricienne, il lui suffit que ses correspondants ou amis la comprennent autant qu'elle se comprend. Sa correspondance fournit maints exemples des fluctuations de ses dénominations. Mme de Charrière souhaite que des mots ou des expressions soient inventés pour

---

1   Notre édition de référence est: *Isabelle de Charrière, Œuvres Complètes,* J.-D. Candaux, C. P. Courtney, P. H. Dubois, S. Dubois-De Bruyn, P. Thompson, J. Vercruysse et D. M. Wood, (G. A. van Oorschot éditeur, Amsterdam, Éditions Slatkine, Genève, 1979-1984), dix volumes. Le chiffre romain des citations renvoie au tome, le chiffre arabe à la page. L'orthographe est modernisée.

désigner les nouvelles œuvres qui, depuis quelques années, avaient été écrites pour le théâtre.[2] Ce n'est pas son souci dans le domaine narratif où elle manifeste une esthétique moins réglementée qui laisse la part libre aux amalgames. Comment classer en effet le texte *Henriette et Richard* ou *L'Abbé de la Tour* dont le sous-titre *ou recueil de nouvelles et autres écrits divers* donne à l'auteur une totale liberté quant à la forme de ses écrits? Ces deux œuvres déroutent le lecteur par la variété de leurs modes de narrations. L'auteur, en effet, y a introduit des éléments hétéroclites: résumés, dictionnaire, dialogues, romans par lettres, histoires, suites, nouvelles, … Nous devons donc trouver des définitions pour des œuvres hétérogènes auxquelles l'auteur attribue des dénominations de genres variées.

Par ailleurs, le lecteur remarque rapidement la petitesse des œuvres qui atteignent très rarement une centaine de pages. Mme de Charrière reprochait aux auteurs de son temps leur prolixité. Elle 'gémit sous l'accablante longueur de [*Delphine*]' (VI, 528), lit *Camilla or a Picture of a Youth* de Mme d'Arblay qui '[l]'impatiente horriblement' (VI, 473), n'arrive pas à finir *Émilie et Alphonse* de Mme de Souza (VI, 74) et les 'quatre volumes!' des *Mères rivales* de Mme de Genlis la plongent dans la perplexité (VI, 217). Pour Mme de Charrière, 'une lecture d'une demi-journée à laquelle on pense le reste du jour et que l'on n'est pas fâché de lire le lendemain à ses amis […] paraît ce qu'il y a de plus agréable' (VI, 223). Que dit-elle par cette image? Qu'elle préfère une 'totalité d'effet' dans un texte grâce à une lecture qui ne soit pas brisée. Une œuvre de grande ampleur, dont la lecture nécessite des interruptions, ne possède pas la tension d'œuvres plus courtes. On lit un texte court et dense sans sauter de page sous peine de perdre une information importante. L'écrivain est discrédité si son livre lasse le lecteur qui, alors, adopte une lecture du sautillement semblable à celle de Mme de Charrière pour les *Mères rivales*: 'Oh! Que j'aurais bien pardonné à Mme de Genlis d'avoir laissé de côté son jardin allégorique et toutes ses dissertations. Je n'ai trouvé de remède à ce que chérissent

---

2   'Osons seulement exprimer le désir de voir donner quelque autre titre à des
     productions si différentes de celles qui pendant des siècles ont été admirées sous
     le nom de comédies et de tragédies. Qu'on les appelle tableaux dramatiques,
     drames pathétiques ou gais, mélodrames bouffons ou sérieux […]' (X, 121).

vos libraires que de le sauter à pied joint' (VI, 223). C'est donc par choix esthétique que Mme de Charrière écrit des 'œuvres menues'.3 Le critère de longueur – dans tout le flou qu'il a – ne peut donc être retenu pour cataloguer ses œuvres par rapport aux œuvres de ses contemporains puisqu'elles sont toutes courtes.4

Cependant, au-delà de ces constats rapides, qu'en est-il vraiment? Cette désinvolture dans le genre à attribuer aux œuvres est-elle bien réelle? Ne pouvons-nous pas déceler des critères qui feront que Mme de Charrière préférera l'emploi de telle dénomination à telle autre?

Très vite, nous nous rendons compte que ce ne sont pas les mêmes termes qui apparaissent dans la correspondance et dans la présentation des œuvres au public. Avant la Révolution, dans ses lettres, Mme de Charrière n'emploie pas facilement le terme de 'roman' au sujet de ses œuvres qui, pour nous, romans épistolaires, sont bien évidemment présentées au public comme des correspondances authentiques. Une attitude un peu passéiste lui fait craindre de jeter un certain discrédit sur ses ouvrages par un qualificatif qui, pour elle, annonce encore une œuvre d'un goût peu sûr et censée n'apporter que de l'amusement (III, 315). Dix ans plus tard, ses réticences se sont évanouies; elle parle des textes qui composent le recueil *L'Abbé de la Tour* comme de 'petits romans' (V, 549). Par contre, pour le public, le sous-titre du recueil annonce ces textes comme des 'nouvelles' ou des 'écrits divers', termes qui masquent un mot que l'auteur a intégré à sa correspondance, mais qu'il rechigne encore à employer publiquement alors que la grande majorité des

---

3   Expression de Charly Guyot. Un critique de l'époque qui avait apprécié les *Lettres écrites de Lausanne* écrit dans le *Journal de Paris*, du 31 décembre 1786, p. 1532: 'Il y a des romans qui semblent presque éternels: celui-ci est trop court; c'est un défaut plus rare'. Cité par Jean-Daniel Candaux, 'Madame de Charrière devant la critique de son temps', *Documentatieblad werkgroep 18' eeuw*, n° 27-28-29, juin 1975, p. 231.

4   Rappelons les enjeux si clairement analysés par Pierre Testud dans sa communication 'Récit court et brièveté au XVIIIe siècle', *De la brièveté en littérature*, Université de Poitiers, septembre 1993, Cahiers FORELL, n° 1, p. 11: 'Écrire un récit court au XVIIIe siècle est donc toujours un compromis entre des impératifs contradictoires. La brièveté a ses prestiges et sa nécessité (raconter en peu de pages et capter l'adhésion du lecteur); mais elle paraît incompatible avec l'art de l'analyse, de l'expansion romanesque, de la leçon morale, art jugé indispensable à l'affirmation du talent d'écrivain.'

écrivains assimilent la nouvelle à un 'petit roman'.[5] Aux yeux du public, Mme de Charrière n'accepte pas d'être une romancière. Si nous voulions lui complaire, il ne faudrait jamais parler d'une Mme de Charrière romancière, mais d'une nouvelliste, d'une conteuse, etc.

Si nous nous appuyons sur ce qui est dit au public et sur la correspondance, nous remarquons que ces deux sources sont au moins d'accord pour une utilisation identique du terme de 'conte'. Grâce à cet accord, le conte correspond à un type d'écrit précis dont nous pouvons tenter de dégager les caractéristiques. Sept œuvres sont concernées.[6]

1) Le mot 'conte' est présent dans le texte, de différentes façons. Ce peut être à la fin du conte comme dans [*Le Prince Badin*]: 'Voici où le conte finit […]' (IX, 715). Plus simplement, le qualificatif de conte est en sous-titre à la page de titre pour les écrits suivants: *Bien-né. Conte* (X, 82 et 87), *Le Noble, conte moral*[7] (VIII, 19), *Aiglonette et Insinuante ou la souplesse. Conte* (VIII, 249), *L'Évasion du perroquet. Conte* (VIII, 261), *Les Deux Familles. Conte* (IX, 615). Le début des *Aventures de Frénet* annonce que le héros n'est pas 'un second Candide'; cette remarque permet de considérer l'œuvre comme un conte (IX, 721). D'une façon ou d'une autre donc, l'auteur témoigne de sa volonté que ces œuvres soient perçues comme des 'contes' et il fait en sorte que nous le sachions.

2) Les contes sont très courts: *Le Noble* est le plus long avec quatorze pages (cette longueur perturbe les catégories esthétiques de Mme de Charrière qui en 1804 dira que c'est 'un mauvais petit roman'); les autres contes font une page (*L'Évasion du perroquet* et [*Le Prince Badin*]), un peu plus d'une page (*Aventures de Frénet*), au maximum six pages (*Aiglonette*).

5   René Godenne, *La Nouvelle*, Paris, Honoré Champion éditeur, 1995, p. 44.
6   L'attribution des *Deux Familles* à la plume de Mme de Charrière n'est pas certaine mais très probable (IX, 613). Jeune fille, Isabelle van Tuyll écrivit au moins un conte de fées; comme beaucoup d'autres contes, portraits ou poésies de sa jeunesse, il a certainement été détruit ou égaré, Belle ne se souciant pas de conserver des 'bagatelles' sans grande valeur à ses yeux (I, 122).
7   La jeune Isabelle van Tuyll participe au courant qui a suivi la publication des *Contes Moraux* de Marmontel. Lors de l'édition dite pré-originale, l'éditeur, dans son *Avis*, a rapproché *Le Noble* de l'œuvre de Marmontel (VIII, 607).

3) Le conte est une œuvre achevée. Cette précision peut sembler incongrue. Rappelons que l'inachèvement est une des données de l'esthétique de Mme de Charrière.[8] Si Mme de Charrière achève ses contes, cela signifie qu'elle tient à une esthétique de la clôture qui détache les contes de l'ensemble de sa production. Les points suivants vont expliciter ce choix.

4) Le conte s'adresse au roi, à la reine, à une personne ou à un groupe social haut placés, parfois interpellés dans le texte; il n'est pas écrit pour un vaste lectorat même si son édition le rend accessible à tous. Le public visé correspond à une fraction du lectorat potentiel. Rappelons que Mme de Charrière envoie directement par la poste un exemplaire d'*Aiglonette* à Marie-Antoinette. Quelques titres parlent d'eux-mêmes (*Bien-né, Aiglonette,* [*Le Prince Badin*],...). Qu'en est-il des autres œuvres? *Le Noble* s'adresse précisément à tous les nobles qui, dans la France de 1763, sont des personnes haut placées comparées à l'ensemble de la population. Frénet, quant à lui, n'est pas un 'second candide' or nous savons que *Candide* s'adresse à tous les lecteurs. La précision de Mme de Charrière nous incite donc à penser qu'elle vise, à l'inverse de Voltaire, un public précis qui est ici celui des aristocrates qui prennent la décision d'émigrer. Seul le conte *Les Deux Familles* ne rentre pas dans ce critère.

5) En raison du lectorat visé, le conte est politique et souvent didactique. Il s'agit de raconter des contes au roi pour lui suggérer une autre conduite. Le conte doit donc être achevé puisqu'il porte une leçon qui, pour être comprise, ne doit pas laisser de place à l'interprétation du

---

8   Mme de Staël lui a reproché de ne pas avoir fini l'histoire de Cécile (*Lettres écrites de Lausanne*); nous ignorons la fin de celle de Marianne (*Lettres neuchâteloises*), et de celle de Mistriss Henley mais ces romans épistolaires sont bien achevés. La fin y est ouverte en ce sens que nous ne savons pas de façon certaine quel va être l'avenir des personnages. Par contre, le manuscrit d'*Henriette et Richard* est inachevé ainsi que ceux des œuvres suivantes: *Suite des Lettres trouvées dans des portefeuilles d'émigrés, Asychis,* [*Le Roman de Charles Cecil*], *Suite des Finch.,* ... Ne parlons pas de tous les autres fragments d'œuvres! ... Il ne s'agit pas de pertes de feuillets mais d'œuvres souvent déjà fort élaborées auxquelles l'auteur n'a pas mis le point final. Il n'est pas sûr qu'il ne faille pas voir chez Mme de Charrière une certaine satisfaction dans l'originalité que cela lui donne: 'J'ai jusqu'ici imprimé de roman qui n'avaient pas une fin, j'en pourrais imprimer un qui n'aurait ni fin ni commencement' (IV, 141).

lecteur. L'ambiguïté, l'ambivalence n'ont pas de place dans un écrit didactique. Ceci explique aussi que le conte soit court, car il faut frapper par des formules schématiques, parfois même simplistes jouant sur des antagonismes facilement cernables (par exemple: le prince badin est opposé au prince sensé), l'esprit d'un lecteur peu disposé à accorder beaucoup de temps à la lecture.

6) Le conte est en prose. Étant donné qu'il est très court et didactique, son équivalent versifié serait la fable. Grande admiratrice de La Fontaine, Mme de Charrière a écrit deux fables[9] qui – ici encore – s'adressent à un public précis, Benjamin Constant en l'occurrence, considéré à l'époque où elles furent écrites comme une personne de plus en plus difficile à atteindre, les relations entre ces deux auteurs ayant viré à l'acide. Dans les deux fables, Benjamin, en face d'Isabelle de Charrière, est le personnage le mieux placé: il est un lion ennuyé par un singe ou le maître d'un barbet qu'il délaisse.

Les contes sont les seuls écrits pour lesquels Mme de Charrière a une terminologie sûre et des critères constants. En résumé, nous pouvons dire que le conte charriériste est affirmé comme 'conte', il est très court, didactique, schématique, achevé et écrit pour un lectorat précis. La conception personnelle du conte de Mme de Charrière n'introduit ni exotisme, ni épisodes multiples.

La fiction courte chez Mme de Charrière passe par deux autres types de narration, l'anecdote et la nouvelle, sur lesquels elle est beaucoup moins explicite.

Dans le quatorzième texte des *Observations et conjectures politiques,* Mme de Charrière insère trente lignes annoncées par le sous-titre 'Nouvelles et Anecdotes' (les deux termes sont au pluriel) (X, 102-103) et divisées en trois parties qui font respectivement huit lignes, quatre lignes et dix-huit lignes. Nous pourrions parler d'œuvres lilliputiennes. 'Nouvelles' renvoie ici à quelque chose de neuf; l'auteur, transformé en reporter, nous livre une information jusqu'alors inconnue: 'un grand roi [...] a dit [...]'; 'un puissant monarque s'est résolu tout à coup à [...]'; 'Voici ce qu'on écrit de Constantinople'. Le terme 'Anecdotes', quant à lui, est utilisé pour qualifier les réactions isolées de trois dirigeants face à la flatterie, la tolérance ou l'ennui. L'anecdote dit

---

9   X, 398-399 et IX, 405.

ce qu'a fait une personne dont la position est élevée (un monarque, un sultan). Le terme de 'fait-divers', sauf erreur de notre part, n'apparaît ni dans les œuvres, ni dans la correspondance de l'auteur, certainement en raison du côté populaire qu'il sous-entend. Le 'fait divers' est pour le commun des mortels. L'anecdote n'est pas un 'fait' 'divers' mais un fait remarquable, sélectionné, mis en avant, un fait que l'on rapporte au sujet d'une personne qui sort de l'ordinaire. L'anecdote, à l'inverse du conte qui espère donner une leçon au prince, laisse son lecteur trouver la leçon, l'intérêt qu'elle recèle pour en tirer un enseignement.

Le pluriel mis aux deux termes du sous-titre de ce quatorzième texte suggère que ces nouvelles sont aussi des anecdotes car si ce n'était pas le cas, un des deux termes aurait été au singulier. L'anecdote et la nouvelle ne sont pas pour autant des termes redondants, inter-changeables puisque Mme de Charrière a senti la nécessité de les inscrire tous les deux. Deux autres œuvres, *Henriette et Richard* et *L'Abbé de la Tour*, vont nous donner des clefs pour différencier la conception charriériste de l'anecdote et de la nouvelle.

Mme de Charrière utilise le terme d'anecdote au début de la seconde partie d'*Henriette et Richard* (VIII, 309), ainsi qu'au début de la troisième (VIII, 344) et de la quatrième partie (VIII, 367).[10] Elle espère avoir donné, ainsi qu'elle l'écrit à un correspondant, un 'air plus anecdote que roman' à ce texte par l'exactitude qu'elle a apportée aux dates, aux distances et aux localités (III, 393; le terme avait déjà paru dans sa lettre du 14 avril 1792, III, 356). Il y aurait donc le désir d'ancrer le texte dans une réalité spatio-temporelle vérifiable par le lecteur. L'anecdote se définirait par un effet de réel attaché au cadre spatio-temporel. De fait, *Henriette et Richard* est d'une précision étonnante à ce sujet. L'auteur en particulier utilise la date historique de la nuit du 4 août pour ôter tout prestige à la vente – effectuée le 1er août – d'un château et des droits féodaux qui y sont attachés (VIII, 374 et 380). La seconde partie de cette œuvre est composée de dix-sept lettres qui s'échelonnent entre le 29 décembre 1788 et le 22 juin 1789 (VIII, 324-343). Cette correspondance renforce l'illusion de réalité temporelle. L'intrigue se déroule entre Paris, Passy, les Échelles et le château de l'Arche et le moyen de transport des très nombreux déplacements des

10   Le début de cette œuvre n'a pas été retrouvé.

personnages prend très exactement en compte la proximité ou l'éloignement du lieu à atteindre.[11] L'attention de l'auteur passe aussi par des précisions toponymiques connues de tous.[12] La valeur de l'anecdote tiendrait donc à sa capacité de véracité. Davantage illustratrice que démonstrative, l'anecdote est moins un type d'écrit qu'un 'air' à donner à un écrit. Une nouvelle, un conte, un roman peuvent ainsi avoir un 'air anecdote' s'ils ont pour cadre spatio-temporel une réalité tangible. Chez Mme de Charrière, l'anecdote n'est pas une forme littéraire à proprement parler mais un ingrédient facultatif que l'on peut ajouter à une œuvre littéraire.

En réduisant l'anecdote à des précisions spatio-temporelles à donner à un texte, Mme de Charrière met de côté d'autres critères et en particulier celui de la longueur. Ce critère reste très flou mais pourtant au bout d'un certain nombre de pages, ses amis lui font remarquer que cette anecdote prend les proportions d'un roman. De fait, le 13 mai 1792, l'ouvrage est un 'petit roman' (III, 340 et 363). Très vite donc Mme de Charrière abandonne le qualificatif d'anecdote. Elle sent pertinemment que sa définition de l'anecdote est insuffisante pour la démarquer du roman. De plus, l'auteur brouille délibérément sa notion d'anecdote en insérant d'autres anecdotes dans le texte. Par exemple, Henriette raconte à Richard la 'petite anecdote de [sa] journée' (VIII, 341), la conversation du comte et de l'abbé se prolonge de 'mille petites anecdotes' (VIII, 347), le comte raconte une anecdote à Henriette (VIII, 376).[13]

Le texte d'*Henriette et Richard* est inachevé. Quelques années plus tard, Mme de Charrière pense le publier sous le titre de 'fragment'

---

11   Le comte et Lambert rentrent à pied de Passy à Paris (VIII, 365); Antoine propose de conduire Richard de Passy à Paris (VIII, 299); l'abbé rentre 'de ce pas à Passy' (VIII, 349); Henriette 'court elle-même à Passy se jeter dans les bras de Geneviève et de Richard' (VIII, 303); le château de l'Arche est à un quart de lieue de celui des Échelles (VIII, 297). Par contre, de Passy aux Échelles il faut une voiture.
12   Les Tuileries (VIII, 294-311), le Palais-Royal (VIII, 309), la Place Victoire (VIII, 310), une boutique de libraire (VIII, 314), la rue Jacob (VIII, 334), le guichet du Louvre (VIII, 344), le Pont-Neuf (VIII, 320), la Comédie (VIII, 320).
13   Au début du mois de janvier 1804, Mme de Charrière rappelle qu'on 'craignit [de] trouver des portraits et des anecdotes' dans les *Lettres neuchâteloises* (VI, 558).

(le 25 février 1795). Cet inachèvement est peut-être finalement à mettre au compte de l'absence d'élection d'un genre narratif par l'auteur. Faudrait-il qualifier ce texte de 'roman anecdotique' ou 'd'anecdote romancée'?

Nous avons vu précédemment que la 'nouvelle' pouvait correspondre à une information nouvelle. La définition relèverait de l'esthétique des gazettes. Essayons de mieux cerner la pensée de Mme de Charrière grâce à *L'Abbé de la Tour*. Le lecteur s'attend à trouver, comme le sous-titre l'indique, un *recueil de nouvelles et autres écrits divers*. Comme nous l'avions dit plus haut, Mme de Charrière n'utilise pas le mot de 'nouvelle' dans sa correspondance quand elle s'exprime au sujet des écrits de ce recueil; elle parle plutôt de romans (*Trois Femmes*: V, 79; *Honorine d'Userche*: V, 335; *Sainte Anne*: V, 336; *Les Ruines de Yedburg*, V, 430). Pour le public, ces romans prennent le nom de nouvelles dans le sous-titre et dans le corps des textes (*Trois Femmes*, IX, 37; *Honorine d'Userche*, IX, 175).

L'Abbé de la Tour est un ensemble composé de plusieurs textes, 'écrits' par l'abbé éponyme pour une baronne; le lien entre les diverses nouvelles est artificiellement assuré par un narrateur anonyme qui prétexte du désir de la baronne de lire quelque chose. Si on examine la teneur des textes de l'abbé, on note que les idées débattues sont d'un ordre relevé. Par la plume de son personnage narrateur, Mme de Charrière s'interroge sur l'idée de la responsabilité parentale, sur celle du maître envers son serviteur, sur celle du devoir, sur celle du prosélytisme religieux, ... Dans l'univers esthétique de Mme de Charrière, le mot 'nouvelle' connoterait-il l'idée d'un texte où la réflexion du lecteur serait sollicitée? La nouvelle n'est pas récréative; elle sème dans l'esprit du lecteur une série de questions auquel il est invité à répondre. Cette conception de la nouvelle est tout à fait originale à l'époque où la nouvelle, vue comme un 'petit roman' avait pour objectif de délasser le lecteur.[14]

Le recueil *L'Abbé de la Tour* est en effet bâti selon une construction cyclique réactivée par des interrogations: 'Qu'en savez-vous? [au sujet de l'idée du devoir]' (IX, 42); 'Faut-il permettre à tout le monde de publier toutes ses idées relativement à Dieu et à la nature, à

---

14   Voir René Godenne, *op. cit.*, p. 45.

l'évangile et à la raison?' (IX, 178), sur le mot de Rousseau 'l'homme qui médite est un animal dépravé' (IX, 235), etc. A toutes ces pistes de réflexion, Mme de Charrière apporte une réponse qui ne veut qu'être la sienne et qui laisse à l'esprit de son lecteur sa liberté. De fait, après avoir lu la première nouvelle du recueil qui a pour héroïnes trois personnages féminins, la baronne ne trouve pas que ces 'trois femmes prouvassent quoi que ce soit' (IX, 89). A l'opposé du conte, la nouvelle n'est pas didactique. Grâce au personnage de la baronne, l'auteur peut dire que ce qu'il a présenté doit être remis en question. Nullement convaincue après avoir lu la première nouvelle de l'abbé, la baronne personnifie et encourage l'attitude critique du lecteur à l'égard de toute production littéraire.

La nouvelle s'adresse à tous les lecteurs potentiels. Les personnages ne sont plus d'un rang élevé, comme c'était le cas des rois pour les contes et les anecdotes, mais des personnes ordinaires. Les critères de longueur du texte ou de réalité à donner au cadre ne sont même pas évoqués. A l'époque, la nouvelle ne se distinguait du roman que par une longueur moindre. Cependant chez Mme de Charrière, il n'y a pas de romans mais seulement des 'petits romans' qui plus est, uniquement pour les correspondants. Mme de Charrière ne peut donc jouer sur le critère de longueur; elle choisit un autre critère. Alors même que les nouvelles du recueil sont inscrites dans une réalité spatio-temporelle 'précieuse', Mme de Charrière n'utilise jamais le terme d'anecdotes à leur sujet. Preuve est que l'attention portée au cadre d'un écrit ne peut suffire pour lui attribuer une dénomination. Mme de Charrière n'a pas oublié la 'leçon' d'*Henriette et Richard*. La nouvelle ne se définit pas formellement mais par sa teneur.

Pouvons-nous davantage définir la nouvelle chez Mme de Charrière grâce à *L'Abbé de la Tour*? Si on considère la richesse formelle du recueil, cela semble bien hardi car chacun des écrits de l'abbé regroupe des modes d'expression variés: nouvelle, suite à la forme épistolaire, 'note de l'éditeur', seconde partie sans première partie, dictionnaire, lettres à une ou plusieurs mains, récits à la première et à la troisième personne ou seulement à la troisième personne, récits linéaires ou livrés par bribes, digressions, lettre (perdue ou attribuée par erreur ou par manque de correction à un personnage), histoire scindée ou non, livrée avec ou sans intermédiaire, résumé, dialogue, texte qui ne se rattache pas aux textes précédents, essai, ... Si la nouvelle est une réflexion soumise à la perspicacité du lecteur, elle peut en effet prendre de multiples formes. Mme de Charrière choisit la forme narrative la mieux adaptée à son objectif au fur et à mesure que se déroule le recueil; elle renforce ainsi les mouvements et les tonalités des textes et les adapte parfaitement aux personnages concernés. Mme de Charrière n'entend pas fermer des portes à son processus créatif. La coexistence de pratiques narratives multiples prouve son souci d'exhaustivité et un plaisir de l'exploration tout à fait justifiés durant cette époque de recherches narratives particulièrement féconde qu'est le XVIIIe siècle. Considéré sous cette approche, *L'Abbé de la Tour* ne présente ni manque, ni faiblesse, ni inachèvement, ni négligence et répond à ce que Mme de Charrière entend par 'recueil de nouvelles'.

Ces quelques remarques sur le genre de la fiction courte que Mme de Charrière a longuement pratiqué ont tenté de montrer que chaque écrivain réinvente les termes d'une terminologie toujours mouvante. Au fil des années, les imprécisions, les contradictions, les hésitations d'un auteur s'avèrent révélatrices. D'une œuvre à l'autre, on peut alors ébaucher une définition de quelques formes de narration courte (cas du conte ou de la nouvelle) ou montrer l'impasse dans laquelle l'auteur s'est fourvoyé (cas de l'anecdote *Henriette et Richard*). Il s'agit alors de dégager les conceptions esthétiques d'un auteur sans l'enfermer dans ses propres rets, grâce à une pluralité d'approximations qui ne fait pas fi des inévitables évolutions. Mme de Charrière associe dans son esprit la nouvelle à l'anecdote en 1788 (dans le quatorzième texte) et au 'petit roman' en 1798 (*L'Abbé de la Tour*).

L'entière liberté de création de Mme de Charrière a donné des écrits multiformes. On aurait alors tendance à penser que l'auteur ne se soucie pas de la dénomination de ses œuvres, d'autant plus que lui-même n'est pas rigoureux à cet égard. L'écart entre ce qui est écrit aux amis dans la correspondance et ce qui est annoncé au public prouve que l'auteur au contraire est soucieux de l'étiquette sous laquelle sera lue son œuvre.

Raconter en quelques pages des contes au roi pour qu'il change de politique, mettre en relief une anecdote de son règne ou donner un 'air anecdote' à un écrit par la réalité de son cadre spatio-temporel, annoncer une information nouvelle ou provoquer la réflexion du lecteur grâce à des questions illustrées par des nouvelles, finalement, Mme de Charrière est restée suffisamment fidèle à ses conceptions esthétiques pour que le lecteur moderne puisse en retrouver les grandes lignes. La complexité du fait littéraire ne peut être éludée et à leur mesure, ces œuvres menues, voire lilliputiennes, sont porteuses d'une des conceptions de l'esthétique de la fiction courte au XVIIIe siècle.

HYO-SOOK LEE

Les Contes de Mme de Genlis: Lieux communs et Particularités

Comme Mme de Genlis est un auteur prolifique,[1] ses contes sont nombreux. Si cette abondance ne signifie pas forcément la qualité de l'auteur ou la progression de ses idées, elle implique la variété des thèmes et témoigne de *'certaines tendances'* des contes de l'époque. En outre, on remarque des tentatives d'innovation dans les contes de Mme de Genlis. Ces essais visent l'intérêt pédagogique plutôt qu'un effet poétique, car Mme de Genlis prend particulièrement les jeunes lecteurs en considération dans cette démarche.

La production romanesque de Mme de Genlis s'inscrit dans son temps par l'application des conventions littéraires à sa création. Or, pour résoudre des problèmes de réception, Mme de Genlis conçoit quelques procédés qu'elle croit novateurs. Pour éviter aux lecteurs la confusion entre les données historiques et les éléments imaginaires, elle introduit des notices historiques dans *Les Chevaliers du Cygne* et dans *Bélisaire*.[2] D'autre part, pour ne pas faire perdre le sens de réel aux jeunes lecteurs, Mme de Genlis remplace les fantaisies des contes de fées par des merveilles instructives. Ainsi, la création littéraire apparaît comme un moyen pédagogique, non pas comme fin en soi. Dans la pratique de l'écriture, le but principal de Mme de Genlis n'est pas de créer une forme nouvelle. Ses modèles de littérature sont des écrivains chrétiens du siècle dernier. Cependant, elle ne reste point indifférente aux écrits de ses contemporains. Si elle s'inspire d'ouvrages classiques, elle se sert aussi de conventions littéraires en vigueur et de formes en vogue. De même, si

---

1   Selon Marie-Joseph Chénier, elle a écrit le plus d'ouvrages parmi les femmes-auteurs françaises de son époque. Voir son *Rapport à l'Empereur sur le progrès des sciences, des lettres et des arts depuis 1789. III. Littérature française,* Paris, Belin, 1989, p. 178.
2   *Bélisaire,* Paris, Maradan, 1808, p. 127.

les auteurs chrétiens sont ses critères de la bonne littérature, les philosophes de son temps lui donnent envie de les égaler. Ses récits, courts ou longs, reflètent donc la poétique et l'esthétique des récits du XVIIIe siècle.

La vocation pédagogique caractérise la vie de Mme de Genlis, et elle s'enchaîne à celle d'écrivain. Après le succès du *Théâtre de l'éducation,* Mme de Genlis s'essaie aux récits en prose avec la même intention pédagogique. Ses premières œuvres romanesques étaient conçues pour les jeunes lecteurs, par conséquent elles devaient être appropriées à la capacité intellectuelle ou psychologique de ces derniers et à leur goût. Nombre de ses contes sont nés dans cette perspective. On dit que *'les contes merveilleux – folkloriques ou littéraires étaient affaires d'adultes'* jusqu'à la fin du XVIIe siècle.[3] Or, à partir du XVIIIe siècle, on compte les enfants parmi le public des contes.[4] Le sous-titre des *Veillées du Château* de Mme de Genlis en témoigne: *Cours de morale à l'usage des enfants.* En effet, dans leur récit central, les auditeurs sont les enfants de la conteuse, Mme de Clémire. Cette conteuse et ses auditeurs sont d'ailleurs les personnages du récit central. Par le truchement de ces auditeurs-personnages, l'auteur semble vouloir représenter des réactions probables des lecteurs-narrataires. D'autre part, à travers leurs questions et discussions, les leçons données dans les contes sont éclairées et récapitulées, au fur et à mesure que chaque conte se termine. Les enfants interviennent même au cours de la narration pour questionner ou pour exprimer leurs émotions provoquées par des histoires. La présence de ces auditeurs renforce de cette manière la fonction pédagogique des contes.

Comme son projet d'écriture des contes s'enracine dans la vocation pédagogique, Mme de Genlis examine d'abord les contes merveilleux traditionnels en rapport avec leur influence sur les jeunes lecteurs. Elle juge les contes de fées futiles et dangereux. Il conviendrait ici de citer le fameux passage des *Veillées du château:*

> –Enfin, reprit madame de Clémire en s'adressant à ses filles, quel ouvrage lisez-vous…? –Maman… C'est… Le prince Percinet et la princesse Gracieuse. –Un

3   Raymonde Robert, *Le Conte de fées littéraires en France de la fin du XVIIe à la fin du XVIIIe siècle,* Presses universitaires de Nancy, 1982, p. 7.
4   Michèle Simonsen, *Le Conte populaire français,* Paris, PUF, 1986, pp. 20 & 51.

conte de fées! Comment une telle lecture peut-elle vous plaire? –Maman, j'ai tort; mais j'avoue que les contes de fées m'amusent. –Et pourquoi? –C'est que j'aime ce qui est merveilleux, extraordinaire; ces métamorphoses, ces palais de cristal, d'or et d'argent... Tout cela me paraît joli. –Mais vous savez bien que tout ce merveilleux n'a rien de vrai? –Sûrement, maman, ce sont des contes. –Comment donc cette seule idée ne vous en dégoûte-t-elle pas?... –Aussi, maman, les histoires que vous nous contez m'intéressent mille fois davantage; je passerais toute la journée à les entendre, et je sens bien que je me lasserais promptement de la lecture des contes de fées... –D'autant mieux que, si vous aimez le merveilleux, vous pourrez beaucoup mieux satisfaire votre goût en faisant des lectures utiles. –Comment cela, maman?... –Votre ignorance seule vous persuade que les prodiges et le merveilleux n'existent que dans les contes. La nature et les arts offrent des phénomènes tout aussi surprenants que les événements remarquables de prince Percinet.[5]

Mme de Genlis craint que les jeunes lecteurs perdent le sens de la réalité à cause de l'enchantement du monde merveilleux. Cependant, elle sait que les récits sans agrément les ennuient ou les dégoûtent. Elle entreprend ainsi d'appliquer la formule horatienne à sa production des contes. Il s'agit d'allier des instructions utiles ou morales à des éléments merveilleux qui ne sont pas faux. Cette intention la conduit à chercher *'un merveilleux de remplacement'*.[6] Mme de Genlis trouve ce merveilleux dans les phénomènes naturels. Les merveilles naturelles, en tant qu'œuvre du créateur suprême, apparaissent comme des matières excellentes des contes pour enfants. C'est qu'elles évoquent la grandeur de Dieu et la petitesse de l'homme, de telle manière qu'elles incitent les hommes à rester modestes et reconnaissants envers leur créateur.

Dans cette perspective, Mme de Genlis écrit *Alphonse & Dalinde, ou la Féerie de l'Art & de la Nature* sous l'étiquette de 'conte moral'. Ce conte est inséré dans *Les Veillées du Château*. A part sa longueur (230 pages environ), le cadre des actions des personnages principaux égale celui d'un roman, ce qui témoigne de *'l'incertitude qui entourait au XVIIIe siècle des genres dont ne parlait guère l'enseignement des*

---

5   *Les Veillées du château,* Paris, Maradan, 1819, t. II, pp. 37-38.
6   Denise Escarpit, *La Littérature d'enfance et de jeunesse,* Paris, PUF, col. 'Que sais-je?', p. 45. *'Elle propose donc un merveilleux de remplacement, le merveilleux naturel: il suffit de se tourner vers la nature pour y découvrir le merveilleux. La féerie naît du mélange de l'art et de la nature.'*

principes de la littérature'.[7] Les actions prodigieuses qui s'y succèdent rappellent le roman picaresque. Au début du conte, le tremblement de terre de Lisbonne cause un avatar au personnage principal, Alphonse. Ensuite, ce dernier rencontre au bord d'une fontaine (*Fontaine de l'Amour* située près de Mondégo) une jeune fille appelée Dalinde, dont il tombe amoureux. Puis ils se perdent de vue. Pour retrouver cette jeune fille, Alphonse parcourt tous les continents et leurs îles. Durant cette pérégrination, il devient maintes fois le témoin de phénomènes naturels prodigieux. Après avoir parcouru toute la terre, il rejoint Dalinde à la fontaine de Buxton en Angleterre. Cinq ans de voyage débouche sur un dénouement heureux. Alphonse, qui était orgueilleux et présomptueux, est alors mieux instruit et modeste. Son repentir et sa persévérance gagnent le cœur du père de Dalinde, si bien que celui-ci promet de lui destiner sa fille. Alphonse épouse Dalinde sous la bénédiction des parents. Ce dénouement heureux dénote l'idée de la récompense.

Sur le même concept, Mme de Genlis écrit *L'Isle des monstres*. Ce conte, étiqueté 'conte de fée', est inséré dans *Les Jeux champêtres des enfants* qui sont écrits sous forme de dialogue. Leurs personnages s'entretiennent de la botanique. Après le dixième dialogue, ils lisent *L'Isle des monstres* qui est censé être un manuscrit. Comme l'étiquette 'conte de fée' l'annonce, ce conte comprend des éléments féeriques: la fée, la baguette magique, la princesse, etc. La princesse de ce conte, belle et talentueuse, est aussi présomptueuse. Elle est adulée par son entourage et par les princes qui aspirent à sa main. A l'intention de corriger son caractère, une fée appelée *Clairvoyante* l'ensorcelle. Dès que la fée touche la princesse de sa baguette magique, celle-ci tombe dans un sommeil profond. Par la magie, la princesse est transportée dans l'île des monstres, là où elle s'étonne des monstres inouïs.[8] Les monstres

---

7   Sylvain Menant, 'Introduction' in *Contes en vers et en prose* de Voltaire, t. I, Paris, Bordas, 1992, p. xvii.

8   En voici quelques uns:
     'A quelques pas de là elle crut voir un gros amas de grandes feuilles mortes; elle s'en approcha, et, à sa grande surprise, elle vit que ce prétendu paquet était un animal qui s'envola dans les airs, en levant la tête vers les cieux. La princesse aperçut une quantité d'oiseaux d'une immense dimension. Elle en vit d'autres moins gigantesques et d'une éclatante beauté: les uns avaient la tête couverte de pierreries, les autres portaient des ailes de gaze d'argent, ornées d'écailles d'or, de nacre, et leur corps était bigarré de couleurs éblouissantes. Quelle variété!

présentés dans ce conte sont si singuliers que le lecteur serait curieux de savoir s'ils sont imaginaires ou réels. Le parcours de cette île fait découvrir à la princesse des prodiges de la nature. Or, au moment où un monstre est sur le point de l'engloutir, un géant qui la surveillait lance une flèche sur le monstre et le tue. Puis la princesse entend la voix de la fée 'Clairvoyante':

> Ernelinde est guérie de sa présomption; elle connaîtra désormais que plus on est instruit, plus on a vu de choses et mieux on sait qu'il existe une infinité de prodiges que la faible raison humaine ne saurait expliquer, et que même il faut les recherches et les études les plus longues, les plus assidues, pour nous découvrir et nous faire connaître une multitude de faits curieux que nous avons continuellement sous les yeux, sans nous en apercevoir et sans nous en douter. Enfin (poursuivit la voix), Ernelinde doit savoir à présent qu'on ne doit chercher l'extraordinaire et le merveilleux que dans la nature, parce que tout se trouve là, et que notre seule imagination, sans ce guide nécessaire et sublime, ne produira jamais que des extravagances.[9]

Le géant qui l'a sauvée était le prince Almanzor, qui seul n'avait jamais flatté la princesse. Désenchantée de la magie et du goût romanesque, la princesse apprécie la qualité d'Almanzor. Le dénouement est conventionnel: ils se marient, et leur *union heureuse* justifie *la raison et la vertu*. Or le conte n'est pas tout à fait fini. Une sorte d'épilogue signale que les monstres ne sont que des insectes vus au microscope. Les notes insérées à la fin du conte donnent des explications concernant les *monstres* en renvoyant au *Dictionnaire d'histoire naturelle* de Valmont Bomare. On voit combien Mme de Genlis s'est efforcée de combiner l'*utile* et l'*agréable*.

Si Mme de Genlis parvient à remplacer le merveilleux naturel au merveilleux féerique dans les deux contes, les incidents et leurs dénouements se produisent par des forces surnaturelles. D'où il résulte une contradiction entre le caractère fabuleux de l'intrigue et le réalisme voulu par certains détails descriptifs. Le problème de la vraisemblance n'est pas résolu par le choix des matières non imaginaires. Or, cet aspect

---

quelle richesse dans la nature, s'écriait Ernelinde, et comment tant de phénomènes, tant de trésors ont-ils pu échapper à ma connaissance?'
('L'Isle des monstres', *Les Jeux champêtres des enfants*, Paris, A. Marc, pp. 184-186.)

9   *Ibid.*, pp. 192-193.

plus ou moins incohérent serait toléré par un protocole de lecture entre l'auteur et le lecteur, comme il en va ainsi pour toutes les fictions. Alors que la mise en intrigue conventionnelle et distrayante dans les deux contes assure l'identification de la forme du récit, les leçons instructives ou morales satisferaient la recherche d'une lecture utile de certains lecteurs.

Il en est de même du portrait de la princesse, qui est fait par un mélange incongru des attributs romanesques et des traits communs des contemporains de Mme de Genlis. Cette princesse d'un pays de l'Asie montre du goût pour l'histoire naturelle et compose des pièces de théâtre d'un genre romantique. On trouve Mme de Genlis préoccupée de son monde actuel. En effet, l'actualité est continuellement évoquée dans ses contes. Ceci confirme alors que *les problèmes d'actualité passent au premier plan* dans les contes philosophiques ou moraux et que *'le récit court, à la fin du XVIIIe siècle, cherche à devenir un "témoignage"'*.[10]

Aussi les récits longs témoignent-ils de l'actualité. *Les Chevaliers du Cygne* de Mme de Genlis qui sont écrits sous l'étiquette de *'conte historique et moral'* comprennent des passages qui évoquent les mouvements révolutionnaires et la Terreur. Pour éviter la polémique, l'auteur fait un détour: la *transposition* du temps. Le temps du récit est celui de la chevalerie. Les personnages principaux, deux chevaliers, parcourent des cours européennes de l'époque de Charlemagne, mais les événements dont ils sont les témoins ne font que rappeler les scènes de violences des révolutionnaires. Mme de Genlis prétend avoir écrit ce récit *'pour servir de suite aux* Veillées du Château'. Cependant, si on peut considérer *Les Veillées du château* comme un livre pour enfants en tenant compte des attributs des personnages et des thèmes de leurs histoires, on aurait du mal à voir *Les Chevaliers du Cygne* comme un ouvrage qui est destiné aux jeunes lecteurs. Ce récit est composé d'histoires de complot, de débauche ou de conflits nationaux ou internationaux. Il comporte aussi des passages plus ou moins indécents qui font allusion à la licence de Marie-Antoinette. Mme de Genlis semble avoir oublié le but initial de la production de cette œuvre, à mesure que l'actualité la préoccupe. Si ce récit comprend toutefois des

---

10   Angus Martin, *Anthologie du conte en France, 1750-1799*, Paris, Union Générale d'Editions, 1981, p. 46.

histoires qui représentent l'amour idyllique, l'amitié ou la fidélité, elles consistent à faire ressortir les valeurs monarchistes en comparaison avec les idées révolutionnaires.

M. Henri Coulet classe *Les Chevaliers du Cygne* en roman noir, on comprend pourquoi. D'abord, ce récit est imprégné de l'esthétique du genre sombre. Il comprend plusieurs scènes sanglantes et on y voit même apparaître une squelette.[11] Ensuite, ce récit est très long, il contient 3 volumes, chacun de 400 pages environ. Le récit central encadre plusieurs histoires insérées à la manière d'un roman, ces histoires ne sont pas contées à des réunions comme dans *Les Veillées du Château* ou *Les Veillées de la chaumière*. La plupart des histoires sont racontées par leurs protagonistes eux-mêmes, non pas par un tiers comme dans les contes traditionnels.

Les Chevaliers du Cygne seraient un exemple de la poétique indécise des contes moraux de l'époque. Pour Mme de Genlis, les contes moraux ne sont que *'de petits romans très abrégés'*.[12] Ainsi, certains contes ne se distinguent guère de ses nouvelles-anecdotes, qui sont aussi considérés comme de petits romans. Ce que Mme de Genlis appelle le *'petit roman'* correspondrait au *'récit court'* dont la notion était déjà étudiée.[13] Du point de vue poétique, le conte et la nouvelle auraient été un même genre pour elle. Ses *Nouveaux contes moraux et nouvelles historiques* sont la preuve de ce parti pris. Ce recueil en 6 volumes réunit plusieurs sortes de récits plus ou moins courts sans récit-cadre: contes, nouvelles historiques, nouvelles et anecdotes. S'il reflète la poétique indécise des contes de la période qui nous intéresse, il témoigne également de la vogue littéraire de l'époque du tournant des Lumières: la

---

11   *Les Chevaliers du cygne*, Paris, Lemierre, 1795, t. I, p. 62. *'Mais qui pourrait exprimer le saisissement et l'horreur qu'il éprouva, à l'aspect terrible du tableau surprenant qui frappa ses regards! Il vit un affreux squelette ensanglanté, qui s'éloignait avec lenteur en gémissant sourdement, et en laissant sur son passage de longues traces de sang, et qui s'évanouit dans les airs lorsqu'il eut traversé la chambre; [...]'*.

12   *Mémoires inédits de Mme la comtesse de Genlis sur le XVIIIe siècle et la Révolution française, depuis 1756 jusqu'à nos jours*, Paris, Ladvocat, 1825, t. VIII, p. 264.

13   Cf. Jacques Voisine, 'Le Récit court, des Lumières au Romantisme (1760-1820)', *Revue de Littérature comparée* (Paris), 1992, janvier-mars, pp. 105-129 & avril-juin, 149-171.

floraison des recueils de contes en série. *Nouveaux contes moraux...* ont paru entre 1802 et 1806.

A travers l'examen des étiquettes des *Nouveaux contes moraux et nouvelles historiques*, on remarque toutefois quelques traits caractéristiques de chaque *espèce*. Mais cet étiquetage n'implique pas de règles absolues, dans la mesure où Mme de Genlis ne le prend pas au sérieux. Au récit intitulé *Arthur et Sophronie, ou l'Amour et le mystère*, l'auteur attribue deux étiquettes:[14]

> J'ai placé mes personnages dans les siècles de la chevalerie, et j'ai orné ce Conte de quelques traits historiques dignes d'être rappelés, ce que j'indiquerai par un seul mot, dans des notes, afin de ne pas confondre la vérité avec des fables.

> Un petit nombre de femmes pourra comprendre encore le dévouement extraordinaire de ma Sophronie. C'est à elles que je dédie cette nouvelle qui ne sera pour les autres lecteurs qu'un conte plus fabuleux et plus incroyable que tous ceux des Mille et une Nuits.

On s'aperçoit que Mme de Genlis attribue comme caractéristique la vraisemblance à la nouvelle plutôt qu'au conte. La question de la vraisemblance est d'ailleurs liée à celle de l'authenticité de l'histoire chez elle. Pour rendre la moralité de ses récits crédible, Mme de Genlis se sert des récits historiques – 'historique' au sens de 'réel' –. Elle ne s'en tient pas là, elle ajoute parfois dans ses romans historiques ou nouvelles historiques une note qui justifie l'authenticité du fond:

> Il est impossible d'écrire une Nouvelle où l'histoire soit plus fidèlement suivie que dans celle-ci. La plupart des incidents, les caractères, presque tous les détails et le fond du dénouement sont tirés de l'histoire.[15]

> Le fond de cette histoire, et presque tous les détails qu'elle contient, sont vrais; l'auteur les tient d'une personne (feu madame la marquise de Puisieux-Sillery) qui fut aussi recommandable par la sincérité de son caractère que par la

---

14 *Nouveaux contes moraux et nouvelles historiques*, Pais, Maradan, 6 vol. 1802 (I-III), 1806 (IV-VI), t. VI, pp. 1-2 & 4.
15 'La Princesse des Ursins, nouvelle historique' in *Nouveaux contes moraux et nouvelles historiques, op. cit.,* t. III, p. 155.

supériorité de son esprit, et que mademoiselle de Clermont honora pendant vingt ans, et jusqu'à sa mort, de son amitié la plus intime.[16]

La prétention de l'authenticité est plus accentuée dans les anecdotes. Les notes pour assurer la véracité des anecdotes sont souvent insérées en bas de leur première page:

Le fond en est vrai; l'héroïne est Allemande, et jeune encore.[17]

Exactement vraie.[18]

Or, cette prétention de l'authenticité de l'histoire apparaît aussi dans certains contes. Dans *Les Veillées de la chaumière,* on trouve cinq histoires qui sont censées être *'exactement vraies'*: 'Le Bon curé', 'Les Paysans sages et laborieux', 'La Mère accariâtre', 'La Reconnaissance et la probité' et 'La Providence'. Pour donner raison à la morale teintée de l'idéologie conservatrice, Mme de Genlis a recours aux histoires vraies, car elle est persuadée de leur effet persuasif. Une scène des *Veillées de la chaumière* le constate: lorsque le comte d'Ormelis annonce une histoire vraie, les auditeurs s'approchent plus près de lui. Cette idée était déjà manifestée dans *Adèle et Théodore* qui a paru environ 40 ans avant *Les Veillées de la chaumière.* Mme d'Almane, porte-parole de l'auteur, lit à ses enfants le conte qu'elle a écrit. Les réactions des auditeurs justifient l'avantage des récits authentiques du point de vue pédagogique:

L'effet qu'il a déjà produit sur mes enfants est tel que je puis le désirer: à chaque conte ils ne manquent jamais de me demander: Cette histoire est-elle arrivée? & quand j'affirme qu'elle est vraie, je remarque un redoublement singulier d'attention & d'intérêt, avantage très précieux qu'on ne pourrait retirer du Conte de Fées le plus moral; aussi je me promets bien, si jamais je me décide à faire imprimer ce petit ouvrage, d'assurer mes jeunes Lecteurs, dans un avertissement fait uniquement pour eux, que l'Auteur n'a rien inventé, & qu'il n'est qu'un Historien scrupuleusement exact & fidèle; & avec cette précaution, je suis bien

---

16   'Mademoiselle de Clermont, nouvelle historique' in *Nouveaux contes moraux...,* *op. cit.,* t. III, p. 387.

17   'Le Jupon vert' in *Nouveaux contes moraux...,* t. II, p. 371.

18   'Les Préventions d'une femme' in *Nouveaux contes moraux...,* t. II, p. 405.

certaine que tous mes Contes seront lus avec avidité, & qu'il feront une profonde impression.[19]

Si l'utilisation des histoires vraies pour des contes rend encore difficile de distinguer le conte de la nouvelle, il en est de même de la recherche du réalisme dans les contes. Nombre de contes de Mme de Genlis visent à la peinture réaliste des mœurs, et celle-ci a un rapport au temps de l'écriture. Les trois contes du premier volume des *Nouveaux contes moraux et nouvelles historiques* sont ceux qui étaient réunis dans *Les Veillées du château*. Ce dernier ouvrage a paru en 1782, c'est-à-dire avant la Révolution. On y trouve des thèmes récurrents des récits de Mme de Genlis: la critique des idées des philosophes, la vanité, l'amour et l'amitié. A partir du deuxième volume, apparaissent des critiques des mouvements révolutionnaires et celles des mœurs post-révolutionnaires.

Ces critiques sont en général formulées d'une manière détournée. Dans 'Le Malencontreux, ou Mémoires d'un émigré' (t. II), le protagoniste qui n'a ni ambition ni parti pris subit des persécutions injustes à cause de la Révolution. Puis il erre dans des pays étrangers, où il fait encore des expériences malheureuses. L'auteur glisse ses critiques par le truchement des personnages comme voici:

> on lui avait promis que son père serait mis en liberté sous quinze jours, on reconnaissait sa parfaite innocence; mais on sait que dans les temps de révolution, il ne faut pas se presser de réparer une injustice.[20]

Par ailleurs, la critique des mouvements révolutionnaires présentés toujours comme des *'événements terribles'*[21] se relie systématiquement à celle des idées des philosophes chez Mme de Genlis, dans la mesure où les idées des philosophes, les idées révolutionnaires et même le protestantisme sont considérés comme identiques. Ces idées portent toutes le nom de l'esprit d'indépendance. D'autre part, Mme de Genlis essaie de démontrer combien les idées des philosophes sont paradoxales.

---

19   *Adèle et Théodore, ou Lettres sur l'éducation, contenant tous les principes relatifs aux trois différens plans d'éducation des princes, des jeunes personnes et des hommes,* Paris, Lambert et Baudoin, 1782, t. I, p. 87.

20   'L'Amant dérouté' in *Nouveaux contes moraux...,* t. III, p. 195.

21   'Le Surveillant visible et caché, ou l'Amour et l'amitié', in *Nouveaux contes moraux...,* t. V, p. 319.

Dans 'Le Malencontreux…', elle présente quelques extraits des lettres de Rousseau et de Voltaire ainsi que ceux de l'Encyclopédie[22] pour montrer combien leurs idées sont contradictoires avec celles qu'on leur prête. Ces philosophes hantent Mme de Genlis, si bien que leurs idées sont fréquemment décriées dans l'ensemble de ses écrits.

Au fur et à mesure que les idées républicaines s'étendent, Mme de Genlis les prend pour cible. Les contes des *Veillées de la chaumière* contiennent ainsi des arguments sur les influences fâcheuses de la Révolution, et ils donnent des exemples antithétiques en vue d'édifier les lecteurs qui sont imprégnés des idées républicaines. La politique napoléonienne est aussi critiquée par la représentation d'une mère qui se désole de son fils mort à la guerre. Cette œuvre qui a paru en 1823 présente aussi des nobles qui sont retournés après l'émigration et des roturiers qui imitent les nobles de l'ancienne France. Le ton cynique dégage l'amertume de l'auteur. Or les discours critiques sont prononcés par le truchement de deux personnages roturiers:

> Tout à coup Laurent s'arrêta avec surprise en découvrant dans la foule cinq ou six personnes de sa connaissance, trois ou quatre jeunes ouvrières en linge et en modes et deux garçons de boutique qu'il avait vus les jours précédens et qui lui parurent travestis parce qu'ils étaient vêtus avec une élégance et une richesse apparente tout-à-fait inusitées jadis dans cette classe: Tiens, s'écria Laurent stupéfait, ils ont changé les jours du carnaval![23]

---

22   Voici les extraits cités par Mme de Genlis:
VOLTAIRE
Le plus grand service à mon gré que l'on puisse rendre au genre humain, est de séparer le sot peuple des honnêtes gens, pour jamais. [...]
Je ne désire point le rétablissement de la démocratie athénienne; je n'aime point le gouvernement de la canaille.
DIDEROT
Quoique je ne pense pas que la démocratie soit la plus commode, et la plus stable forme de gouvernement, quoique je sois persuadé qu'elle est désavantageuse aux grands états, je la crois néanmoins une des plus anciennes. Un grand pays doit être monarchique.
J.-J. ROUSSEAU
Le contrat-social doit être bien reçu à Genève, car j'y préfère hautement l'aristocratie à tout autre gouvernement.
23   *Les Veillées de la chaumière*, Paris, Lecointe et Durey, 1823, t. I, p. 4.

Laurent et Brigitte, personnages du récit central, sont toujours fidèles à leurs anciens maîtres. Au retour de l'émigration, leur ancien maître, le comte d'Ormelis, *'eut le bonheur de retrouver la terre et le château où il était né et dont la mort de son père le rendait possesseur'*.[24] Laurent sert continuellement ses maîtres *'par affection'*, bien qu'il devienne riche *'dans les pays étrangers, par son intelligence et un travail infatigable et par une pension viagère de trois cents francs assurée par ses maîtres'*.[25] Brigitte travaille comme concierge. Or ils rendent visite le soir à la chaumière où ils sont nés. Leur frère et sa famille y vivent alors avec leur grand-mère octogénaire. Pour rendre les veillées plus intéressantes, Laurent et Brigitte envisagent de conter chaque soir *'une belle histoire'* tour à tour. Pendant que ces veillées ont lieu dans la chaumière, les enfants du comte d'Ormelis lisent *Les Veillées du château* dans leur château. La Révolution n'a pas pu abolir la ségrégation. Il arrive que la comtesse d'Ormelis ou le comte vienne un soir pour raconter une histoire dans la chaumière. Mais leurs histoires ne concernent pas leur milieu, mais celui des paysans. L'histoire d'un ami du comte évoque aussi le devoir des paysans. On voit que, dans *Les Veillées de la chaumière,* les thèmes des contes sont limités en corrélation avec les conditions sociales des conteurs principaux et des auditeurs, de même que leurs personnages.

Les conteurs principaux, Laurent et Brigitte, commencent leurs récits par les témoignages de leurs expériences des pays étrangers où ils ont accompagné leurs maîtres. Ces témoignages tendent à montrer qu'il y avait des serviteurs fidèles à leurs maîtres pendant la période de l'émigration et que cette fidélité est due à leur *instruction religieuse.* Dans la même perspective, plusieurs récits dans ces *Veillées* présentent des serviteurs ou des paysans sages et laborieux. Dans un récit sous forme de dialogue, Mme de Genlis suggère que le rôle des paysans consiste à s'occuper de leur travail, non pas de la politique. ('Le Paysan politique') Un personnage censé être sage et éclairé entreprend de convaincre un paysan politique des valeurs anciennes. Leur dialogue insinue que les œuvres de Voltaire dénaturent le peuple:

---

24   *Ibid.,* t. I, pp. 8-9.
25   *Ibid.,* t. I, pp. 22-23.

JÉROME

Oui, notre jeune seigneur, je vous ai toujours écouté comme mon pater; je n'ai jamais oublié les grâces que j'ai obtenues de M. le marquis par votre canal; je sens que vous avez raison... Oui, ce Voltaire et la politique me brouillent la cervelle, et je deviens paresseux.

TIBURCE

Occupe-toi des vendanges, de la culture des champs; lis les livres qui peuvent te donner toutes les instructions utiles à un agriculteur; reprends les sentimens de piété qui, dans toutes les professions, rendent également estimables et sages, parce qu'ils sont nos meilleurs guides et nos plus grandes consolations.[26]

Mme de Genlis recommande à chacun de rester dans son état. En s'appuyant sur la morale chrétienne, elle critique le *système de l'égalité*. La fidélité des serviteurs et la piété filiale sont les thèmes principaux des *Veillées de la chaumière*.

Pour faire ressortir des modèles de ces vertus, Mme de Genlis les met en parallèle avec des exemples antinomiques. Dans une histoire contée par Brigitte, un domestique devient secrétaire grâce à son application laborieuse pour l'orthographe, alors qu'un cocher paresseux qui est aussi un buveur est ruiné. Prenons encore un exemple dans 'Les Champs et la Ville'. Les attitudes de deux personnages féminins y diffèrent dans le choix de mari. Marie choisit un beau garçon dont elle est amoureuse; Thérèse épouse un honnête tisserand. Marie quitte la campagne pour accompagner son mari qui veut s'établir à Paris; des infortunes successives les entraînent vers la ruine; puis, comble de malheur, Marie devient veuve. Pendant ce temps, Thérèse, entourée de son mari et de son enfant, mène une vie paisible et heureuse. D'ailleurs, elle ne s'est point séparée de son père. De même, la campagne et la ville sont mises en contraste dans ce conte. A la ville, on perd tout: les biens, la santé, la dignité, etc. A la campagne, tout est sain et moral. Thérèse, qui n'a point quitté la campagne, garde la fraîcheur et l'estime de son entourage. Les émotions et les réflexions de Marie au moment où elle regagne son pays natal constatent de manière métaphorique la supériorité de la campagne sur la ville:

> Parvenue aux frontières de la Normandie, elle tressaillit en apercevant une multitude de beaux pommiers en fleurs, coup d'œil charmant par lui-même, et

---

26   *Ibid.*, t. I, pp. 145-146.

qui de plus lui retraçait les jours heureux de sa première jeunesse! Mais bientôt le regret d'avoir quitté cette terre chérie dissipa douloureusement ce mouvement de joie, qui se renouvela cependant, lorsqu'elle s'arrêta dans une auberge où on lui offrit un verre de l'excellent cidre de Normandie. Ils n'en ont que de frelaté à Paris, dit-elle: tout ce qui est naturel et bon ne se trouve que dans les campagnes.[27]

On trouve le procédé de la mise en parallèle de deux exemples opposés dans l'ensemble des récits de Mme de Genlis dont le motif principal réside dans une perspective pédagogique, car deux exemples diamétralement opposés rendent plus intelligibles les leçons morales.

Si la bipolarisation est le procédé le plus habituel dans les contes de Mme de Genlis, il est des thèmes qui resurgissent sans cesse, quel que soit le temps de l'écriture: la coquetterie et la fausseté des femmes, leur poursuite aveugle de la mode, la vanité et l'ambition des hommes, etc. La passion, sous toute forme, est condamnée: elle n'appelle que des malheurs dans l'univers des récits de Mme de Genlis. L'amour, identifié à la passion, s'oppose à l'amitié qui est présenté comme un sentiment doux et durable. Selon Mme de Genlis, la fidélité n'appartient qu'à l'amitié, non point à l'amour. Elle déconseille ainsi l'amour même au couple légitime en préconisant l'amitié. Celle-ci se traduit en la *douce sensibilité* qui s'oppose à la *passion impétueuse*. La vanité des femmes à la mode est blâmée; la modestie des femmes vertueuses est louée. Les discours sur le tumulte et l'hypocrisie dans la société de cour s'accompagne de la scène idyllique d'une chaumière qui représente la paix et la candeur des paysans. Le dénouement de la plupart des contes de Mme de Genlis consiste à préconiser la tempérance et à dicter le devoir de chacun. Les idées des philosophes sont ici considérées comme réactionnaires ou destructives. Les femmes dissipatrices qui vivaient d'après les principes des philosophes meurent souvent de consomption, un mari philosophe qui apprenait à sa femme les maximes philosophiques est trompé par elle.

Ces thèmes et techniques se trouvent également dans des romans ou des nouvelles de Mme de Genlis. *Six nouvelles morales et religieuses* sont un recueil des nouvelles qui montrent les mêmes procédés et les même leçons morales que ceux des contes. Or, on n'y trouve ni élément

27   *Ibid.,* t. I, pp. 167-168.

féerique, ni décor oriental; le temps des récits est relativement récent. Autant dire que la manière de la critique est plus détournée dans les contes que dans les nouvelles.

Si l'univers d'un conte est placé dans un temps reculé qui marque la gloire ou l'honneur, ce déplacement du temps n'implique pas seulement la recherche des valeurs anciennes. Il prétexte la critique du temps actuel. Dans *Arthur et Sophronie*,[28] l'usage du monde des anciens temps est continuellement comparé à celui du temps actuel pour prouver la frivolité des contemporains.[29] Il en est de même du déplacement de l'espace. On connaît la mode du conte oriental au XVIIIe siècle.[30] On sait aussi que l'Orient n'était qu'un ornement. Les intrigues des contes orientaux de Mme de Genlis[31] se déroulent dans des cours de l'Asie. Les noms des personnages et des lieux ont une allure exotique, mais tout s'y passe comme en France. Les personnages sont revêtus de la sensibilité des Français du XVIIIe siècle comme chez beaucoup d'autres conteurs. Etant donné que le conte du XVIIIe siècle est inspiré *'par des modèles orientaux et poussée très loin dans des buts parodiques'*,[32] le décor oriental sert le même dessein dans les contes de Mme de Genlis.

A l'inverse, le but parodique autorise à introduire des éléments irréels dans les contes orientaux. Il arrive que l'exotisme soit allié avec le fantastique irréel comme dans *La Plume magique*. L'histoire se déroule à Bagdad, mais cette ville n'est qu'un Paris déguisé. Le narrateur-personnage possède une plume magique, *'avec laquelle on ne peut jamais écrire que ce qu'on pense, et sans le plus léger déguisement, et ce qu'il y*

---

28 *Nouveaux contes moraux et nouvelles historiques, op. cit.*, t. VI.
29 Voici un exemple:
    Nos fêtes n'offrent à la vanité que des motifs frivoles d'émulation, mais dans ces temps anciens la gloire était toujours inséparable de la représentation et des plaisirs. Il ne s'agissait pas dans ces jeux publics de danser mieux qu'un autre, ou d'effacer une rivale par l'éclat de sa parure; de semblables puérilités ne causaient jamais, alors, ces honteuses émotions qu'on n'oserait avouer, et qui profanent les cœurs qu'elles font palpiter. (Ibid., p. 28.)
30 Pierre Martino, *L'Orient dans la littérature française* au XVIIe et au XVIIIe siècle, Genève, Slatkine Reprints, 1970 (1906), pp. 259-261.
31 'Le Tulipier', 'Zénéide, ou la Perfection idéale', 'Zoraïde', 'Nourmahal, ou le Règne de vingt-quatre heures' et 'Zumelinde'.
32 Angus Martin, *Anthologie du conte en France, 1750-1799. Philosophes et cœurs sensibles,* Paris, Union Générale d'Editions, 1981, 'Présentation', pp. 9-10.

de plus miraculeux, c'est qu'en écrivant on ne s'en aperçoit pas tant qu'on tient la plume, on croit tracer ce qu'on a le projet d'écrire'.[33] Cette plume dévoile Nadir, personnage principal, qui est un Voltaire affublé. Si l'espace et le personnage paraissent loin de la réalité, la manière du procédé n'est pas tellement détournée que le lecteur peut les identifier facilement. Nadir prononce certaines phrases tirées des lettres de Voltaire, l'auteur en donne la référence dans la marge. Même sans cette note, on ne pourrait pas ignorer qui est ce personnage.[34]

Certains des contes de Mme de Genlis comportent des éléments féeriques qui ne se trouvent guère dans les nouvelles, d'autres insistent sur l'authenticité de l'histoire dans leurs notes. C'est que le conte moral vise aussi à *'une illusion d'authenticité'.*[35] Dans ces conditions, comment peut-on distinguer le conte de la nouvelle ou de l'anecdote? En effet, le flottement se manifeste dans l'étiquetage. Un certain récit est étiqueté 'conte' dans un recueil, 'nouvelle' dans un autre. On ne peut donc pas relever de caractère distinctif du conte à partir d'un tel ou tel conte de Mme de Genlis. On pourrait seulement cerner une tendance générale de l'ensemble de ses récits étiquetés 'conte'.

Le caractère oral est plus accentué dans les contes que dans les nouvelles. Bien que le caractère oral de la nouvelle du XVIe siècle ait entraîné la synonymie entre la nouvelle et le conte, l'oralité était

---

33   *Conte, Nouvelles et Historiettes,* par Mme la Ctesse de Genlis, Mme la Ctesse de Beaufort d'Hautpoul, Mme Dufresnoy, M. L. C. L., etc., Paris, A. Bertrand, 1820 (1819), t. II, pp. 225-226.
34   Voici un passage, dans lequel Voltaire et les philosophes sont décriés:
      Sur la fin du règne de votre illustre aïeul, seigneur, il se forma peu-à-peu, dans cet empire, une société d'hommes licencieux et spirituels, ennemis de toute autorité, mais amateurs des arts et des lettres, c'est-à-dire ne voulant les cultiver que pour briller, ne cherchant que de vains applaudissements, n'ayant nul désir de se rendre utiles, et néanmoins dévorés d'ambition, remplis d'inconséquences, ne parlant que de leur philanthropie, et propageant les erreurs les plus funestes au bonheur du genre humain, méprisant tous les hommes, et désirant avec passion leur suffrage, voulant sans cesse les douceurs du repos et toujours en mouvement, toujours intrigant, cabalant pour se faire valoir et pour nuire à ceux qui n'étaient pas leurs partisans; enfin, sans principes, sans frein: tour à tour de l'hypocrisie la plus vile ou du cynisme le plus révoltant: flatteurs ou détracteurs des princes et des grands, suivant leurs intérêts et les circonstances. Telle était la secte pernicieuse dont Nadir devint le chef. (Ibid., pp. 222-224.)
35   Angus Martin, *Anthologie du Conte en France. 1750-1799. Philosophes et cœurs sensibles,* Paris, U.G.E., 1981, p. 44.

considérée comme *'le premier élément'* du conte.[36] La présence physique des conteuses dans les deux *Veillées* de Mme de Genlis assure *'les raccourcis et les explications'*,[37] et permet une conversation de caractère discursif entre les conteurs et les auditeurs. Or le narrateur des histoires insérées du roman ou de la nouvelle historique aussi raconte des histoires à la manière de conteur et les personnages de leur récit central se mettent parfois à la place des auditeurs. *Les Prisonniers,* recueil de nouvelles de Mme de Genlis, montrent une telle situation narrative. Cependant, dans les deux *Veillées,* les auditeurs forment une assemblée, tandis que les narrataires des histoires insérées sont là à titre personnel.

Cette situation narrative qui suppose la présence physique du narrateur et de l'auditeur profite au développement de tels ou tels arguments. Par le truchement des réactions des auditeurs, l'auteur peut présenter des objections éventuelles du lecteur et ensuite étayer ses assertions par des explications supplémentaires. Comme chez les philosophes, le conte sert d'arme pour argumenter chez Mme de Genlis. Ses contreparties sont les philosophes et les libertins (ces deux groupes se confondent chez elle).[38] Si elle avertit incessamment des dangers du monde, elle considère les idées des philosophes comme les plus grands dangers. Elle s'y attaque par le moyen des procédés romanesques, de même que par l'intervention directe.[39] Ses contes finissent ainsi par

---

36 Jacques Lempert, 'Le conte', *Littérature et genres littéraires,* par Jean Bessière, Michelle Bloch, Daniel Couty, Frédéric Deloffre…, Paris, Larousse, 1978, p. 70.

37 Angus Martin, *op. cit.*, pp. 54-55.

38 Voici un passage qui le confirme:
    Ce jeune homme, âgé de vingt-six ans, et nourri des écrits philosophiques de Voltaire et de Diderot, se croyait un profond penseur, parce qu'il mettait en pratique toutes les maximes épicuriennes et impies des philosophes qu'il admirait: il conservait toute la vanité d'un grand seigneur allemand; mais il avait expié le ridicule de ce préjugé, en renonçant courageusement et sans retour, à tous les principes gothiques de la morale. ('Pamrose, ou le Palais et la chaumière', in *Choix de contes moraux,* Avignon, Amédée Chaillot, 1861, pp. 125-126.)

39 L'auteur-narrateur intervient dans le cours de l'histoire à la manière de conteur traditionnel. Voici un exemple:
    Plaignons la jeunesse qui s'égare, et n'en désespérons point; elle est imprudente et légère, mais elle est si flexible! Julie, lassée du désordre de sa vie, était prête à y renoncer; et son mari, qui l'avait éloignée de la vertu, l'empêcha d'y retourner.

proposer un certain mode de vie qui prend appui sur la sagesse des enseignements chrétiens. Cette fonction pédagogique correspondrait au rôle traditionnel du narrateur du récit oral: la transmission de l'expérience et de la sagesse. Dans tous les récits de Mme de Genlis, quel qu'en soit le genre, le but didactique reste un motif majeur qui détermine le choix des thèmes, la présentation des personnages ou la représentation des espaces. Les règles ou les conventions des genres littéraires semblent moins importantes que ces procédés. La nouvelle et le conte ne sont que *'de petits romans'*.[40] C'est pourquoi certaines techniques narratives du roman sont adoptées dans la production des contes ou des nouvelles: l'insertion d'une histoire secondaire sous forme de manuscrit[41] ou l'imbrication d'une histoire de confession qui éclaire des comportements énigmatiques ou le passé d'un personnage.[42]

Il ne reste donc qu'un élément qui pourrait être considéré comme l'apanage exclusif du conte: le merveilleux ou la féerie. Autant dire que l'écriture du conte est relativement libérée du souci de vraisemblance de l'histoire. Cette liberté semble avantageuse pour le renfort du sens ou du message des contes. Plus le temps et l'espace sont lointains de la réalité, plus le ton de la critique des mœurs ou des idées philosophiques qui sont ménagés à titre de discours moraux est vif. Dans les contes féeriques ou orientaux, la vertu est récompensée d'une manière éclatante; la méchanceté est toujours punie.

Or des contes qui ressemblent à la nouvelle-anecdote par leur fond authentique empêchent toujours de distinguer le conte de la nouvelle. Si les contes de fées ou les contes orientaux témoignent de la mode littéraire de l'époque, ce type de contes reflète aussi la tendance d'une

---

('Le Philosophe pris au mot, ou le Mari corrupteur', in *Nouveaux contes moraux et nouvelles historiques,* t. V, p. 202.)

40   Voici une note pour le conte intitulé 'Pamrose, ou le Palais et la chaumière': *Le trait le plus intéressant de ce petit roman n'est point inventé, il est exactement vrai dans tous ses détails.* (*Nouveaux contes moraux et nouvelles historiques,* t. V, p. 71.)

41   Dans 'La Conversation et le Manuscrit' (in *Six nouvelles morales et religieuses*), un certain baron Zirloman lit à haute voix, pour ses enfants, un livre manuscrit, qui contient une anecdote historique.

42   L'histoire encadrée par les guillemets dans 'Arthur et Sophronie, ou l'Amour et le Mystère' in *Nouveaux contes moraux et nouvelles historiques,* t. VI.

fusion de ces deux genres. On pourrait alors traiter deux types de contes, de même que les nouvelles, comme récits courts. Les récits courts de Mme de Genlis servent parfois comme lieu de critique du récit long, roman. Dans une nouvelle historique intitulée *'Mademoiselle de Clermont'*, la critique du roman est prononcée par un personnage digne de foi. De même que quelques contes présentent des personnages féminins qui gâtent leur naturel par la lecture de romans. Dans 'Les Artisans philosophes', la pieuse Marguerite devient *'moins douce et moins laborieuse'*[43] sous l'influence des romans qu'elle a lus; Julie, dans le 'Philosophe pris au mot', pense qu' *'un amant est l'esclave le plus soumis et le plus dévoué aux volontés de sa maîtresse'* et que *'c'est lui qui doit toujours obéir'*.[44] A part son influence pernicieuse sur les jeunes filles naïves, le roman comme genre littéraire est méprisé à cause de sa composition facile et de ses poncifs:

> Quand l'intrigue, les plaisirs et la dissipation ne permettent ni de réfléchir, ni de travailler une heure par jour, on a un moyen très facile de faire un roman fort agréable en trois semaines tout au plus: c'est de feuilleter les vieux romans, et d'en composer une jolie compilation.[45]

La longueur du roman permet à son créateur de *'se peindre vaguement de mille manières'*.[46] Cette liberté de disposition de l'espace textuel occasionne parfois un relâchement de la composition dans les romans de Mme de Genlis. En revanche, la limite de l'étendue dans ses récits courts apporte des résultats heureux: le resserrement de la narration et la réduction des digressions. Il s'ensuit que les intrigues des récits courts paraissent mieux structurées que celles des romans. Les récits courts, étant *de petits romans,* semblent l'emporter sur les récits longs du point de vue poétique chez Mme de Genlis. Il arrive qu'un roman comporte plusieurs thèmes et des techniques romanesques divers. Dans les contes, les thèmes et les techniques des romans se manifestent sporadiquement. Les contes de Mme de Genlis connaissent ainsi la variété des thèmes et

---

43 *Nouveaux contes moraux et nouvelles historiques,* t. IV, p. 326.
44 *Ibid.,* t. V, p. 145.
45 'La Nouvelle poétique, ou les Deux amants rivaux de gloire' in *Nouveaux contes moraux et nouvelles historiques,* t. II, p. 340.
46 'La Femme auteur' in *Nouveaux contes moraux...,* t. III, p. 110.

des formes narratives (la narration à la première personne sous forme de mémoires ou de manuscrit, celle à la troisième personne, dialogue et traité). Du point de vue esthétique, ils témoignent de la mode littéraire de son époque: la féerie, l'exotisme, la nature, etc. On constate alors que le conte est bel et bien un *'genre narratif fourre-tout'*.[47]

47   Henri Coulet, 'Le roman théâtral' in *Les Genres insérés dans le Roman,* Actes du Colloque International du 10 au 12 décembre 1992, Lyon, C.E.D.I.C., p. 195.

CLAIRE GARRY-BOUSSEL

Homologies et symétries des structures narratives dans les nouvelles de Mme de Staël

La publication récente (septembre 1997) de la majeure partie des *Œuvres de jeunesse* de Mme de Staël par Simone Balayé et John Isbell, complète avec bonheur l'ouvrage plus ancien de Béatrice d'Andlau, *La Jeunesse de Mme de Staël*, qui contient, outre une étude de l'enfance et de l'adolescence de Mlle Necker, quelques-unes de ses premières productions de l'esprit. Cette édition relance l'intérêt de la critique pour une partie de l'œuvre plus ou moins tombée dans l'oubli.

Les jugements sans aménité que la romancière a portés sur ses premiers essais ne sont pas à interpréter comme une coquetterie d'auteur et ce serait une erreur de les récuser en vertu de cette supposition. C'est en ces termes que Mme de Staël s'ouvre à Maurice O'Donnell en 1806: 'j'ai horriblement peur des œuvres de mon enfance. C'est précisément que j'avais dès lors l'envie de montrer de l'esprit que j'ai dû dire le plus de sottises.'[1] Dans la préface qu'elle place en tête des *Trois nouvelles*, elle réclame l'indulgence du lecteur pour des écrits rédigés dans la première année de son entrée dans le monde, 'quand la révolution de France n'existait point encore'[2] mais elle n'en dénonce pas moins leur ingénuité, voire leur superficialité et elle ne craint pas d'ajouter qu''aucune ne mérite le nom de roman'.[3]

Dans cette mosaïque de textes, se détachent quatre nouvelles qui présentent d'étranges similitudes dans leur thématique et leur structure textuelle. Ces courts récits, surchargés de romanesque, gangrenés par un excès de sentimentalité, revêtent un intérêt de tout premier ordre si on les

---

1   Lettre du 4 mai 1806, *Correspondance générale*, publiée par B.W. Jasinski, Paris, Klincksieck, 1993, tome VI, p. 79.

2   Mme de Staël, *Œuvres de jeunesse*, publié par S. Balayé et J. Isbell, Paris, Desjonquères, 1997, p. 157.

3   *Ibid.*

considère comme un tout et non comme des entités isolées. Les quatre nouvelles qui constituent ce corpus restreint, *Mirza, Adélaïde et Théodore, Histoire de Pauline* et *Zulma* ont toutes été destinées à l'impression, avec l'assentiment de leur auteur, mais elles ne constituent pas la totalité des productions staëliennes dans un genre qui est, rappelons-le, en plein essor dans les deux dernières décennies du XVIIIe siècle: quelques débuts de petits romans dorment encore dans les cartons du château de Coppet.[4]

Œuvres de circonstances, destinées à connaître un succès éphémère puisqu'elles s'adressent essentiellement au cercle des amis de M. Necker, les nouvelles de Mme de Staël sont composées au moins pour trois d'entre elles en 1786, année du mariage de l'auteur (14 janvier 1786). On ne possède pas d'indications plus précises sur la datation de leur création et ce flou chronologique laisse le champ libre à toutes les conjectures possibles sur leur ordre d'apparition. Éditées en mai 1795 dans *le Recueil de morceaux détachés* qui contient en outre l'*Épitre au malheur ou Adèle et Édouard*, elles sont enrichies dans la seconde édition de 1796 d'une autre nouvelle *Zulma, fragment d'un ouvrage*, parue en 1794.[5]

La simple lecture des titres permet de jumeler deux à deux les quatre nouvelles. *Mirza* et *Zulma* appartiennent à la littérature exotique qui colore, à la veille de la Révolution, de nombreux romans consacrés à des aventures guerrières ou amoureuses.[6] Plus traditionnels, les deux

---

4   Voir Béatrice d'Andlau, *La jeunesse de Mme de Staël*, Genève, Droz, 1970, p. 109: 'Quelques essais subsistent encore à Coppet: débuts de romans ou de nouvelles: *Lettres d'Alphonse et d'Élise*, roman par lettres, *M. de Morancé*, dont il ne reste que cinq pages. Il est difficile d'en fixer la date, ce ne sont que des fragments.'

5   Dans l'avant-propos de 1796, p. 105, Mme de Staël explique qu'à l'origine la nouvelle *Zulma* était destinée à être intégrée dans son traité des passions, ce qui explique la deuxième moitié du titre *Fragment d'un ouvrage*: 'Cet épisode était d'abord destiné à tenir lieu du chapitre de l'amour dans un ouvrage *sur l'Influence des passions* dont je vais publier la première partie; m'étant depuis décidée à suivre dans tout le cours de ce livre la forme de l'analyse, je fais imprimer ce morceau séparément.'

6   Jean-François Marmontel publie en 1777 *Les Incas ou la destruction de l'empire du Pérou* qui, sous des dehors d'épopée, sont un plaidoyer pour le droit à la différence, la tolérance religieuse et l'amour de la justice. En 1788, Bernardin de Saint-Pierre connaît le succès grâce à une humble pastorale, *Paul et Virginie*,

autres écrits de jeunesse sont à rattacher à la littérature romanesque qui pratique, au tournant du siècle, aussi bien les formes narratives brèves que longues, la *brevitas* que la *copia*. Rappelons en quelques mots le sujet de chacune de ces nouvelles. *Mirza* retrace la passion malheureuse d'une femme de génie pour le prince Ximéo. Trahie, elle se transperce le cœur d'une flèche empoisonnée, après avoir obtenu que son amant ne soit pas livré aux négriers. La deuxième nouvelle, *Zulma,* présente de nombreuses similitudes avec la première. Sur les bords de l'Orénoque, la sauvagesse Zulma assassine Fernand l'infidèle. Jugée et acquittée, elle se tue avec une flèche empoisonnée devant les juges et le peuple réunis au grand complet. *Adélaïde et Théodore* relate les souffrances et la mort d'un mari jaloux, convaincu de la trahison de sa femme. L'*Histoire de Pauline* reprend la même thématique en majorant les effets. Pauline, femme coupable, ne peut se racheter aux yeux de son mari qu'en se donnant la mort.

Il n'est pas besoin de recourir à une analyse textuelle approfondie pour déceler des correspondances étroites entre les deux nouvelles exotiques, *Mirza* et *Zulma*, et entre les deux nouvelles de facture plus classique, *Adélaïde et Théodore* et *Histoire de Pauline*, qui vont largement au-delà des coïncidences de forme, des résurgences de thèmes, des retours de personnages auxquels les recueils de nouvelles nous ont depuis longtemps habitués. La reconduction de modèles narratifs, la réitération de situations dramatiques qui se font écho, l'entrelacement de motifs romanesques qui sont repris d'une œuvre à l'autre, ne sont pas le fait d'un pur hasard et soulèvent des problèmes qui portent à la fois sur la démarche créatrice de l'écrivain et sur l'emploi qu'elle fait d'une forme narrative qui rehausse, comme chacun sait, les effets de structure.

Évoluant dans un système de ressemblances qui prend tour à tour deux aspects: la répétition à l'identique, c'est-à-dire *l'homologie* et la répétition sous sa forme inversée, c'est-à-dire la *symétrie*, Mme de Staël s'enferme dans un univers autoréférentiel qui la conduit à s'imiter elle-même, à se copier, à se répéter, s'égarant, par pente naturelle ou par

---

premier roman exotique moderne, qui enchante tous les publics. *La Chaumière indienne*, opuscule paru en 1790, illustre parfaitement les aspirations de toute une époque. Mme de Staël avoue, dans *De l'influence des passions*, que ce conte moral fait partie des ses lectures favorites. La parenté phonique des titres *Mirza* et *Zulma* est une première ressemblance troublante.

choix délibéré, dans les chemins de la redite et de la redondance. Qui plus est, elle donne à croire qu'il existe une hiérarchie implicite entre les nouvelles, la première en date semblant être l'ébauche, le brouillon, l'avant-texte de la seconde. Dans cette perspective, l'*inventio* est toute entière contenue dans la *repetitio*. C'est par un paradoxe qu'elle nous introduit au cœur de la dialectique de la création. Elle prône dans ses écrits théoriques l'innovation, la rapportant à une double nécessité: le jeune écrivain doit explorer toutes les voies, s'essayer dans tous les genres 'avant de s'assujettir à un plan, avant de suivre une route';[7] il lui faut en outre refuser l'imitation des Anciens et renouveler les thèmes d'inspiration pour entrer dans l'ère de la modernité. Or, dans sa pratique narrative, elle reconnaît bien volontiers que ses premiers écrits pêchent par défaut d'invention et que 'les sentiments et les pensées suppléent à la variété des situations'.[8]

* * *

Écrites à huit ans d'intervalle, *Mirza* (1786) et *Zulma* (1794) présentent une parenté textuelle qui ne peut échapper au lecteur attentif. Les deux préfaces de *Zulma* – l'avertissement de 1794 et l'avant-propos de 1796 – fournissent des éclaircissements précieux sur la composition de cette nouvelle, désignée tour à tour comme une épisode (*sic*), un morceau ou un fragment d'ouvrage. Le désir de Mme de Staël d'illustrer le chapitre de *De l'influence des passions* consacré à l'amour par le 'tableau du malheur le plus terrible, et du caractère le plus passionné', la conduit vraisemblablement à choisir dans les trois nouvelles déjà rédigées, celle qui est la plus propre à peindre la passion amoureuse.[9] Rien n'interdit de penser que l'écrivain procède, en 1794, à une réécriture de *Mirza*, nouvelle qui, traversée par un élan passionnel, peut facilement être réinterprétée à la faveur des événements révolutionnaires. Dans la

---

7   Mme de Staël, *Œuvres de jeunesse*, p. 57.
8   Dans sa préface des *Trois nouvelles* (p. 157), Mme de Staël devance les critiques en se justifiant ainsi: 'les situations y sont indiquées plutôt que développées, et c'est dans la peinture de quelques sentiments du cœur qu'est leur seul mérite'. À l'instar de son maître Rousseau, Mme de Staël n'a pas 'l'imagination qui sait inventer une succession d'événements nouveaux; mais combien les sentiments et les pensées suppléent à la variété des situations' (p. 57).
9   Mme de Staël, *Œuvres de jeunesse*, p. 105.

première fiction, 'l'amour de la liberté' et son corollaire 'l'horreur de l'esclavage' entremêlent dans leurs harmoniques les échos d'une rhétorique affadie sur la servitude amoureuse et les invites pressantes à une plus grande liberté politique.[10] La seconde fiction, écrite 'au milieu d'une crise dévorante qui atteint toutes les destinées', dans une France inféodée à des lois despotiques, loue en contrepoint, l'esprit de justice qui règne chez les tribus sauvages du bord de l'Orénoque.[11] La réalité politique vient nourrir, ensemencer, parasiter le champ romanesque des deux textes en portant à l'incandescence des passions qui n'arrivent à se libérer que sous le voile de la fiction.

　　La modification des lieux d'un récit à l'autre – *Mirza* se passe au Sénégal et *Zulma* dans les déserts du Nouveau-Monde – ne marque pas un changement dans la conduite narrative de l'écrivain. De toute évidence, ce leurre captieux est destiné à masquer l'homologie structurelle des deux fictions. Mme de Staël compose deux nouvelles enchâssées, selon un procédé cher au roman baroque et encore très en vogue à la fin du XVIIIe siècle. Deux Français à l'âme sensible, médiateurs entre le monde civilisé et le monde sauvage (un voyageur dans *Mirza,* un prisonnier des Indiens dans *Zulma*) ouvrent les deux récits. Dans *Mirza,* le héros raconte l'histoire de ses amours dans un long discours qui tient à la fois de la déploration et de la confession.[12] L'auteur a recours au même procédé narratif dans *Zulma*: l'héroïne évoque sa passion dans un long plaidoyer qui rapidement prend la forme d'un acte d'accusation.[13] Entre le narrateur premier et l'énonciateur viennent s'interposer dans *Mirza* un gouverneur, ami des Lumières et dans *Zulma* un bon vieillard qui fait office de juge. La seconde nouvelle, plus remaniée dans sa composition, offre une véritable structure armillaire puisque trois discours s'emboîtent les uns dans les autres: celui de l'homme captif introduit celui du juge qui annonce celui de

---

10　Mme de Staël, *Œuvres de jeunesse*, p. 163.
11　Mme de Staël, *De l'influence des passions*, Paris, Treuttel et Würtz, 1820-1821, p. 1.
12　Pour rendre la fiction touchante, il est indispensable que le narrateur premier ait une âme sensible. *Mirza*: 'j'étais baigné de pleurs' (p. 172). *Zulma*: 'je pleurais ce jeune homme' (p. 108).
13　Dans l'édition Desjonquères, le discours de Fernand a neuf pages, celui de Zulma dix pages.

l'accusée Zulma. La modification de la focalisation d'une nouvelle à l'autre – Ximéo, l'homme infidèle prend la parole dans *Mirza* et la femme trahie semble lui répondre dans *Zulma* – crée une situation de symétrie de tout premier ordre: le vécu de la passion amoureuse, décrit à travers le filtre d'une conscience masculine puis d'une conscience féminine, semble être vu et observé en stéréoscopie. Le récit, dans les deux nouvelles, n'est pas à proprement parler linéaire mais il est recomposé sous l'effet du souvenir autour des faits saillants, présentés chacun dans une unité narrative et introduits par une liaison temporelle identique, 'un jour' (ou 'un jour enfin'). En règle générale, chacun de ces épisodes illustre un acte de dévouement de l'héroïne: grâce à elle, l'être aimé échappe à la mort, à la maladie ou à la vindicte de ses proches.[14] L'enchâssement du récit, total dans *Mirza*: le voyageur reprend la parole dans l'épilogue et promet de porter à la connaissance du public l'histoire de l'infortuné Ximéo, est partiel dans *Zulma*: l'instance narrative liminaire est relayée par la voix de l'auteur qui préfère clore rapidement la nouvelle pour ne pas atténuer ni suspendre l'effet que doit produire sur le lecteur la mort en direct de Zulma.

L'identité structurelle des deux récits, patente dans l'architecture générale, se prolonge dans l'agencement des faits narratifs. Leur *dispositio* suit un ordre immuable. Dans un *continuum* élaboré, la chaîne des actions est reproduite soit à l'identique (homologie) soit dans la différence (symétrie). La scène de rencontre a lieu, dans *Mirza,* dans les solitudes les plus reculées du Sénégal et, dans *Zulma,* au milieu d'une foule portant aux nues celui qui semble 'se créer la royauté du génie', c'est-à-dire Fernand.[15] Dans le dispositif narratif mis en place par l'auteur, la scène des serments arrive en seconde position. La promesse de fidélité, devenue *topos* récurrent dans les œuvres fictionnelles de Mme de Staël noue à tout jamais deux destins et, ce faisant, constitue un programme narratif qui encadre, par une transformation régulée, les événements à venir.[16] Or les deux héros commettent leur première

---

14   Malgré la trahison de Ximéo, Mirza poursuit ses actes de dévouement, le dernier étant le plus sublime puisqu'elle s'offre à la place de son amant qui doit être vendu comme esclave à des négriers de la côte.
15   Mme de Staël, *Œuvres de jeunesse*, p. 110.
16   La scène du serment a lieu dans *Mirza* p. 165 et dans *Zulma* pp. 112-113, (*Œuvres de jeunesse*).

infidélité au moment même où ils donnent leur parole: Ximéo est depuis longtemps promis à Ourika et Fernand se sait d'une nature volage. Suit, dans un troisième temps, la scène de l'extase amoureuse. Mirza et Zulma font l'expérience l'une et l'autre de la sublimité de la passion, à cela près que Mirza passe de l'excès de bonheur à l'excès de malheur quand Ximéo lui propose de troquer l'amour contre l'amitié alors que Zulma parcourt 'dans un instant l'infini des distances morales' mais dans le sens inverse, quand croyant Fernand mort, elle le retrouve vivant.[17] Enfin la trahison masculine moins grave chez Ximéo, qui se borne à assumer des engagements antérieurs, mais plus criminelle chez Fernand, qui répond à des sollicitations nouvelles, se clôt par la mort-spectacle des deux amazones qui se tuent l'une et l'autre au moyen d'une flèche empoison-née, en présence de leur amant – vivant dans *Mirza*, mort dans *Zulma* – et devant une foule de spectateurs très diversifiée, dans *Mirza* (chefs Jaloffes et blancs esclavagistes), très homogène, dans *Zulma,* (les membres de la tribu indienne).

La construction elle-même des personnages se ressent de la loi de la répétition. Dans les deux nouvelles, les traits masculins comme les traits féminins sont peu différenciés et ne subissent que les variations du même. Seule entorse à la règle, la qualification sociale des héros reproduit dans sa distribution la figure du chiasme. Le métissage culturel de Mirza – la jeune femme a été initiée à la langue française et au idées philosophiques par un 'Français établi au Sénégal, mécontent de son sort et malheureux dans sa patrie' se retrouve chez Fernand, le héros de *Zulma* qui, 'fait prisonnier dans son enfance par un général espagnol', a été mis au contact de la civilisation européenne.[18] La place du savoir dans la relation amoureuse s'explique par la différence des sexes: Ximéo éprouve pour Mirza plus d'admiration que d'amour. À l'inverse, Zulma a besoin d'admirer pour aimer. Emportée par la passion, elle se croit protégée de l'inconstance de son amant en raison même de tous les bienfaits qu'elle a reçus de lui. Ainsi Mme de Staël n'a pas craint de reprendre une nouvelle de jeunesse mais elle en a épuré la ligne, elle en a augmenté le pathos, élevant par degrés la tension pour la faire culminer,

---

17   La scène de l'extase amoureuse a lieu dans *Mirza* p. 167 et dans *Zulma* p. 117, (*Œuvres de jeunesse*).

18   Mme de Staël, *Œuvres de jeunesse*, p. 164 et p. 110.

éclater et s'abolir en un double dénouement: heureux, l'acquittement de Zulma et tragique, le suicide de Zulma.

* * *

Les deux nouvelles, *Adélaïde et Théodore* et *Histoire de Pauline,* évoluent pareillement dans un système de ressemblances mais leur agencement, qui est reconduit *ne varietur* d'un texte à l'autre, ne présente guère de points communs avec celui des deux nouvelles déjà étudiées. Seule une opposition thématique très apparente assure la liaison entre les deux couples de fictions: *Mirza* et *Zulma* proclament le droit à la passion, *Adélaïde et Théodore* et *Histoire de Pauline* rappellent la toute-puissance des devoirs moraux. L'incapacité dans laquelle la critique actuelle se trouve pour dater avec précision ces deux écrits dont seule la contemporanéité est attestée (1786) ne nous permet pas de dire lequel des deux a servi de modèle à l'autre. Dans une démarche éminemment conjecturale, on peut supposer qu'*Adélaïde et Théodore* est la première nouvelle à avoir été composée en 1786. Un récit sans assise spatio-temporelle, des références appuyées à la pensée rousseauiste qui sentent leur exercice d'école, le recours à l'invraisemblable pour masquer les faiblesses de la fable et surtout la difficulté à passer par des gradations successives pour produire des scènes à effet, tout cela inclinerait à penser que le premier volet du diptyque porte plutôt le nom d'*Adélaïde et Théodore* qu'*Histoire de Pauline*.

Les deux nouvelles sont construites essentiellement sur un modèle homologique, une imitation synchronique et non diachronique générant, selon toute vraisemblance, ce parallélisme textuel. L'adoption d'une autre modalité d'énonciation – le récit à la troisième personne – modifie grandement la perpective narrative d'*Adélaïde et Théodore* et d'*Histoire de Pauline:* au lieu de donner à voir les faits narratifs à travers un système fondé essentiellement sur le discours, l'auteur se borne à les énoncer, à les développer, à les distribuer, préférant le récit pur au mirage de *la mimesis*.[19] Les correspondances intertextuelles s'expriment principalement par la reprise d'un même schéma narratif. La diégèse des deux fictions, balisée par des événements identiques qui se présentent au

---

19   Voir G. Genette, *Figures III*, Paris, Seuil, 1972, pp. 184-185.

même moment dans le déroulement de l'histoire et s'effectuent avec la même ampleur temporelle, offre une contiguïté structurelle tout à fait remarquable. Ajoutons encore, pour parfaire le tout, qu'un même type de personnages intervient à chaque point stratégique du récit.[20]

Les pages liminaires des deux nouvelles observent scrupuleusement les protocoles conventionnels des *incipit* des fictions romanesques de l'époque. Adélaïde et Pauline sont orphelines. Mal élevées par des tuteurs légers, inconséquents et portés à la dépravation (un oncle dans *Adélaïde et Théodore*, un ami du futur époux dans *Histoire de Pauline*), elles se retrouvent toutes deux mariées, la première, à l'âge de quinze ans, avec un homme de soixante ans, M. de Linières, et la seconde, à l'âge de treize ans, avec un négociant, M. de Valville. L'inexpérience et la solitude morale les poussent l'une et l'autre à commettre des écarts de conduite. Adélaïde se laisse étourdir par les joies enivrantes de la ville; elle apprend 'à vivre dans le vide', 'à se contenter des plaisirs de la vanité'.[21] Bien plus grave, Pauline, dans ces climats brûlants où se dissolvent dans la chaleur et l'inaction les principes de vertu, se laisse abuser par deux libertins. Alors que les deux nouvelles, *Mirza* et *Zulma,* étaient construites autour de la faute masculine, à savoir la trahison, *Adélaïde et Théodore* et *Histoire de Pauline* s'articulent autour de la faute féminine: faute mineure pour Adélaïde et faute irrémédiable pour Pauline qui, victime de la vilenie des hommes, s'est néanmoins mise dans son tort. Cette variante dans la marche des événements ne vient pas pour autant infléchir la ligne directrice du récit. Deux parentes (une tante, Mme d'Orfeuil dans *Adélaïde et Théodore*, une belle-mère adoptive, Mme de Verneuil dans *Histoire de Pauline*), chargées d'enrayer la mécanique du malheur, arrivent à point nommé pour arracher les brebis égarées à ces lieux de perdition que sont la grande ville ou la ville du Cap.[22] Leur intervention sauve momentanément les deux femmes que le sort a rendu veuves. Grâce à leurs bienfaitrices

---

20   Il est intéressant de noter que les réécritures des nouvelles ne s'accompagnent ni de *detractio* ni d'*adjectio*: les longueurs des récits ne sont guère modifiées d'un texte à l'autre.

21   Mme de Staël, *Œuvres de jeunesse*, p. 177.

22   Il faut remarquer la parenté phonique des patronymes des deux bienfaitrices. La ville du Cap dont il est question dans *Histoire de Pauline* se trouve à Saint-Domingue.

respectives, elles sursoient quelque temps à leur châtiment en menant une vie rangée, mais la rencontre pour Adélaïde de Théodore de Rostain et pour Pauline d'Édouard de Cerney remet en cause le fragile équilibre obtenu grâce à une éducation morale donnée sur le tard. L'hostilité latente de Mme d'Orfeuil à un nouvel amour de la frivole Adélaïde, l'appui inconditionnel de Mme de Verneuil à un second attachement de Pauline aboutissent à un même effet: un mariage secret entre Adélaïde et Théodore, un mariage officiel entre Pauline et Édouard. La différence de degré dans les fautes féminines introduit alors une bifurcation dans le récit. Incriminée à tort, Adélaïde est au moins coupable, lors de son séjour à Paris, d'avoir éveillé les soupçons de son compagnon. Quant à Pauline, la découverte par son mari de son passé scandaleux la condamne à d'insupportables remords qu'elle ne peut faire cesser qu'en quittant la vie. La dégradation qui résulte de la faute, qu'elle se joue en terme de récidive pour Adélaïde ou en terme de dévoilement pour Pauline, annonce la fin du récit. L'affaissement moral de l'homme qui se croit trahi, entraîne dans *Adélaïde et Théodore*, la mort des deux amants et dans *Histoire de Pauline*, le suicide de l'héroïne et la maladie mortelle de Mme de Verneuil. Les dernières lignes du récit sont consacrées dans *Adélaïde et Théodore* 'à l'aimable fils d'Adélaïde', 'fruit infortuné de l'amour et du malheur' et dans *Histoire de Pauline* à 'l'enfant que son amour pour Pauline lui rendait si précieux'.[23] Jusqu'au bout, le récit ordonné, chronologique, suit inéluctablement le même parcours, soumis occasionnellement à des écarts ou à des réajustements de second ordre.

Il n'existe pas de différences notables entre les personnages d'*Adélaïde et Théodore* et d'*Histoire de Pauline*. Décalqués sur le même modèle, variantes d'une même figure, on les prendrait pour des personnages récurrents s'ils ne changeaient pas d'identité. Adélaïde et Pauline sont des femmes–enfants, des marionnettes qu'agitent, dans un sens négatif, des figures masculines, esclaves du plaisir ou du devoir, ou, dans un sens positif, des figures féminines, désireuses d'atténuer leur malheur.

* * *

23   Mme de Staël, *Œuvres de jeunesse*, p. 198 et p. 231.

Le degré de proximité textuelle, très important entre *Mirza* et *Zulma* et entre *Adélaïde et Théodore* et *Histoire de Pauline* est encore plus marqué entre les deux dernières nouvelles qu'entre les deux premières. La prédominance de l'homologie sur la symétrie dans les deux récits contemporains a des effets secondaires non négligeables: la contamination, la porosité, la consanguinité des textes nuit grandement à leur lisibilité. Ceux-ci ont du mal à se démarquer les uns des autres, à affirmer leur autonomie, tant les personnages et les situations narratives sont interchangeables.

Mais comment expliquer ces récurrences thématiques et structurelles, sans doute fortuites entre *Adélaïde et Théodore* et *Histoire de Pauline* mais intentionnelles entre *Mirza* et *Zulma*, une duplication, aussi systématique, opérée à huit ans d'intervalle n'étant pas imputable au hasard? Ces quatre textes dont la lecture individuelle ne présente qu'un intérêt anecdotique, mis bout à bout, soulèvent un faisceau de questions embarrassantes, d'autant plus difficiles à résoudre que les textes théoriques qui permettraient de comprendre et de synthétiser le processus de création chez Mme de Staël sont très peu nombreux. Aussi, il faut nous en tenir à quelques hypothèses qui seront étayées, toutes les fois où cela sera possible, par des écrits contemporains, l'avant-propos des *Trois nouvelles* (1795) et l'*Essai sur les fictions* (1795).

Une première explication vient immédiatement à l'esprit. Des capacités inventives réduites ou insuffisamment développées en raison de l'inexpérience de l'auteur peuvent fort bien justifier le recours à un modèle narratif qui a fait ses preuves, soit que Mme de Staël n'hésite pas à s'inspirer de ses propres travaux, soit qu'elle utilise un modèle extérieur, sciemment ou non, ce qu'il faudrait encore prouver. Qu'il y ait imprégnation interne ou externe, inconsciente ou délibérée, il reste que la romancière novice et plus tard la romancière confirmée considèrent que le canevas narratif est un point négligeable de la fiction mais que la vérité des sentiments en est l'élément prédominant.[24]

La nouvelle étant, pour des raisons intrinsèques au genre, 'vérité d'imitation', le récit peut aussi bien prendre appui sur le réel que

---

24   Mme de Staël, *Essai sur les fictions*, p. 148: 'la moralité des romans tient plus aux développements des mouvements intérieurs de l'âme, qu'aux événements qu'on y raconte.'; p. 150: 'le don d'émouvoir est la plus grande puissance des fictions.'

s'adosser à une première composition déjà passée au sas de la fiction et parée de toutes ses séductions.[25] Ces textes redoublés, productions imaginaires au second degré, dans l'esprit de l'auteur de l'*Essai sur les fictions*, sont justifiables de la même approche artistique que ceux qui font l'objet d'une première écriture. L'effet de vérité tient autant au talent du peintre qu'à la réalité du sujet traité.[26] Paradoxalement l'excès de l'art – et la reprise d'un thème est nécessairement distanciation, réflexion sur la technique romanesque – loin d'enfermer l'œuvre dans une impasse, intègre l'exigence du réel.

De fait, les quelques renseignements que l'on peut glaner çà et là dans les écrits philosophiques donnent à penser que le besoin de faire du neuf ou du moins d'échapper à la redite est contrebalancée par l'appétence toute aussi grande de revenir au su, au connu, au dominé. Or la nouvelle encadre la partie vivante, émotionnelle du texte dans un réseau de contraintes narratives, éthiques et esthétiques qui tendent à submerger la substance même du récit. L'armature qui sous-tend la narration, qui la structure en profondeur et en surface – la mise en œuvre du récit, sa progression, son achèvement, plus visibles dans la nouvelle que dans le roman, ne peuvent se soustraire à la logique causale sans conséquences – enferme ce genre dans un système clos et ossifié. Prise dans une dialectique de l'ouverture et de la fermeture, l'écrivain assure la poursuite d'un genre romanesque bridé par les conventions, mais le renouvelle en doublant chacune de ses compositions. Dans cette hypothèse, on peut penser qu'elle ne peut briser la clôture formelle, s'affranchir du carcan des exigences narratives qu'en redonnant un second souffle à ses petits romans. Elle inaugure ainsi une forme de création fondée non sur le continu mais sur l'intermittent. A l'effet d'intensité produit par le resserrement du cadre, elle préfère une dynamique du passage, du va-et-vient qui concilie tradition et innovation. L'espace textuel étant nécessairement réduit à quelques pages, elle procède à une *amplificatio* externe, en doublant ses nouvelles et par cet artifice, elle offre un tableau plus vaste et plus fouillé des passions humaines, créant de subtils effets de sens d'un texte à l'autre. D'autre part, dans une littérature vouée à l'épisodique, au fragmentaire, à

25   *Ibid.*, p. 149: 'le récit le plus exact est toujours une vérité d'imitation.'
26   *Ibid.*, p. 147: 'le vrai est souvent incomplet dans ses effets.'

l'éphémère, elle ne peut saisir les personnages et les situations dans leur épaisseur temporelle. Évoluant par nécessité dans un temps hors du temps, la nouvelliste recrée une dynamique temporelle en injectant du temps réel, historique dans le blanc narratif que constitue l'espacement entre les deux nouvelles. Créer en se répétant revient à substituer le continu au discontinu.

Pour mieux saisir le cheminement secret de l'auteur, il faut rappeler au préalable que l'année 1786, fertile en événements personnels (mariage, débuts à la cour) correspond à une période où Mme de Staël se livre en toute liberté aux joies de l'écriture, avec d'autant plus d'enthousiasme que pour ne pas heurter les préventions de M. Necker, elle a dû attendre d'être mariée pour goûter ouvertement ce plaisir défendu.[27] L'acte d'écriture, nécessairement transgressif, est donc résistance active à la loi du père. Or produire des nouvelles qui ne s'adressent qu'à un public restreint, de préférence féminin, est une façon de composer avec les préjugés paternels, de briser les entraves familiales tout en masquant l'impétuosité de son élan créateur. Si créer, c'est se montrer, s'exposer, se surexposer, créer en se répétant, c'est se cacher, c'est neutraliser la parole vibrante, c'est la couvrir de mots connus, rassurants, déjà entendus, dont le contenu percutant s'est dissous dans la redite.

A l'aube de sa carrière d'écrivain, Mme de Staël s'essaie en 1786 dans les formes littéraires brèves les plus variées, mais son goût prononcé pour la nouvelle qui s'explique peut-être par son désir de s'initier à la technique de l'écriture romanesque – pour bien des gens encore, la nouvelle n'est qu'un petit roman – est à interpréter à la lumière de ses autres travaux littéraires. Son entrée dans l'univers de la pensée théorique se fait par la rédaction d'un opuscule original, personnel, novateur, les *Lettres sur le caractère et les écrits de J.-J. Rousseau,* et pour prix de son audace, elle compose concomitamment des ouvrages plus traditionnels, plus féminins, et, disons-le, plus insipides. En se pliant dans ses nouvelles aux exigences des codes

---

27   En 1786, elle écrit une pièce en trois actes et en vers, *Sophie ou les sentiments secrets.* Elle rédige la première version des *Lettres sur le caractère et les écrits de J.-J. Rousseau*, des synonymes, *La Folle de la forêt de Sénart* ainsi que trois nouvelles *Adélaïde et Théodore, Histoire de Pauline* et *Mirza*. Elle commence à écrire *Jane Gray*, tragédie en cinq actes et en vers.

narratifs, elle a l'air de préférer la route dégagée du conformisme aux voies de traverse de la rébellion. Mais à y regarder de plus près, l'outrance dans la soumission est aussi acte de révolte. En faisant la part belle à un imaginaire artificieusement débridée, elle caricature à souhait un genre romanesque dont elle mesure très vite les limites.[28] Dans cette optique, créer en se répétant, revient à stigmatiser tout ce qui n'est pas 'haute littérature'. Il n'est que d'examiner l'étrange évolution des personnages qui migrent d'une fiction à l'autre en conservant le même prénom. Mirza, la femme délaissée devient, dans *Zulma,* la tentatrice et Théodore, l'homme à principes, commence, dans *Histoire de Pauline,* une carrière de libertin. Le sentimentalisme de surface est très tôt infiltré par un libertinage de l'esprit qui a beau jeu de dénigrer la fausseté du discours romanesque.

Ainsi ces quatre nouvelles, qui se sont très vite imposées, au cours de cette étude, comme un double diptyque et non comme deux récits dédoublés, semblent, comme le suggère implicitement le second titre de *Zulma,* être les fragments d'un ouvrage d'ensemble – peut-être pressenti par l'auteur, peut-être imaginaire – composé pour le moins comme une œuvre d'art.[29] Une lecture panoptique de ces textes transforme le champ de vision et révèle des effets de parallélisme et de symétrie que les jeux d'optique combinent et multiplient à l'infini. Il serait erroné de croire que cette propension staëlienne à la répétition, qui se poursuit au-delà de la composition des nouvelles, s'appuie sur un fond d'inquiétude, de pusillanimité, de frilosité artistique. Bien au contraire, Mme de Staël cherche à mettre au service d'une nouvelle poétique, voire d'une nouvelle esthétique, un goût qui lui est propre: sous les formes classiques (ou néo-classiques) de l'ordre et de l'harmonie, elle glisse des pensées qui se présentent en quelque sorte comme des brisures de symétrie. Au terme de cette analyse, une question majeure reste en suspens: jusqu'à

---

28   Mme de Staël renonce très tôt à composer des nouvelles: les limites trop étroites de cette forme narrative ne conviennent pas à l'étendue de son esprit.

29   Dans *De l'Allemagne*, Paris, Garnier-Flammarion, 1968, Quatrième partie, Chapitre IX, p. 298, l'auteur parle de la nature 'qui se répète elle-même': 'Les beaux-arts ont aussi leur type dans la nature, et ce luxe de l'existence est plus soignée par elle encore que l'existence même. La symétrie des formes dans le règne végétal et minéral a servi de modèles aux architectes, et le reflet des objets et des couleurs dans l'onde donne l'idée des illusions de la peinture.'

quel point l'écrivain a-t-elle été consciente de ce processus de réitération qui parcourt son œuvre fictionnelle? Faut-il voir dans cette dynamique de la répétition, dans cette application de l'adage latin '*Bis repetita placent*' un simple procédé narratif ou une grande loi de la création staëlienne?

CLAUDE LABROSSE

Meunier de Querlon et l'esthétique de la brièveté

Nous savons que se développe au XVIIIème siècle une sorte d'espace intermédiaire où se rencontrent des phénomènes différents: le développement du genre narratif court (contes, nouvelles, anecdotes), la recherche, dans la presse, de périodicités de plus en plus réduites (accroissement du nombre des hebdomadaires, apparition du quotidien), la multiplication et la densification de l'information savante, politique et littéraire, la transformation du lectorat, la naissance de l'opinion, l'importance d'une esthétique de 'l'agrément', d'un goût pour le joli, le petit, le médaillon, la vignette, le trait passager, l'instant, le 'moment', pour ce qui peut se concentrer en un trait, un coup d'œil, une image.

Cette espèce de 'constellation' est une vaste zone de transition où l'on peut observer des proximités, des échanges de procédés, des emprunts, des processus d'hybridation ou d'interpénétration. L'écriture en brièveté permet de ménager 'accointances' et convergences entre, par exemple, l'annonce simple, l'annonce développée, la nouvelle littéraire, l'anecdote, le fait divers, le court énoncé d'information (voir les *Mémoires secrets*), la notice courte, le résumé ou l'abrégé d'ouvrage. La brièveté convient à la fois à des textes narratifs 'réalistes', mêlés d'anecdotes et de traits d'ironie et à une information relativement immédiate. Avant Prévost et Desfontaines, avant même Steele et Addison, Donneau de Visé s'en avisait déjà dans son *Mercure Galant*.[1]

Meunier de Querlon appartient à cette nombreuse famille d'écrivains qui illustrent ce domaine. Comme Prévost, Marmontel ou Dubois-Fontanelle, il a plusieurs cordes à son arc. C'est un érudit, un homme de bibliothèque et de cabinet, très informé de la production littéraire, traducteur, éditeur de textes (le *Journal de voyage* de Montaigne). Il est l'auteur de mémoires et de préfaces pour des recueils et des collections

---

1   Voir H. Coulet, *Le Roman jusqu'à la Révolution*, Tome I, A. Colin, 1967, pp. 213 et 309.

(les *Poésies* de Malherbe, celles de l'abbé de Lattaignant, l'*Anthologie française*, recueil de chansons, le tome XVIII de l'*Histoire générale des Voyages*). Il commet aussi quelques brochures romanesques qu'il publie dans les journaux, puis en recueils (*Les soupers de Daphné et les dortoirs de Lacédémone, anecdotes grecques*, 1740. *Les Impostures innocentes ou opuscules de M+++*, 1761). Mais il est aussi journaliste, collabore à la *Gazette de France*, au *Mercure de France*, au *Journal Economique*, au *Journal Etranger*, au *Journal Encyclopédique*. Il est encore concepteur de journaux, il sera à l'origine de *l'Avant-Coureur*, projettera un *Journal Universel* (1772) qui ne verra jamais le jour. Il sera surtout le créateur et le rédacteur des *Affiches, Annonces et Avis divers* (1752-1785), communément appelées *Affiches de Province* qui, avec l'abbé de Fontenai, deviendront plus tard le *Journal général de France*. On peut donc suivre presque alternativement, du côté du journalisme, comme du côté de l'écriture du roman, le travail d'un homme de lettres aux prises avec les contraintes de la brièvete.

1. Côté stratégie

Les *Affiches de Province* (APR), à leur origine, proposent la grande ouverture d'une feuille généraliste, présentant à un public diversifié presque tous les types d'annonces. Mais très vite elle assure son succès par ses comptes-rendus de livres (rubrique: Livres nouveaux) et devient une sorte de gazette littéraire. Dans les avertissements, généralement placés dans le premier numéro de l'année, Meunier de Querlon fait périodiquement le point de l'évolution de son journal et des attentes de ses abonnés. La brièveté est pour lui un souci majeur. Il proclame sa devise 'Novita, Varieta, Prestezza' (03-01-1759) et précise deux aspects au moins d'une stratégie éditoriale.

> prévenir, autant qu'il sera possible les journaux et généralement tous les écrits périodiques, en faisant connaître avant eux les livres nouveaux en tous genres (06-02-1754).

Etre 'l'avant-coureur', c'est raccourcir la périodicité du journal pour arriver plus vite et plus tôt au contact du lecteur. Cette brièveté permet d'accélérer le processus de communication. Elle est inséparable de la vitesse.

Il faudra pour cela fournir la feuille en notices courtes et allégées pour des lecteurs qui cherchent à s'approvisionner rapidement en livres. Ces énoncés brefs seront tout autre chose que des extraits en forme

> car pour entretenir *un instant* le public toutes les semaines, il faut s'y être quelquefois préparé pendant plusieurs jours et l'on n'obtient pas sans travail cette précision rigoureuse, *cette manière concise et serrée* qu'exige la nature de notre feuille (03-01-1759).

> Des notices exactes dans leur *brièveté* d'une telle précision qu'elles font souvent bien mieux connaître toute la substance d'un ouvrage que de très longs extraits aisés à faire comme ils le sont à présent. Des connaisseurs y ont même vu certains livres analysés très complètement *en petit* et représentés presque tout entiers, tandis que la plupart des écrits honorés du nom de journaux n'en dessinent guère que quelques membres sans presque jamais en montrer l'ensemble ni les proportions (07-01-1761).

Adaptée aux exigences de la communication périodique et aux contraintes de la concurrence, la brièveté peut même contribuer à renouveler la critique littéraire en développant sa capacité d'analyse:

> La manière *la plus laconique* et *la plus concise* permettrait de perfectionner la bonne critique, l'art de l'analyse assez peu connu parce qu'on le confond presque toujours avec ce qu'on appelle des extraits (04-01-1764).

Cette défense et illustration de la brièveté fait comme un refrain dans le propos du rédacteur lorsqu'il dit son intention de 'montrer d'un coup d'œil' ou d'apprécier les ouvrages 'd'un trait de plume'[2] ou encore lorsqu'il définit sa feuille comme un journal 'littéraire, qu'on pourrait lire en un quart d'heure' (07-01-1761), le périodique 'le moins cher de tous, *le plus court*, le plus tôt lu, le plus tôt oublié (...) et peut-être (...) de ceux qui demandent le plus de soin' (03-01-1759).

---

2   APR (*Affiches de Province*) 02-01-1765 et *l'Avant Coureur*, 1760.

La brièveté ici résulte d'un choix éditorial et des conditions qu'il impose. La fréquence de parution réduit l'*Affiche* aux 8 colonnes de ses livraisons et comme le dit son éditeur

> Il serait assez difficile de faire entrer plus de matière et de mieux ménager l'étoffe dans un écrit de 4 pages (...) que peut-on tirer de plus d'un écrit (...) *borné* à 4 pages in 4°.[3]

La brièveté, le trait concis, ont l'avantage de ne pas fatiguer le lecteur. La légèreté est un attrait qui séduit le public et répond à la fois à la multiplication des imprimés et à la soif de nouveauté qui se manifeste dans l'opinion. Elle participe de ce goût du 'mouvement', de la 'nuance' et de cette esthétique de l'agrément largement socialisée à l'époque et dont on trouve maintes fois la trace dans les écrits de Meunier de Querlon. L'idée qu'il se fait, par exemple, de ce que pourrait être une grande collection de relations de voyages retrouve les principes qui inspirent sa conception d'un journal lorsqu'il parle des 'agréments infinis (offerts) dans ces tableaux variés de lieux, de sites, de productions, d'êtres différents qui passent sans cesse sous nos yeux (...)'

---

3   Meunier de Querlon n'est pas un précurseur en la matière. Depuis longtemps, la brièveté a été recherchée dans la production des écrits. Commentant *l'Abrégé chronologique de l'Histoire de France* du Président Hénault, l'abbé de la Porte écrit dans son *Observateur littéraire*.1751, Tome I. Article XII, pp. 175 et suivantes 'Un *abrégé* peut être quelquefois un ouvrage de génie (...) tout se trouve ici rassemblé dans *le plus petit espace* (...). L'abrégé d'une chose doit être toute la chose *en petit* (...). D'une statue (le président Hénault) a fait une *mignature* où tous les traits se trouvent imprimés parfaitement et rendent au naturel la chose qu'ils doivent représenter (...). L'auteur (...) se contente le plus souvent de quelques coups de pinceaux assez légers qui sans charger la toile (...) ne laissent pas néanmoins d'exprimer parfaitement le caractère de ses héros'. Meunier de Querlon épinglera le goût du public pour les refaçons, les 'digestes' et les recueils d'ouvrages en réduction 'bien déflegmés, distillés, presque volatilisés' (APR, 27-06-1764). On trouvera aussi dans le *Journal Helvétique* (1760) le souhait d'extraits qui soient comme 'un portrait *en miniature* de l'original et qui renferment à la fois ce qu'il a d'agréable et d'utile'. Et dix ans plus tard encore le projet de 'notice succinte' et de 'légère' critique dans l'introduction au premier numéro de la *Gazette universelle de littérature* de Dubois-Fontanelle (voir J. Quillet-Sert, *Portrait de D.F d'après sa correspondance*. Thèse Grenoble III, dactylographié, tome 2, annexe VII.)

et d'un style 'qui doit être essentiellement *concis et serré,* "sans être ennemi des agréments naturels'.[4]

2. Côté écriture

Dépendant de ces choix et de ces impératifs, le texte des *Affiches de Province,* dans ses relations d'événements (rubriques: Annonces et Avis) regroupe le récit autour d'un épisode marquant, d'une scène ou d'un tableau attachants, brièvement narrés. L'événement tend à se résumer en anecdotes: procédé, largement répandu, par ailleurs, dans la presse.[5]

---

4   *Histoire générale des voyages,* Tome XVIII, Paris, Rozet 1768. Discours préliminaire p. XXIV.
La recherche d'une esthétique de l'agrément apparaît peut-être plus encore dans la composition d'un recueil fait de l'assemblage de textes et de fragments de textes sur le thème et sous le titre significatf des *GRACES,* réunis par Meunier de Querlon et publié en 1769 chez Prault et Bailly. Des poèmes, des extraits de ballet ou de comédie, des épîtres, des chansons, des morceaux de dialogues, des passages de l'*Encyclopédie,* des discours et des dissertations où l'on retrouve Pindare, Métastase, Houdard de la Motte, Watelet, Dorat, Winckelmann, le Père André, le Chevalier de Méré etc. Cela fait un élégant et bel ouvrage in-4°, doré sur tranche, agrémenté d'estampes gracieuses et légères de F. Boucher et de Moreau le jeune. Dans sa préface Meunier de Querlon souligne les 'inflexions fines, légères, (les) fugitives nuances qui parent la beauté', les 'mouvements aisés et libres' qui assouplissent le corps. Une citation de l'*Encyclopédie* nous dit que 'le *petit,* le *joli* est plus susceptible de grâces' que le fort et le vigoureux et le P. André que 'parmi les corps animés, celui qui s'offre à la vue le plus agréablement, c'est l'arc-en-ciel'.
5   Voir l'annonce de la réconciliation de M de la Bédoyère avec sa famille dans la feuille du 04-04-1759:
"Leur réunion a fait un spectacle touchant où toute la ville de Rennes a pris part. Chacun voulait en être témoin: on environnait la porte du père; on accompagnait, on suivait des yeux le fils, qui devenu père à son tour, menait à leur respectable aïeul deux enfants aimables (...). Nous laissons aux âmes sensibles à se représenter *le moment* de cette pathétique scène où la nature a consommé son triomphe. On peut ajouter au tableau tous les mouvements ressentis, par les entrailles paternelles, les larmes de tendresse et de joie versées abondamment de toutes part, l'attendrissement des spectateurs, enfin les nouvelles douceurs répandues dans la plus tendre union par le calme heureux que cet *instant* a rendu à une épouse vertueuse et chérie...."

La notice courte

La rubrique 'livres nouveaux' qui, au dire de Meunier de Querlon, assura le succès de son *Affiche* met en œuvre divers procédés pour réaliser de brèves notices.

Presque tous les journaux littéraires proposent les résumés des livres dont ils parlent, surtout s'il s'agit de récits ou d'œuvres romanesques.[6] Meunier de Querlon radicalise cette méthode pour ne retenir qu'un 'précis' élémentaire, un 'crayon rapide' de l'ouvrage. *Les Aventures de Victoire Ponty*, plus de 200 pages, de Bastide sont recueillies en un condensé assez vivant d'une seule colonne (31-01-1759). Il n'en faudra pas plus pour résumer les 882 pages in-12 de *La Paysanne philosophe* de Mme Robert (03-02-1762).

Le trait bref, léger et enjoué qui caractérise souvent alors un journalisme vivant, libre et intelligent, pratiqué depuis des décennies par des écrivains parfois prestigieux (l'abbé Prévost dans son *Pour et Contre* ou même Morénas dans le *Courrier d'Avignon*) se retrouve dans le dessin fugitif d'un épisode ou d'une scène de *La Nouvelle Héloïse* qu'illustre une planche de Gravelot. (04-03-1761)

> Julie a la petite vérole; Saint-Preux prend la poste, est introduit dans sa chambre, la voit un instant dans le délire de la fièvre, part aussitôt,et emportant avec lui le germe du mal a la petite vérole à son tour.

Pour faire court et aller vite, on reprend l'action romanesque en un 'accéléré' où l'on place comme des sortes de centons anecdotiques une ou deux scènes choisies. Le rédacteur pousse parfois le processus jusqu'à sa limite, le résumé devenant une suite de phrases nominales ou même la simple reprise d'une table des matières. Il s'agit d'alléger le

---

On pourrait citer aussi la brève relation de la 'fourberie' de Lachaux qui a voulu faire croire à ses blessures pour obtenir du Roi une récompense. L'épisode amène sous la plume du rédacteur le rapide récit d'un 'forfait' semblable perpétré plus d'un siècle avant et tiré d'un 'trésor d'anecdotes publié en 1642' (*ibid* 03-02-1762).

6   Sur la façon dont les périodiques restituent et façonnent les contenus romanesques voir C. Labrosse et P. Rétat, *L'instrument périodique. La fonction de la presse au XVIIème siècle*, Presses universitaires de Lyon, 1985, pp. 71-127.

compte-rendu au maximum, d'éviter les citations, de fournir une esquisse légère sur un ton attrayant et d'une manière animée.

La brièveté permet ainsi d'échapper aux développements souvent fastidieux de l'extrait classique. Le rédacteur pourra dès l'abord provoquer l'attention, piquer la curiosité du lecteur, l'appeler ou la stimuler par l'esquisse d'un sourire ou par une sorte de clin d'œil qu'accompagne éventuellement l'écho d'une réflexion. Les *Mémoires sur l'agriculture, en général et en particulier, sur la culture et le défrichement de champs, sur la nourriture et l'entretien des bestiaux* en 188 pages in-12 publiés en 1762 chez Duchesne par M. Lelarge, ne sont sans doute pas une lecture d'agrément. Le journaliste commence cependant sa notice ainsi:

> O Imitatores (...). Que l'imitation parmi nous est à la fois active et constante! Peuple caméléon qui prend la couleur de tous les objets frivoles ou sérieux que parcourt sa légéreté! Il n'y pas plus de 4 ou 5 ans tout le monde était devenu négociant ou financier: on ne voyait que des systèmes de finance et des écrits sur le commerce. On est aujourd'hui cultivateur; on veut labourer les champs de ses pères; on envie la bêche et la charrue aux mains formées pour leur usage et comme l'usurier d' Horace après avoir bien loué la vie rustique, chacun restera comme il est. Cette manie si répandue peut cependant être utile et produire quelques avantages... (17-03-1762).

Le compte-rendu de *Variétés sérieuses et amusantes*, 2 vol in-12 par (M.S.) publié à Amsterdam chez Musier débute par une sorte d'anecdote:

> Un paysan était à confesse. Il débitait tout ce qu'il avait fait en sa vie de bien, de mal, d'indifférent. Ce sont vos péchés que je vous demande lui dit le curé. Est ce que je m'y connais moi reprit le manant? Je vous dit tout prenez ce qu'il vous faut. L'auteur en dit autant à chacun de ceux qui voudront le lire (16-01-1765).[7]

---

7   Cette manière de faire par trait: humoristique, satirique, ironique, polémique, laudatif est constante dans la critique des journaux. On en trouverait maints exemples tant dans les Nouvelles Littéraires des *Mémoires de Trévoux* que dans les courtes notices des *Annales Typographiques*. Moins habituelle peut-être est cette habileté de Meunier de Querlon qui consiste à commenter brièvement la devise ou l'épigraphe de l'ouvrage présenté pour commencer sa notice.

Images

On fabrique de la brièveté en raccourcissant une trame, en réduisant la longueur d'un texte. On pourrait peut-être même la mesurer en lignes ou en espace de page . Mais on peut aussi abréger en transférant l'objet sur un plan métaphorique où il se concentre alors en une image. Ce 'détour' est un raccourci assez radical et l'on dit généralement de la représentation allégorique qu'elle peut tout dire en un instant et d'un seul coup d'œil (voir les dictionnaires de l'époque). Le rédacteur convoque ainsi quelques images significatives pour caractériser en peu de mots les livres dont il parle. On trouve ainsi la référence à l'optique. A propos d'un *Catéchisme du livre DE L'ESPRIT ou élément de la philosophie de L'ESPRIT mis à la portée de tout le monde* (Helvétius), 92 p, chez Hérissant. 1758, on peut lire dans la livraison du 07-03-1759:

> On peut au moins le comparer à ces *verres optiques* qui en réunissant des objets confondus parmi beaucoup d'autres ou des traits informes nous font voir diverses figures que l'œil n'aurait jamais pu démêler.

Ou encore semblablement, à propos de *la Nouvelle Héloïse*:

> On peut considérer, ce me semble, toute la suite des lettres qui roulent sur les principaux personnages comme ces *miroirs à facettes* qui répètent les mêmes figures, mais qui les représentent en tous sens. (18-03-1761).[8]

L'idée du tissu ou du relief qui se déploie peut aussi faire image. Confronté à la traduction des *Plaisirs de l'imagination* d'Akenside (Pissot, 1759), ce 'poème abstrait' fait d'images 'accumulées et entassées' et dont Milord Chesterfield disait 'qu'il était le plus beau de ceux qu'il n'entendait pas', Meunier de Querlon écrit:

---

8   S'agirait-il d'un élément topique ou d'une sorte de perception esthétique propre que le journaliste utilise à des fins de brièveté? On trouve dans son discours préliminaire à l'édition du *Journal de voyage* de Montaigne (nouvelle édition. 1774) cette réflexion à propos de la variété des *Essais*: 'Il n'est pas toujours aisé de rapprocher exactement (des traits) ou bien de (les) faire cadrer comme par le moyen d'un verre optique on réunit les traits dispersés dans toutes les parties de certains tableaux pour qu'il en résulte une figure régulière' (p. XXXVIII).

> C'est une *étoffe* dont le fond sans doute est fort riche, mais surchargée de *broderies* qui la cache; c'est encore un tableau dont le coloris est si pétillant qu'il ne laisse point reposer la vue (14-02-1759).[9]

Rien n'est sans doute plus ramassé qu'une goutte qui concentre en elle l'essence d'un objet. Annonçant le 3ème tome de *l'Essai sur l'histoire universelle* de Voltaire, 360p in-12 chez Lambert, Paris 1754, le journaliste écrit:

> On pourrait comparer ce travail à *ces quintessences chymiques*, qui réduites en *gouttes*, renferment la substance des corps et réunissent les Esprits ou les Sels que l'habile artiste à dégagé du superflu de la matière (...) Tout est ici peint *d'un trait* et passe *rapidement* sous nos yeux. C'est le nerf et *la concision* de Tacite et l'élégante simplicité et la noblesse de Salluste. (14-08-1754).

L'image de l'oiseau et du papillon permet de dire, à la fois, l'ampleur du coup d'œil, l'esquisse d'un tableau, l'allègre variété d'un panorama. A propos de l'*Essai sur l'étude de la littérature*, 178 p, chez Duchesne, 1762, on lit:

> M. Gibbon (...) parcourt *rapidement* comme un aigle toutes les branches de la littérature et à la légèreté dont il vole sur une infinité de surfaces, à sa manière d'effleurer tout, on dirait qu'en s'essayant dans notre langue, il a voulu peindre en même temps le génie de nos Papillons littéraires qui tournent autour de tous les objets sans appuyer sur aucun (...) L'écrivain anglais, en 5 ou 6 pages jette *un léger coup d'œil s*ur la Renaissance et la décadence des lettres (...).

Traduisant simplement l'épigraphe de Virgile placée en tête d'une *Dissertation sur l'écriture hiéroglyphique*, 81 p. Amsterdam 1762, Meunier de Querlon confesse que l'effort pour comprendre 'l'érudition transcendante, mais abstruse, obscure (...)' des procédés hiéroglyphiques ressemble

---

9   Ainsi le regard du voyageur Montaigne se porte-t-il sur quelque chose qui, à la fois, se concentre, se resserre en plis et se déploie: 'Il comparait ingénieusement, écrit Meunier de. Querlon (Discours préliminaire. *ibid* p. XLV), le Tyrol à une robe que l'on ne voit que plissée mais qui développée ferait un fort grand pays'. Rome est un concentré d'espace, un résumé du monde: '[C'] est pour un véritable curieux un monde entier à parcourir; c'est une sorte de mappemonde en relief où l'on peut voir *en abrégé* l'Egypte et l'Asie, la Grèce et tout l'Empire romain, le monde ancien et moderne. Quand on a bien vu Rome on a beaucoup voyagé' (*Ibid*).

aux pas incertains d'un voyageur qui marche dans un bois au jour équivoque et faux de la lune ... (07-02-1762).

Beaucoup de ces images: le tableau, l'étoffe, le miroir, se retrouvent sans doute dans le discours critique de l'époque pour exprimer le principe général de la mimésis classique. Leur pouvoir de synthèse tient au fait qu'elles sont relativement abstraites. Elles tentent de cristalliser en un même effort de figuration l'idée de trame, de mouvement, d'allègement et de concentration. Ces figures de la brièveté sont aussi des représentations en image de l'acte de lecture. Leur horizon métaphorique s'avance vers cet idéal qu'est à la fois la création littéraire et le travail de la pensée.

Figures

Aussi n'est-il pas tout à fait hasardé de penser qu'un idéal sans doute irréalisable dans l'espace d'un journal puisse se trouver figuré dans des essais romanesques, même médiocres. Ce pourrait être ce 'bois enchanté' qu'on trouve dans *Les Soupers de Daphné*,[10] ou encore cette maison d'Antioche faite d'

> un grand vestibule d'où l'on découvre à la fois cent différentes scènes. Bois, jardins, eaux, campagnes, édifices; on dirait que la nature et l'art ont à l'envi rassemblé sous les yeux tous ces agréables objets.[11]

Et comme une figure peut se métamorphoser pour réapparaître sous d'autres traits, ce pourrait être aussi le geste d'une comédienne ou la voix d'une belle chanteuse grecque à qui l'on dirait

> Que d'âme et de vérité dans tes mouvements! J'y vois toujours un dessein, un tableau fini (...) Un air de tête, une inflexion nous développe plus d'idées que le crayon n'en peut saisir.[12]

---

10   Oxfort (sic) / Paris? 1740, p. 26.
11   *Ibid.*, p. 20.
12   'Le point de vue de l'Opéra' dans *Les Impostures innocentes*, Magdebourg, 1761, p. 26.

Et cette voix serait aussi un instrument magique ou une figure mythologique de la musique.

> Ce n'est plus la flûte inventée par Pan, c'est une nymphe changée en roseau. L'âme de Syrinx est dans l'instrument, elle l'anime, elle-même y respire.[13]

Ce qui est dans la voix et dans l'instrument reviendrait encore dans ce que l'auteur appelle Galanterie et dans l'image des femmes galantes de l'Antiquité. Sans cesser d'être une forme raffinée de 'politesse', l'esthétique frôle le plaisir érotique. C'est un art

> de manier le cœur humain à son gré, d'agiter l'âme d'un regard (l'œillade?), de l'attirer toute soit dans les yeux, soit dans l'oreille d'un amant qu'on enchante. (....) Idées agréables, expressions vives, images riantes, sel, naïveté, tout s'offre sans effort à ces femmes aimables (...), elles prennent la fleur de l'esprit des hommes comme une paille légère.[14]

Esthétique?

Comme le miroir ou la goutte, l'instrument de musique, la voix et ces êtres féminins seraient des capteurs d'âme et de sens, des figures du travail de création, concentrées en quelques gestes, en un mouvement, en une sorte de corps, et cette captation ou ce 'maniement' seraient recherchés ou souhaités comme une forme supérieure, un peu abstraite, presque spirituelle de plaisir. Elles pourraient être les figures idéales d'un journal dont les notices parviendraient à capter en permanence la pulpe des livres et l'esprit des lecteurs.[15]

Ne pourrait-on reconnaître dans cette rencontre entre l'idée de la création et le projet d'un journal l'intuition d'une sorte d'esthétique idéale. Comme si le charme des inflexions, la légèreré, la vivacité de ce qui est en mouvement, de ce qui proprement *passe* comme coule un filet

---

13 *Ibid.*, p. 27.
14 *Ibid.*, pp. 29-30.
15 Un écho, peut-être, de ce 'présent éternel' que vise la création littéraire et qui postule qu' 'à un certain moment de la durée toutes les choses existent ensemble' ou ce pressentiment que 'la vérité du monde se donne d'un coup fugitivement et pour toujours', (D. Sallenave, *Le Don des morts*, Gallimard, 1991, pp. 162 et 181.

de voix ou s'égrènent les notes d'une flûte avaient une proximité métaphorique (une ressemblance?) avec ce qui dans l'information est essentiellement fongible et volatile. La brièveté du passage est inséparable du mouvement. Il y aurait dans tout événement dans tout ce qui se produit quelque chose aussi qui s'estompe: une forme passante, presque musicale qu'on ne percevrait que dans la verticale de l'instant. La production de l'information, les travaux de médiation feraient aussi partie de l'expérience sensible.

On voit pourtant que la différence entre le travail de création littéraire et la fabrication périodique d'un journal se marque dans la teneur des images. D'un côté, le miroir, le tissu servent à composer des représentations plutôt abstraites, relativement 'distanciées' de l'objet qu'elles visent; alors que c'est dans la proximité que se donnent les figures du corps. D'un côté une esthétique de l'intuition ou de l'image unique, de l'autre ce qui ressemblerait plutôt à un travail d'assemblage.

S'il s'agit d'une esthétique, elle n'est faite ici, dans un journal comme dans des écrits narratifs que d'un ensemble de vélléités. Elle reste surtout à l'état optatif, alors qu'avant Meunier de Querlon, d'autres – comme Prévost qu'il admire – étaient parvenus à quelque réussite.

Brièvetés et Réalités

Mais l'analyse d'infructueux essais peut aider à redessiner des perspectives. En dépit de sa nature propre, la brièveté, au fond, n'est pas vraiment simple. Il y a des modes ou des formes de brièveté. Certaines, plus littéraires comme le conte, l'apologue, le fait divers, la nouvelle peut-être, sont tentées par la recherche d'une sorte de récit à l'état pur. Une narration rapide, sans commentaire, sans référence même au contexte immédiat, sauf sous le mode de l'allégorie, mais qu'on pourra éditer en recueils ou en collections et même placer dans un journal. La brièveté journalistique est peut-être relativement différente. Les dictionnaires nous le disent un peu à leur façon quand ils proposent des équivalents latins pour les termes qu'ils définissent. Le conte, le roman, la nouvelle en une de ses acceptions, c'est *Narratio, Ficta, Fabula*. Mais la nouvelle comme énoncé de journal, sous forme d'annonce, c'est *Nuntius*. Et Nuntius et Fabula réfèrent à des processus différents. La brièveté du journal – celle qui est propre à l'énoncé périodique d'information – est plutôt complexe, hybride même, utilisant la devise qu'elle développe, la scène choisie qu'elle réécrit, le résumé, les images. Dans le court module d'un notice, le journaliste doit assembler et au mieux marier des modes d'écriture différents.

Il semble surtout difficile de parler de brièveté en soi et d'en isoler les phénomènes. Elle paraît inséparable d'autres modes comme la Variété, la Légèreté, la Vitesse qui, avec elle semblent participer d'un processus beaucoup plus général. Les avertissements de Meunier de Querlon perçoivent cette sorte d'ultra ou de poly-phénomène comme l'apparition ou le développement d'une énergie nouvelle, d'un besoin inexorable et presque d'un flux irrépressible

> – Un prurit littéraire ou scientifique (...), un mal endémique, une véritable épidémie qui tient aux motifs d'encouragement qu'on a mis dans ce débit (...) qui multiplie les productions d'écrits (01-01-1766).
> – Une nouveauté (qui) est l'aliment de cette soif hydropique (de voir, d'entendre, de savoir) sans presque jamais l'étancher (04-01-1764).
> – une incontinence d'esprit qui multiplie prodigieusement parmi nous et les auteurs de toute trempe et les livres de toute espèce et les lecteurs de tous calibres. Jamais on ne vit de fermentation semblable à celle qui s'est faite dans les têtes depuis 25 ou 30 ans (...) Tout fourmille de gens de lettres (...) *Nous nous électrisons les uns les autres.* (06-01-1768).

Si imprudent qu'il soit de prétendre connaître les modes de ce qu'on nomme nos rapports au réel, on pourrait interpréter le phénomène comme une modification dans la perception de ce rapport. Le réel serait senti et appréhendé comme divers, variable, fragmenté, événementialisé, allégé, assoupli. Il ressemblerait à une matière plurielle, multiple et multipliée, élusive, éclatée, contagieuse qui se cristalliserait ou se déposerait en courtes scènes narrées, en brefs messages périodiques, en spectacles passagers, en faits originaux, en séries, suites et fragments. On pourrait presque songer déjà à la permanente mobilité d'un monde recueilli et enfermé dans un 'petit écran' et que Michel Serres, avec un peu d'humour, appelle la 'mappemonde enchantée'.[16]
Mais c'est plutôt sous le signe d'un désenchantement que se place notre journaliste. Revient alors dans ses colonnes le très traditionnel tableau

---

16   *Atlas*, Juillard, 1994. pp. 165-170.

des vicissitudes éternelles qui fait que, l'hiver, disparaît tout vestige de la profusion naturelle des feuilles et des fleurs.

> Quand tout sera dit, que tout le monde sera auteur (et qu'on) répétera... Ainsi se consume insensiblement, ainsi sera toute consumée quelque jour cette innombrable quantité de livres dont nous marquons la naissance. Il n'en restera point de traces.
> Apprenez *petits* ouvrages
> À MOURIR SANS MURMURER. (06-01-1768)

Comme des poussières chassées par le vent du temps s'en vont ces petites choses, réduites à ce rien qui serait comme le tout et le terme du bref tandis que l'œuvre créée pourrait subsister en sa précieuse concentration. La brièveté comme un enjeu ou une tension, entre poussière et cristal, entre l'Un rêvé et impossible et l'inaccessible Multiple.

French Studies of the Eighteenth and Nineteenth Centuries

Edited by: Professor Malcolm Cook and Dr James Kearns,
Department of French, University of Exeter

This series will publish the latest research by teachers and researchers working in all the disciplines which constitute French studies in this period, in the form of monographs, revised dissertations, collected papers and conference proceedings. Adhering to the highest academic standards, it will provide a vehicle for established scholars with specialised research projects but will also encourage younger academics who may be publishing for the first time.

The Editors take a broad view of French studies and intend to examine literary and cultural phenomena of the eighteenth and nineteenth centuries, excluding the Romantic movement, against their historical, political and social background in all the French-speaking countries.

Some early contributions will examine the press, prose fiction and the theatre in the period under consideration and it is expected that work of an interdisciplinary nature will feature in later volumes.

Volume 1   Malcolm Cook / Annie Jourdan (eds):
            Journalisme et fiction au 18ᵉ siècle
            241 pages. 1999.
            ISBN 3-906761-50-9 / US-ISBN 0-8204-4221-6

Volume 2   Paul Rowe: A Mirror on the Rhine?
            The *Nouvelle revue germanique*, Strasbourg 1829–1837
            Forthcoming.
            ISBN 3-906762-39-4 / US-ISBN 0-8204-4233-X

Volume 3   Rachael Langford: Jules Vallès and the Narration
            of History. Contesting the French Third Republic in the
            Jacques Vingtras Trilogy.
            271 pages. 1999.
            ISBN 3-906762-99-8 / US-ISBN 0-8204-4249-6

Volume 4   Michael Glencross: The Mechanical Muse.
            The French Illustrated Magazine in the July Monarchy.
            Forthcoming.
            ISBN 3-906762-57-2 / US-ISBN 0-8204-4240-2

Volume 5   Malcolm Cook, Marie-Emmanuelle Plagnol-Diéval (éds):
            Anecdotes, Faits-Divers, Contes, Nouvelles 1700–1820.
            302 pages. 2000.
            ISBN 3-906765-08-3